创业融资与管理

张 奇 著

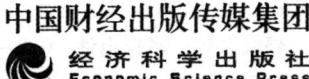

中国财经出版传媒集团
经济科学出版社
Economic Science Press

图书在版编目（CIP）数据

创业融资与管理/张奇著． —北京：经济科学出版社，2017.5

ISBN 978-7-5141-7943-9

Ⅰ.①创… Ⅱ.①张… Ⅲ.①企业融资-研究 Ⅳ.①F275.1

中国版本图书馆 CIP 数据核字（2017）第 083346 号

责任编辑：周国强
责任校对：王苗苗
版式设计：齐　杰
责任印制：邱　天

创业融资与管理

张　奇　著

经济科学出版社出版、发行　新华书店经销
社址：北京市海淀区阜成路甲 28 号　邮编：100142
总编部电话：010-88191217　发行部电话：010-88191522
网址：www.esp.com.cn
电子邮件：esp@esp.com.cn
天猫网店：经济科学出版社旗舰店
网址：http://jjkxcbs.tmall.com
北京密兴印刷有限公司印装
787×1092　16 开　13 印张　300000 字
2017 年 5 月第 1 版　2017 年 5 月第 1 次印刷
ISBN 978-7-5141-7943-9　定价：39.00 元
（图书出现印装问题，本社负责调换。电话：010-88191510）
（版权所有　侵权必究　举报电话：010-88191586
电子邮箱：dbts@esp.com.cn）

前　　言

创业活动是国家和社会进步所不可缺少的要素，同时也为每个人实现自己的梦想提供了重要途径。随着我国经济步入新常态的新发展时期，"大众创业、万众创新"作为经济增长的新引擎，极大地激活了市场正能量，释放了改革新红利，吸纳了更多的劳动力实现就业。创业活动无疑正在成为推动整个中国经济发展迈向中高端的主动力之一。2015年3月，国务院办公厅出台了《关于发展众创空间推进大众创新创业的指导意见》，部署推进大众创业、万众创新工作。

创业过程以捕捉发展机会为核心，其本质在于创新。由于创业企业的风险不论从风险外部环境还是从内部条件考虑，都要远远高于成熟企业，普遍面临着比成熟企业更大的环境不确定性。为降低其生存和发展中的各种风险，创业企业就必须通过创新思维，建立环境适应性强和企业自适应性强的商业模式。创业公司能否成功，拼的就是产品优化的速度和思想意识的创新程度。快速地成长和创新能力会吸引更多的投资者，会促进企业的快速融资。商业模式创新是在以客户为中心的基础上，为应对内外部环境的变化，对企业价值网络中的要素、自身潜力进行发掘，对企业的业务范围、目标客户、竞争方式等进行重新定位，对产业链重新整合，从而建立起新的价值网络和盈利模式的综合性过程。

外部环境对初创企业的生存和成长具有很强的影响力，资金资源对创业企业而言格外重要和敏感。创新活动离不开资金支持，而富有创新活力的创业企业由于不确定性高、风险大，在更大程度上面临着融资难等问题，限制了创新活动投入，还对创新活动的质量产生了负面影响，不利于企业核心竞争力的形成。创业企业技术开发的产品面对的是尚未成形的市场或是新市场，在商业化开发方面需要大量资金投入，面临很大的市场风险和管理风险。在企业生命周期的不同阶段中，企业的风险性和融资规模要求存在较大的差异。创业融资分为内源融资和外源融资。其中内源融资主要包括向企业家、股东、合伙人或内部职工等与企业有利益关系的人融资获得资金。而外源融资是指企业通过向外部经济主体筹资方式，包括贷款融资、股票融资、债券融资、贸易融资、租赁融资、典当融资、风险融资等。

政府在整个创业融资体系中扮演着极其重要的角色，在整个创业融资体系中发挥着举足轻重的作用。政府的政策既是风向标又是润滑剂，维系着整个创业金融体系常规运转的同时推动其不断发展。政府的职责主要有：创业融资和创业促进政策的制定和执行者、提供创业金融支持、建立和维护创业信用保障机制、设立创业金融市场以及资助参加创业融资的机构等。2016年9月，国务院发布了《关于促进创业投资持续健康发展的若干意见》，提出了构建促进创业投资发展的制度环境、市场环境和生态环境，加快形成有利于创业投资发展的良好氛围和"创业、创新+创投"的协同互动发展格局，提出加快培育形成各具特色、充满活力的创业投资机构体系。鼓励各类机构投资者和个人依法设立公司型、合伙型创业投资企业；鼓励行业骨干企业、创业孵化器、产业（技术）创新中心、创业服务中心、保险资产管理机构等创业创新资源丰富的相关机构参与创业投资；鼓励设立一人公司、鼓励和规范发展创业投资母基金、积极鼓励包括天使投资人在内的各类个人从事创业投资活动、鼓励成立公益性天使投资人联盟等各类平台组织、规范发展互联网股权融资平台、完善银行业金融机构投贷联动机制、支持创业投资企业及其股东依法依规发行企业债券和其他债务融资工具融资等，为创业企业融资和创投机构发展指明了方向。

创业融资过程是一种以资金供求形式表现出来的资源配置过程。从企业自身看，不同的类型和成长阶段，创业企业对资本的需求也表现出不同的规模特征，其融资结构和成本也必然不同，从而需要选择不同的融资方式以满足不同规模的融资需求。创业者在进行融资决策之初，要根据各种条件，量力而行地确定企业合理的融资规模。对于创业者而言，创业资金不是越多越好，盲目地引资和扩大资金投入，会增加创业的风险，创业企业不能追求创业大项目、高投入和高回报的做法。为了满足新创业企业多方面的融资需求，创业企业需要从多种渠道、以不同融资方式相结合筹集资金，在融资过程中应当实施融资组合化，合理、有效的融资组合不但能够分散、转移风险，而且能够降低企业的融资成本和债务负担。

创业企业融资，不仅需要考虑融资成本，往往还需要关注伴随企业控制权或所有权的部分丧失，这不仅直接影响到企业理念的一贯性和生产自主性，也可能会影响企业利润的分配，导致原股东的利益存在遭受损失的危险，甚至会影响到远期利益和长远发展。创业企业融资决策过程是一个动态的过程，融资决策程序就是按时间顺序进行的融资决策过程。第一步是融资的时机把握；第二步是确定融资的规模；第三步是制定各种可能的融资方案，包括融资的方式、融资的成本以及融资的风险；第四步是寻找、挑选和考察投资者，即确定融资的来源；第五步是进行融资协议的谈判；最后是实施和监督。然后再决定是否进入下一轮融资。其融资行为包括有效地选择融资方式、形成最优的融资结构，把握融资规模以及融资的融资、条件、成本和风险，其行为结果要通过融资结构资本结构反映出来。

一般情况下，针对不同的融资方式，企业需要承担的经营风险顺序是：股权融资，金融融资，商业融资，债券融资，银行融资。企业追求控制融资风险，一般可以采取同时使用几种融资方式的策略,即采取融资方式和融资渠道的合理有机组合达到规避风险目的,同时还要关注各种的融资组合之间的转移。因此,进行融资决策时,创业企业应选择最有利于提高其核心竞争力的融资方式。创业企业的融资活动需要综合考虑企业发展的目标、内外部资源的整合、商业模式的定位、融资成本等问题,确定在不同发展阶段的融资方式。

创业融资方式可分为债务性融资和权益性融资两大类。债务性融资是指企业通过向个人或机构投资者出售债券、票据筹集营运资金或资本开支。债务性融资相对容易获得,但同时也具有时间短、利率高、额度小的特点。一方面企业利用债务性融资很难获得长期持久的资金支持。另一方面,企业在发展过程中要承受很大的还款压力。权益性投资是指为获取其他企业的权益或净资产所进行的投资。投资者持有某企业的权益性证券,代表在该企业中享有所有者权益。主要的融资渠道包括创业投资、天使投资等。权益性融资的特点是风险高、利润大,没有十分固定的还款期限。对于创业企业而言,权益性投资很适合企业初期发展。但是权益性投资不易得到也是一个事实。创业者通过股权融资不仅得到资金,很多时候投资者还拥有创业企业所需求的各种资源,如关系网络、人力资源、管理经验等。股权融资的缺点主要体现在控制权方面,由于股份稀释,创业者可能失去企业控制权,在一些重大战略决策方面,创业者可能不得不考虑投资方的意见,如果双方意见存在分歧,就会降低创业企业的决策效率。

创业融资是创业管理的关键内容,具有很强的技术性,在企业成长的不同阶段具有不同的侧重点和要求。融资后并非就万事大吉了,而只是万里长征的第一步。很多创业者是需要钱的时候才去融资,而当你真正需要钱的时候,可能是拿不到钱的,只有在你不需要钱的时候去融资,才最有可能成功。针对不同融资渠道,创业企业对资金的管理方式、资金在创新活动上的投入比例等也应有所不同,从而也会在一定程度上影响创业企业的绩效和长远发展。

目 录

第1章 **导论** / 1
    1.1 何为创业 / 1
    1.2 何为创业融资 / 4
    1.3 创业融资的策略 / 8

第2章 **商业模式的抉择与创新** / 12
    2.1 商业模式的定义和本质 / 12
    2.2 创业企业设计商业模式的思路 / 16
    2.3 有效管理创业风险 / 21

第3章 **商业计划书** / 25
    3.1 商业计划书的必要性 / 25
    3.2 识别创业机会是编制商业计划书的起点 / 27
    3.3 编制商业计划书应基于构建和落实创业企业战略 / 30
    3.4 商业计划书的基本结构 / 33
    3.5 编写商业计划书的注意事项 / 36

第4章 **如何向天使投资人融资** / 38
    4.1 爱心资本必不可少 / 38
    4.2 何为天使投资 / 39

    4.3   天使投资人的类型 / 54
    4.4   我国天使投资的发展 / 57

第5章   **互联网时代的新天使：股权众筹** / 67
    5.1   股权众筹的产生 / 67
    5.2   股权众筹的特征 / 70
    5.3   股权众筹运行的主体架构 / 71
    5.4   我国股权众筹的运作模式 / 72
    5.5   如何选择股权众筹平台 / 75

第6章   **与天使投资人的合作** / 78
    6.1   天使投资人的运作流程 / 78
    6.2   天使投资人的估值与融资决策 / 85
    6.3   防范向天使投资人融资的异化行为 / 91

第7章   **如何向创业投资机构融资** / 95
    7.1   创业投资的内涵 / 95
    7.2   与天使投资的差异 / 101
    7.3   创业投资流程 / 104

第8章   **投融资合作：尽职调查** / 111
    8.1   尽职调查的必要性 / 111
    8.2   尽职调查的主要原则 / 112
    8.3   尽职调查的主要方法 / 113
    8.4   尽职调查的组织安排 / 114
    8.5   尽职调查的主要内容 / 116
    8.6   尽职调查的注意事项 / 121

第 9 章 投融资合作：创业企业估值 / 123

9.1 创投机构如何合理估值 / 123

9.2 企业价值创造的途径 / 128

9.3 创业投资的估值方法与模型 / 133

第 10 章 投融资合作：创投的进入与退出 / 140

10.1 创业投资的投资决策准则 / 140

10.2 创业投资实现投资收益的方式 / 145

10.3 与创业投资机构融资合作的注意事项 / 155

第 11 章 商业银行的创业贷款融资 / 163

11.1 创业企业获得传统银行融资的难点 / 163

11.2 商业银行的参与方式 / 165

11.3 银行信贷+创投机构的联动模式 / 167

11.4 银行信贷+孵化器的模式 / 171

第 12 章 典当与融资租赁 / 174

12.1 典当融资 / 174

12.2 融资租赁 / 181

参考文献 / 188

第 1 章　导　论

1.1　何为创业

创业，是一个发现和捕获机会并由此创造出新颖的产品、服务或实现其潜在价值的过程，是创业者通过发现和识别商业机会，组织各种资源，提供产品和服务，以创造价值的过程。狭义上，创业是指创办企业，即指能够创造劳动岗位、增加社会财富的活动。从广义的层面讲，创业企业既包括新创建的企业，也包括再创业企业或者是成熟企业的再创业过程。这类企业与其他类型的企业差别较大，它们善于发挥首创精神，充分利用社会资源和经济资源转化为经济利益，并且承受着较高的风险。莫里斯（Morris，1998）在一份文献调研中，回顾了近几年在欧美地区创业核心期刊的文章和主要教科书中出现的 77 个创业定义，通过对这些定义内容中关键词出现的频率来揭示创业的内涵。在 77 个创业定义中，出现频率最高的关键词主要包括：开创新事业，创建新组织；创造资源的新组合，创新；捕捉机会；风险承担；价值创造。尽管学术界对创业本质的理解有各种不同的阐释，但总体来看，创业的内涵主要包括：开创新业务，创建新组织；利用创新这一工具实现各种资源的新组合；通过对潜在机会的发掘而创造价值①。比如，史蒂文森（H. H. Stevenson）与杰瑞罗（J. C. Jarillo）认为，创业是个人在不拘泥于当前资源条件的限制下追寻机会的过程。通过各种资源的组合，以开发和利用机会并创造价值的过程。这一概念强调创业并不受制于所控资源的多寡，是源于机会的驱使，目标在于实现机会价值，清晰地揭示出创业的过程在于机会识别、机会开发与机会利用三个阶段。罗伯特·赫里斯（Robert D. Hisrich）与迈克尔·彼得斯（Michael P. Peters）认为，创业就是通过奉献必要的时间和努力，承担相应的经济、心理和社会风险，并得到最终的货币报酬、个人满足和自主性的创造出有价值的东西的过程。罗伯特（Robert）认为创业是一个创造增长的财富的动态过程，认为财富是由这样一些人创造的，他们承担资产价值、时间承诺或提供产品或服务的风险，他们的产品或服务未必是新的或唯一的，但其价值是由企业家通过获得必要的技能与资源并进行配置来注入的。史蒂文森认为创业是个人（不管是独立的还是在一个组织内部）追踪和捕获机会的过程，这一过程与其当时控制的资源无关。根据美国创业教育之父蒂蒙斯（Jeffry A. Timmons）

---

① 周艳春. 关于创业与创新关系的研究综述 [J]. 生产力研究，2009（22）：255 – 256

的定义，创业是一种思考、推理和行动的方式，它为机会所驱动，需要在方法上全盘考虑并拥有和谐的领导能力[①]。

创业企业是指处于初创阶段的高成长性与高风险性并存的创新开拓型企业，我国有学者将IPO之前的、成立时间小于8年的企业视为创业企业[②]。爱迪思生命周期理论关于成长阶段的划分，认为创业企业指的是处在孕育期、婴儿期、学步期、青春期这四个成长阶段的企业。创业行为是创新意识和创新成果付诸实践的一种途径，可以在实践中检验和发展创新成果，并将它的价值转化成为对社会的贡献。目前全球几乎有名的互联网企业都是创业企业，如谷歌、阿里巴巴等。创业企业被冠以独特的称谓，赋予特殊的期许，拥有其自身特点。首先表现在其创业文化上，始终拥有创业时的艰苦拼搏精神和勇往直前的奋斗目标。其次是创新精神，在艰苦的条件下坚持创新，才能不被竞争者打倒，通过鼓励全员创新，形成企业特有的创新精神。最后，创业企业由于创立时间短、信息不充分、综合实力弱，其开创的新产品或新服务市场接受程度不明，因此，其发展带有很大的不确定性，将创业视为一个包含不同阶段的过程，从准备开始，到刚刚开始，到经营新企业或成熟企业，再到终止一个公司，不同阶段之间的联系具有较大的不确定性。企业家能力、团队抱负水平和决策能力对创业企业成长有着重大影响，提高企业家团队的能力和抱负水平是促进创业企业成长的关键所在。GEM（全球创业观察）在2001年的报告中第一次提出了生存型创业和机会型创业的概念，它是依据创业动机对创业所做的一种分类。同时根据美国人本主义心理学家马斯洛推出的人的需求层次理论分析创业者的创业动机，可以更加生动地分析出创业者行动动力。具体可分为六类创业者：第一类人，属于主动式创业。这类人一提到经商就会心跳加快、兴奋，认为创业是一件非常有意思的工作。第二类人，属于被动式创业，创业可以挣高工资，为自己的家庭提供更好的生活方式。如果社会福利更好，他们就不会去创业。第三类人，把创业当成一种职业。由于种种原因没有找到合适的工作，把创业当成一种工作。第四类人，能力型创业。因为精通某个行业或项目、掌握一批客户或者有自己的专利、经营才能、商业策划等优势，为了体现证明自我的能力开始创业。第五类人，只有梦想没有行动。对现实生活很不满意，于是希望通过创业改变现状，但却不敢付诸行动，最后，其中的少部分人终于迈了第一步，开始创业生涯。第六类人，有钱有闲。有创业的一些外部资源和人脉等条件，但不愿为创业付出精力。有些人遇到一些合适的机遇才会参与到创业中去[③]。

创业是一个发现和捕获机会并由此创造出新颖的产品、服务或实现其潜在价值的过程。创业是创业者与外部环境化合的过程，这一过程是以机会问题为核心，以创业目标为导向，并由创业推理和创业行动共同推动的，其本质在于创新。对新创企业而言，能否探索到正确的创业机会，并通过充分地开发使之成为一个成功的企业是新创企业应当具备的最重要能力之一，创业能力本身是一种资源的重新整合，创业者通过

---

① 马碧珠. 创业企业商业模式的构建过程研究——基于创业过程视角 [D]. 暨南大学，2013：7
② 贺小刚，沈瑜. 创业型企业的成长：基于企业家团队资本的实证研究 [J]. 管理世界，2008（1）：82-96
③ 樊琪. 从创业动机看创业成功 [J]. 中国就业，2012（8）：51-52

扫描并分析周围环境，选择有发展前景的机会，并且利用这些机会来制定相关战略的一种技能。可见，创业能力是个人所拥有的一些潜在特质，这些特质能够促使个体投资新的商机并努力使其创业活动存活和发展。创业过程会经历创业前阶段、创业阶段、早期成长阶段、晚期成长阶段。在创业前阶段，创业者应做好创业计划及前期工作，包括筹集资金与创建企业的工作。创业能力是创业者拥有的专业技能和隐性知识，是个体拥有的一种创业素质，它作为高层次的特征，其中包含创业激情、个性、工作能力和价值观，被视为创业者能成功创业的整体能力。在企业发展的初期，创业能力比有形资源更能促进企业成长。创业能力是企业能够不断优化创新思维的源泉，带给企业持续的竞争优势，并认为创业能力在企业不同的发展阶段是不同的。具体的创业能力构成见图1-1。

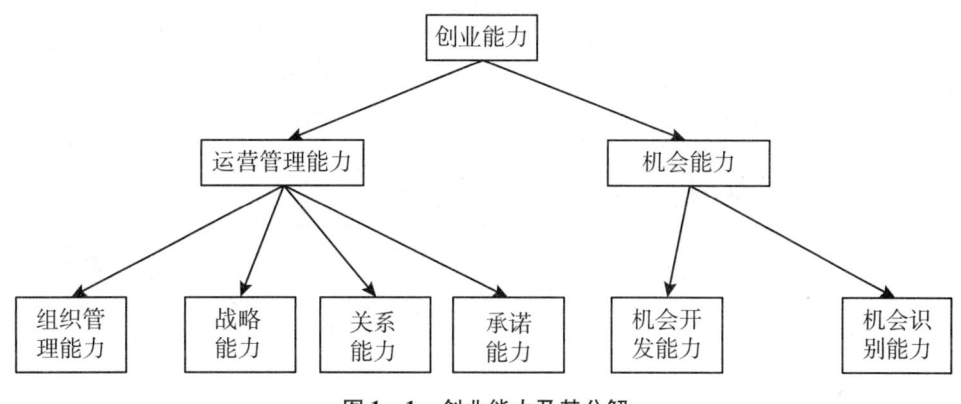

图1-1　创业能力及其分解

资料来源：唐靖，姜彦福. 创业能力概念的理论构建及实证检验［J］. 科学学与科学技术管理，2008（8）：52-57。

　　创业的逻辑很简单，利用手中的资源，寻求他人的加入，把个人目标汇总成共同的目标，然后聚焦企业的发展动力。企业学习的只是显性知识和隐性知识，学习的领域很大一部分是市场环境和团队建设①。创业不仅是一个创业者实施创造的过程，更是一个创业者不断学习的过程。企业文化建设能使团队成员间拥有共同的愿景，并增强成员的认同感。在相同的目标和一致的企业发展观念下做出的决策，更不易产生意见分歧。团队成员之间通过有效的沟通，可更多地了解彼此间的看法，通过取长补短，做出最有利于企业发展的决策②。其中，金融知识、创业能力的缺乏严重限制了个人通过创业实现其企业家精神。研究表明，金融知识水平的提高可显著推动家庭参与创业活动，并显著促进家庭主动创业③。在创业前阶段，创业者在环境中捕捉到一个创业机会，这可能是创业者对行业或者国情等研究之后发现的机会。创业者在研究这些机会的基础上，构思

---

① ［美］戴夫·格雷，等. 互联网思维的企业［M］. 张玳，译. 人民邮电出版社，2015：170
② 詹梦琳. 创业团队人力资本结构对创业企业绩效的影响——基于"新三板"创业企业的实证研究［J］. 经济与管理，2016（11）：136-138
③ 尹志超，宋全云，吴雨，彭嫦燕. 金融知识、创业决策和创业动机［J］. 管理世界，2015（1）：87-98

出了一个商业创意，这个商业创意可能会成为创立创业企业的第一要素。如果没有一个好的商业创意，就算企业具备了强大的资源整合能力，非常雄厚的资金实力，企业也很难在激烈的市场竞争中脱颖而出。在这个阶段，创业者开始计划创业，并进行一系列创业前准备工作，包括获取资源和创立企业前的组织工作。在这个阶段，创业者要完成以下三个方面的准备，参见图1-2。

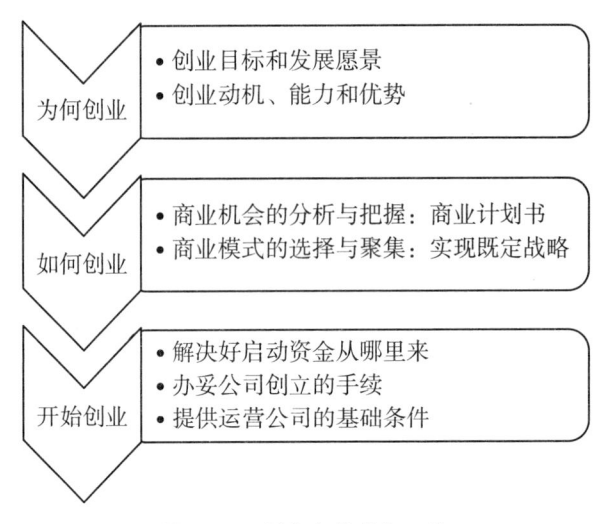

图1-2 创业者的准备工作

1.2 何为创业融资

企业创立、生存和发展都离不开资金的支持，企业需要不断地进行融资。创业融资是指企业发展的早期或创业阶段的融资。创业融资的研究对象是创业企业的融资行为。具体行为包括在一定的融资风险下，如何取得资金，同时使融资成本最小，创业企业的价值最大化。不同的创业融资行为形成不同的创业融资结构，创业融资行为是否合理可以通过创业企业的融资结构反映出来。融资方式则是指如何取得资金，即采用什么融资工具来取得资金。融资渠道展示出取得资金的客观可能性，即谁可以提供资金，融资方式则解决用什么方式将客观存在的可能性转化为现实性，即如何将资金融到企业。创业融资能力指创业企业获取外部融资的能力，即投资者在创业企业现有条件下愿意投资给企业的资金规模的最大额度。投资者愿意提供的限额越高，表明该创业企业的融资能力越强。

融资的首要前提是融资后的经营或投资总收益，必须大于融资所发生的融资费用、利息和不确定的风险成本。创业企业具有高投入的特点，当企业创立并运行一段时间后，由于研发活动的开展和人员开支的持续增加，资金难以为继，创业者需要寻找新的资金来源。一些创业企业在发展的早期，对资金的需求量是巨大的，但是他们本身难以通过自身的资本积累筹集到足够的资金。融资难是创业企业发展的瓶颈问题。究其原因，内部因素在于其多属发展初期，存在抗风险能力差、管理能力低下、资金需求量小、缺少担保财产等问题；外部因素则表现为现行投融资体系的不完善、创业企业遭遇金融机构和监管部门歧视、融资门槛高、成本高等问题。创业企业在生命周期的不同阶段，资金需求、融资难度和融资方式也不尽相同。创业企业存在着不成熟性、不稳定性、不确定性，而且创业期企业的风险不论从风险外部环境还是从内部条件考虑，都要远远高于一般的成熟企业。创业企业不论是选择股权融资还是债权融资，规模的有限及不成形的信用缺陷直接导致创业企业在融资过程中面临进退两难的尴尬处境。创业企业与大型企业相比处于相对劣势。主要体现在创业企业创立时间短，规模小，信息的拥有量少，地位与规模的弱小以及信用低下等。由于创业企业多数是处于发育成长早期的新生企业，与规模较大的和发育较成熟的企业相比，低信息透明度必然会带来投资决策和管理上较大的盲目性，信用的缺失与地位规模的弱小导致在融资市场的资本与信贷的"双缺口"[①]。创业企业发展依赖于内部资金，表明企业投资和内部融资高度相关，法扎瑞（Fazzari，1998）等研究表明，企业将失去潜在利润增长的投资机会。企业外部融资不足将严重阻碍可以快速发展的创业企业的发展。根据德米-库特（Demirguc-Kunt，1998）等研究表明，仅仅凭借内部积累资本发展的企业，其增长速度远低于外部融资发展的企业。对创业者和创业企业来说，融资也是一种营销——营销自己。投资者最关心的是：有竞争力的产品、潜在的巨大市场、丰厚的现金流、规范的管理运作、能给人以信心的管理团队。创业企业在融资需求上也有别于其他企业，主要表现在如下几个方面：第一，融资市场化。企业创业初期，自我积累的资金有限，不可能满足技术创新的高投入需求，必须从外部市场进行广泛的融资。第二，融资多元化。为了满足新创业企业多方面的融资需求，创业企业需要从多种渠道、以不同融资方式相结合筹集资金，建立完善的融资体系。第三，融资组合化。创业企业技术创新的风险产生于研究与开发活动的不确定性。这种风险的初始值最大，随着技术创新各阶段的依次顺利发展而逐渐减少。创业企业在融资过程中应当实施融资组合化，合理、有效的融资组合不但能够分散、转移风险，而且能够降低企业的融资成本和债务负担。第四，融资社会化。融资社会化是指创业企业的融资需要社会各方面的力量，特别是需要政府的引导和扶持[②]。

信息不对称与信息不透明是造成创业企业融资难的基本原因之一。金融交易是以信用为基础的资金的使用权和所有权的暂时分离或有条件的让渡，交易能否成功即出资者的资金能否如约收回及得到收益，关键取决于出资者对筹资者的信用、能力和投资项目的收益性等信息的了解程度。因此，交易双方所掌握的信息及其对称性就成为交易能否成功的关键因素和交易成本的主要来源。相对于出资者来说，筹资者往往对自身的信用和项目投资前景拥有信息优势，这种信息的不对称可能诱发筹资者在交易中的欺诈等道德风险。若出资者得不到筹资者可信的私人信息，或收集、证实这些信息的成本过高，交易要么根本无法进行，要么出资者会要求筹资者支付更高的风险补偿，从而增加筹资

---

① 晏文胜. 创业融资的机理研究 [D]. 武汉理工大学，2004：41
② 赵凤鸣. 创业阶段企业融资模式分析——以 X 公司为例 [D]. 南昌大学，2015：16

者的筹资成本。而过高的风险溢价还可能诱发金融交易中常见的逆向选择问题。与大企业相比，创业企业的经营信息更加不透明，向外部出资者披露其经营信息也更加困难。大多数创业企业很难向外部出资者提供可信的和合格的财务信息。创业企业大多建立的时间短，信用记录积累浅，社会知名度低，特别是一些年轻的创新型创业企业，其业务新且市场前景不明朗，即使经营者想让出资人清晰地了解企业的经营情况也会遇到信息表达上的困难。创业企业由于产权封闭和面临更加激烈的市场竞争，往往比大企业更加担心其商业机密被泄露，因此在向外界披露信息时也更为谨慎。以上特征决定创业企业的融资将承担更高的交易成本和更大的风险。若这些风险得不到足够的补偿，外部出资者就不会向创业企业投资。在进行融资决策和融资手段的选择时，为了避免将过多的投资收益让渡给外部投资者，会优先考虑采取内源性融资，而不是外源融资；同时，公司在考虑对外接纳外部融资时，在相同理论的支持下，会优先采取债务融资，其次考虑股权融资方式，简单地说就是把融资成本按照由低到高的次序，然后依次采取银行贷款、发行债券、发行股票的顺序来获取外部融资。这个理论就是美国现代公司理论中著名的资本结构融资次序的"啄食次序理论"。内部融资对企业资本的形成具有原始性、自主性、低成本性和抗风险性等特点。相对于外部融资，它可以减少信息不对称问题及与此有关的激励问题，节约交易费用，降低融资成本，增强企业剩余控制权。但是，内部融资能力及其增长，要受到企业的盈利能力、净资产规模和未来收益预期等方面的制约。对于企业而言，没有定位、定位错误、定位超前都不行，只有基于自身所拥有的资源，确立清晰正确的定位，企业才能够做正确的事。对于任何一家创业公司而言，如何创造持久、强劲的现金流和利润率以保持公司的良好运营，是实现企业从优秀走向卓越的基本要求[①]。

实际上，创业融资过程是一种以资金供求形式表现出来的资源配置过程。从企业自身看，企业的目的主要是为了满足企业发展。但在不同类型和成长阶段，企业的性质及其面临的外部不确定性因素存在着较大差异，对资本的需求表现出不同的规模特征，其融资结构和成本也必然不同，从而需要选择不同的融资方式以满足不同规模的融资需求。企业融资问题可以等价于企业与投资者之间存在的信息不对称问题。不同的融资方式是为了解决企业与投资者信息不对称问题。创业企业与大企业在融资问题上由于与投资者之间不同的信息不对称程度导致了解决其融资方式的差异。有些创业者再确定融资规模时，经常会低估融资需求，研究表明有30%～40%的公司出现低估融资规模[②]。所以，对于处于创业期的创业企业来说，其融资问题的实质就是要找到适用于创业阶段的融资需求特征并能有效降低信息不对称程度的融资方式和手段，从而降低逆向选择和道德风险的发生，真正实现融资效率的提高。如果自有资本很少，那么赢得一定数量的权益性资本将是企业家外部融资的首要任务，因为这将有效地降低进一步融资的难度和成本。或者说，企业家的融资次序可能与企业家的初始条件密切相关，而一个教条化的最优融资次序也许并不存在。只有那些市场潜力足够大

---

① 洛夏. 互联网创业失败启示录和成功一样有意义 [J]. 互联网周刊, 2016 (12): 22
② 坚鹏. 走出融资的误区 [M]. 中国财富出版社, 2013: 8

的创业企业,才对投资者,尤其是创业投资者有吸引力。当企业家才能还未被市场充分认同,资本积累又很有限,只有那些市场潜力非常大的企业才能够满足投资者非常大的最低报酬索取权要求。由此可见,企业家自有资本的主要功能并不是显示企业家的能力,而是在于为外部投资者提供了担保服务,从而弥补了其创意和能力显示不足的缺陷[①]。

创业融资方式可分为债务性融资和权益性融资两大类。债务性融资是指企业通过向个人或机构投资者出售债券、票据等集营运资金或资本开支。债务性融资相对容易获得,同时也具有时间短、利率高、额度小的特点。一方面企业利用债务性融资很难获得长期持久的资金支持;另一方面,企业在发展过程中要承受很大的还款压力。权益性投资是指为获取其他企业的权益或净资产所进行的投资。投资者持有某企业的权益性证券,代表在该企业中享有所有者权益。主要的融资渠道包括创业投资、天使投资等。权益性融资的特点是风险高、利润大,没有十分固定的还款期限。对于创业企业而言,权益性投资很适合企业初期发展。但是权益性投资不易得到也是事实。创业者通过股权融资不仅得到资金,很多时候投资者还拥有创业企业所需要的各种资源,如关系网络、人力资源、管理经验等。股权融资的缺点主要体现在控制权方面,由于股份稀释,创业者可能失去企业控制权,在一些重大战略决策方面,创业者可能不得不考虑投资方的意见,如果双方意见存在分歧,就会降低企业的决策效率。对创业者而言,创业精神不只是吃苦耐劳、努力奋斗等传统智慧,必须能审时度势对产业形势有清晰的判断。创业精神是一个开放的、不断发展的指向无限开阔的理念。创业本质上是一种新进入行为,进入战略选择是创业团队的决策重点,是新企业克服新进入缺陷谋求生存的关键因素,进入战略选择也是技术创业成败和商业价值创造的关键决定因素。作为一种初始战略选择,进入战略是指企业将什么样的产品/服务通过什么样的交易结构推向市场,新技术企业的进入战略创新性越强,即其产品/服务或交易结构相对于产业内在位企业的差异程度越大越可能避开在位企业的报复性竞争,赢得市场认可从而收获更好的结果[②]。创业企业融资决策过程是一个动态的过程,融资决策程序就是按时间顺序进行的融资决策过程。第一步是融资的时机把握;第二步是确定融资的规模;第三步是制定各种可能的融资方案,包括融资的方式、融资的成本以及融资的风险;第四步寻找、挑选和考察投资者,即确定融资的来源;第五步是进行融资协议的谈判;最后是实施和监督。然后再决定是否进入下一轮融资。其融资行为包括有效地选择融资方式、形成最优的融资结构,把握融资规模以及融资的融资、条件、成本和风险,其行为结果要通过融资结构资本结构反映出来。创业企业融资行为的决定因素见图1-3[③]。

[①] 杨其静. 财富、企业家才能与最优融资契约安排 [J]. 经济研究, 2003 (4): 41-50
[②] 杨俊, 田莉, 张玉利, 王伟毅. 创新还是模仿: 创业团队经验异质性与冲突特征的角色 [J]. 管理世界, 2010 (3): 84-96
[③] 晏文胜. 创业融资的机理研究 [D]. 武汉理工大学, 2004: 56

为什么需要融资	确定融资目标	选择融资方式
•创业目标分析 •创业环境分析	•融资规模 •融资渠道 •融资成本 •融资时机	•股权融资：亲朋好友、天使投资人、创业投资机构等 •债权融资：亲朋好友、商业银行、典当融资、租赁融资等

图1-3 创业融资的逻辑顺序和决策因素

1.3 创业融资的策略

（一）深入进行融资总收益与总成本分析

一般情况下，自主创业由于风险大、资产少，市场需求的不确定性和生产规模有限，难以承担高额负债成本。当企业生产经营规模逐步扩大时，内源融资可能无法满足企业生产经营的需要，此时，外源融资将成为保障企业扩张的主要融资手段。由于不同行业的企业所面临的竞争环境、行业集中度及经营战略等的不同，因此不同行业的企业其最佳资本结构是不同的，不同的资本结构产生了不同的融资要求。企业潜在增长能力的高低和发展前景的好坏也会影响融资渠道的选择。对于潜在增长能力高、发展前景看好的高成长性企业来说，其对资金的需求也大，对外部资金的需求相当迫切，但短期内融资成本可能大于企业的收益，而从长期看，企业的利润会快速增长，企业会得到健康发展。因而创业者在考虑融资时，不应仅仅考虑当年的盈利情况，而是要考虑长期盈利的可能，做出对企业生存和发展有利的选择。就内源融资和外源融资相比较而言，内源融资的成本相对更低、风险相对更小，而外源融资的成本相对更高、风险相对更大。所以，创业者在融资时，应充分考虑到各种融资方式的成本和风险等特点，从中选择到适合自身需要的融资渠道。创业者首先应该考虑的是：企业必须融资吗？融资后的投资收益如何？融资后的收益是否大于融资成本？创业者只有经过深入分析，确信利用筹集的资金所得到的总收益要大于融资的总成本时，才有必要考虑融资。融资成本既有资金的利息成本，还有可能是较为昂贵的融资费用和不确定的创业融资选择的影响因素分析及其策略探讨风险成本。企业融资成本是决定企业融资效率的决定性因素，对于创业企业选择哪种融资方式有着重要意义。确定实际可行的融资方式以及制定融资策略，必须明白要寻找什么类型的投资者。创业融资是一个双向选择的过程，投资者在选择创业者的同时，创业者也在积极地挑选合适的投资者。创业者一般希望选择这样的投资者合作：考虑要投资，并有能力提供相应资金的；了解并对该行业投资有兴趣的；能够提供有益的商业建议，并且与业界、融资机构有接触的；有名望、道德修养高的；为人处世公平合理，并能与创业者和谐相处的；具有此类投资经验的。具有这些特质的投资者是稀缺的、有价值的、难以复制的、不可替代的人力资源，他们可以给企业持久的竞争优势①。

(二) 合理确定企业的融资规模与融资期限

在创业初期阶段，创业者的创业热情往往很高涨，但由于受到资金短缺的困扰，急于得到企业启动或周转资金，即使手中有技术有创意，但是也可能接受得小钱而转让大股份的条件，贱卖自己的技术或创意。有不少核心技术拥有者在公司运营一段时间后，对当初的投资协议深感不满并提出毁约，而这样做的后果只能是在资本市场上失去信誉。因此，在制定融资方案时应该准确评估自己的有形和无形资产的价值，不要妄自菲薄，低估了自己的价值。事实上，每一轮融资中的投资者都将影响创业企业后续融资的可行性和价值评估。能为投资者和股东创造价值的创业者才能得到更多的融资机会和成长机会，创业者不仅要加强自身的技术能力，还需要具备判断其业务或能力是否能够为投资项目提供渠道或指导，是否能有效支撑企业的成长。因此，创业者在进行融资决策之初，要根据各种条件，量力而行地确定企业合理的融资规模。此外，创业者必须做出最佳的融资期限选择，以有利于企业的发展。因为融资期限过长，会增加融资成本与融资风险；融资期限过短，则限制企业的发展。创业者做融资期限决策，一般是在短期融资与长期融资两种方式之间权衡，做何种选择主要取决于融资的用途和创业者的风险性偏好。从资金用途上来看，如果融资是用于企业流动资产，则宜于选择各种短期融资方式；如果融资是用于长期投资或购置固定资产，则适宜选择各种长期融资方式。从风险性偏好角度来看，创业者对风险越偏好，就越倾向于用短期资金融通永久性资产；反之，则越倾向于用长期资金融通波动性资产。在创业阶段，生存是第一位的，一切围绕生存运作，一切危及生存的做法都应避免。最忌讳的是在初创阶段提出不切实际的扩张目标，盲目铺摊子、上规模，赚钱是创业管理的首要目标。由于创业初始，公司在资金、人才和实力等方面往往都不会具备优势，被大量不确定性事务驱动和疲于应付的状态在所难免，但任何公司的管理工作又的确是件大事，是公司能否持续发展的重要保证。要妥善处理并解决这对矛盾，其关键仍然在于如何取得事务驱动和规范运作之间的合理平衡。初创企业一开始不要贪大求全且事无巨细，仍然要将主要精力坚定不移地放在公司的生存方面，只有当某些管理规定随着公司发展显得滞后时，再去讨论完善或修改增补。创业管理的目标就是快速形成企业利润。这样，初创的创业才能够尽快得到血液，为生存发展奠定基础。

(三) 尽量选择有利于提高企业竞争力的融资方式

企业生命周期的不同阶段中，企业的风险性和融资规模要求存在较大的差异。创新活动离不开资金支持，而富有创新活力的创业企业由于不确定性高、风险大，在更大程度上面临着融资难等问题，限制了创新活动投入，还对创新活动的质量产生了负面影响，不利于企业核心竞争力的形成。如果存在市场要求和技术能够达到的发展速度存在差异、创新管理中不能有效地分配资源、市场和技术不匹配、采取了一成不变的技术战略等壁垒，那就可能存在创新者的窘境②。根据硅谷的经验，培养一个成功的公司往往需要 5~7 年的时间，在此过程中通常需要进行 3~4 轮融资。创业企业走向成功通常需

---

① 廖继胜. 创业融资选择的影响因素分析及其策略探讨 [J]. 金融与经济, 2007 (5): 36-38
② [美] 克莱顿·克里斯坦森. 创新者的窘境 (全新修订版) [M]. 胡建桥, 译. 中信出版社, 2014: 250-252

要经历六个阶段：科研、开发、技术转移、产品发布、产品成功、业务成功。在不同的发展阶段，企业对人员的配置需求也各有侧重。比如在创业早期，企业的人员需求一般以技术人员为主，第一轮融资完成后，则需要考虑配备一位掌握丰富行业资源和企业运作经验的运营总监，而在企业谋求上市的过程中，CFO会起到至关重要的作用。合理规划资金需求和融资节奏、节约资金使用，不仅是降低融资成本和融资风险、提高融资能力、保障企业成长的需要，更是提高企业竞争力的有效手段。企业融资通常会给企业带来以下直接影响：一是壮大了企业资本实力，增强了企业的支付能力和发展后劲，从而减少了企业的竞争对手；二是提高了企业信誉，扩大了企业产品的市场份额；三是增加了企业规模和获利能力，充分利用规模经济优势，从而提高企业在市场上的竞争力，加快了企业的发展。但是，企业竞争力的提高程度，根据企业融资方式、融资收益的不同而有很大差异。比如，股票融资，通常初次发行普通股并上市流通，不仅会给企业带来巨大的资金融通，还会大大提高企业的知名度和商誉，使企业的竞争力获得极大提高。

因此，进行融资决策时，企业宜选择最有利于提高竞争力的融资方式。一般情况下，融资成本指标以融资成本率来表示：融资成本率＝资金使用费÷（融资总额－融资费用）。针对创业企业，在这个公式里面，融资费用除了一般的融资手续费用外，还包括下面几个其他相关成本。首先是企业融资的机会成本。创业企业在初始阶段，一般将相当大比例的留存收益作为未来的发展基金。虽然留存收益作为创业企业的内源融资一般是无偿使用的，但实际上是放弃了留存收益用于其他社会投资机会的收益，因此这部分收益对于创业企业来说，要作为企业融资的机会成本。其次是风险成本。企业融资的风险成本主要指破产成本和财务困境成本。创业企业有一定的破产风险，从而形成企业价值损失的破产成本，也就是企业融资的风险成本。财务困境成本包括创业企业为摆脱财务困境而接受的法律、管理和咨询费用；同时还包括因财务困境影响到企业经营能力，至少减少对企业产品需求，以及没有债权人许可不能做决策、管理层花费的时间和精力等间接成本。最后，企业融资还必须支付交易成本。这里既包括传播信息、广告与市场有关的运输以及谈判、协商、签约、合约执行的监督等活动所花费的成本，也包括创业投资机构为创业企业提供融资服务过程中存在一系列的评估、咨询等交易成本[①]。创业融资过程本身还会涉及一些财务目标之外的风险，其中主要包括：①估价风险。对于创业企业，尤其是吸引创业投资的创业企业而言，企业估价是创业企业面临的首要风险问题，巨大的估价偏差会给企业带来巨大的潜在损失。②融资失败风险。投资者付出时间、精力和成本等进行融资，却没有成功的风险，这还意味着需要付出更多的时间、精力和成本进行再融资。③关联融资决策风险。由于企业融资决策之间具有较强的关联性，并相互牵制和影响，存在"牵一发而动全身"的风险。总之，非系统风险主要包括除以上提到的估价风险、融资失败风险、关联融资决策风险外，还包括低流动性风险、缺乏多样化风险、缺乏灵活性风险、失去控制权风险、责任性风险和缺乏转让性风险等[②]。

---

① 曾玲芳. 基于最优控制模型的创业企业融资决策研究［J］. 商业经济研究，2015（36）：87-88
② 曾照英，王重鸣. 创业融资决策过程中的感知风险分析——展望理论在创业融资决策领域的应用［J］. 科技进步与对策，2009（9）：22-24

（四）有效利用企业生命成长周期

在创业企业发展的各个阶段，各式各样的金融渠道和金融机构都随着企业的成长而发挥着不同的作用，在创业企业的初期成长阶段，非正规金融、社区合作金融以及私人资本市场所发挥的作用往往要大于正规金融、大银行及公开资本市场。这是因为前者具有关系型特征的不完全契约，比后者的标准化契约具备更强的解决信息非对称问题的机制，因而能够降低创业企业的融资壁垒。创业企业的发展需要有一个多层次和多样化的金融体系来满足其不同发展阶段的融资需求，创业企业的发展与金融体制的结构状况有较强的关联。融资方式除了可解决企业资金需求外，不同融资方式对于企业的信誉、产品市场份额乃至获利能力影响大不相同，因此，应选择最有利于提高企业竞争力的融资方式。不同融资方式形成的不同资本结构直接影响资本成本，进而影响企业的市场价值。一般来说，只有当预期普通股利润增加的幅度超过财务风险增加的幅度时，借债才是有利的。在创业企业创业初期，企业的信息基本上是封闭的，由于缺乏业务记录和财务审计，它主要依靠内源融资和非正式的天使融资；当企业进入成长阶段，随着规模的扩大，可用于抵押的资产增加，信息透明度的逐步提高，业务记录和财务审计的不断规范，企业的内源融资难以满足全部资金需求，这时企业开始选择外源融资，开始较多地依赖于来自金融中介的债务融资；在进入稳定增长的成熟阶段后，企业的业务记录和财务趋于完备，逐渐具备进入资本市场发行有价证券的资产规模和信息条件。随着来自资本市场可持续融资渠道的打通，企业债务融资的比重下降，股权融资的比重上升，部分优秀的创业企业逐步发展成为大企业。另外，融资环境的一系列因素也很重要，包括市场利率及期限结构、股市的水平和走势、政府的财政和货币政策、各类金融机构的状况等。创业者对融资环境的状况和变化应保持足够的敏感，要善于抓住其中的机遇和规避其中的威胁，合理分析和预测企业融资的各种有利和不利条件，以便把握住最佳的融资机会，从而选择出最有利的融资方式。企业发展不同阶段的融资方式见图1-4。

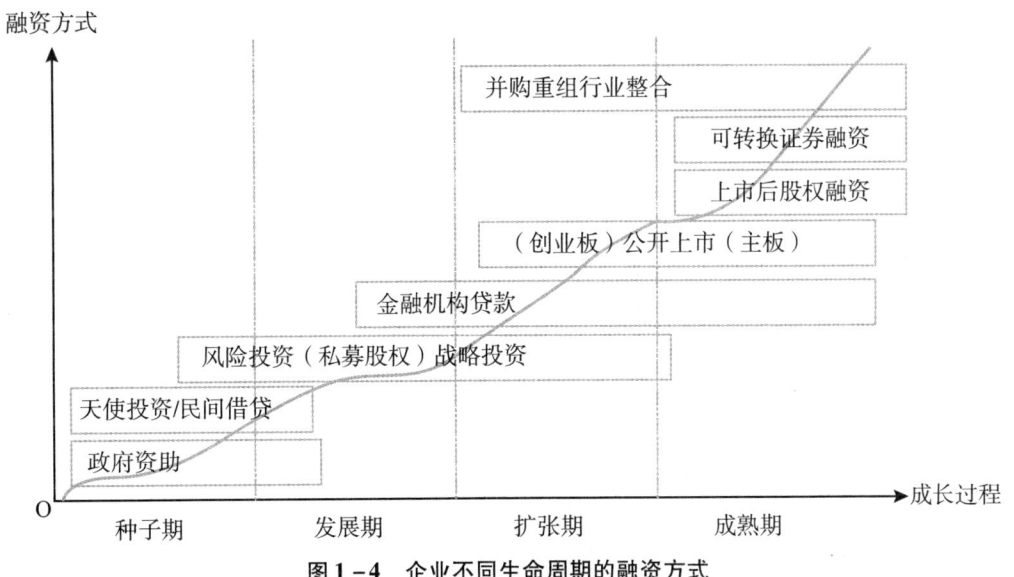

图1-4 企业不同生命周期的融资方式

第 2 章 商业模式的抉择与创新

2.1 商业模式的定义和本质

（一）商业模式是什么

所谓商业模式，就是为实现客户价值最大化，通过整合企业运行所需的内外资源，培育和形成企业独特的核心能力，达成企业持续盈利目标的整体解决方案和运行方式。"我们做什么？"这是创业者必须要考虑的第一个问题。要创业，首先要选择一个商业模式，商业模式的核心思想，就是这种模式能不能为顾客带来价值，能有多大的市场空间；同时，也要给你的合作伙伴带来增值服务，一个人赚钱不行，你必须给产业链和价值链上的各个环节带来增值服务。从这个意义上来说，是方向比努力更重要。做什么，不做什么，这对创业者而言是非常重要的。创业企业要实现盈利需首先搭建清晰的商业模式，不同的融资机构在提供融资合作时将重点考察创业企业商业模式的定位，以及其实施的难度。对于创新的商业模式，由于很多都还未得到市场验证，具有较高的不确定性，在面对这类预期盈利主要依赖于创新商业模式的项目时，各类提供融资的机构都会更为审慎。商业模式就是一个企业如何赚钱的故事。它应清楚地叙述企业是如何运作的，并能准确回答谁是顾客？顾客珍视什么？如何以合适的成本向顾客提供价值？如何通过商业活动赚钱？《科学投资》曾对我国企业失败的原因做过实际调查，分析结果表明：因为战略选择不当而失败的约占23%；因为计划执行不当而失败的约占28%；因为商业模式不合适而失败的约占49%[①]。国外学者莫里斯对其中的主要观点进行了归纳，并划分为经济类、运营类和战略类。经济类视角将商业模式定义为盈利模式，解释企业如何赚钱的问题。运营类视角则更加关注公司内部结构与外界要素的互动转化，将商业模式视为连接公司内外要素的运作系统。战略类视角将价值概念纳入商业模式范畴，把商业模式描述为组织通过价值创造与价值获取，以获得可持续竞争优势的方式。概言之商业模式就是基于价值链的利益相关者的交易结构，是企业以资源和能力投入为基础，通过构建其所处的价值链和外部网络来实现价值创造和价值获取的方式，能够解释企业如何获得长期竞争优势的构念。客户价值主张创新是商业模式创新的出发点，价

---

① 宋梦岚，程学华，费锐.创业导向、商业模式创新与企业绩效的关系研究［J］.高教学刊，2015（9）：13-15

值创造与传递创新是商业模式创新的关键，企业价值获取创新是商业模式创新的落脚点[①]。创业行为具有创新性、风险承担性和超前行动性的创业文化。光有组合也是不行的，文化同样必不可少。虽然创业团队人少，但是必须有文化，文化企业发展的方向标，再小的企业也要有价值观。有价值观了，肯定什么，反对什么，员工自然会放心地跟着你走。企业靠什么留住人，并不是简单的待遇，而是文化。要承认员工的价值，因此，组建团队文化是必不可少的。而一些企业之所以创业不成功，并不是商业模式不好，而是没有良好的团队和文化。

商业模式应该回答一系列的问题：向什么顾客提供价值，向顾客提供什么样的价值，怎么样为顾客提供价值等。商业模式创新必须以客户为中心，由企业本位转向客户本位，由占领市场转向占领客户，必须立足以客户为中心，为客户创造价值。服务式主导思维会颠覆行业的格局，它会创造出新的业务模式、竞争优势、与客户互动的形式以及企业组织架构等。从消费者的角度出发，认真考虑顾客所期望获得的利益，只有把竞争的视角深入到为用户创造价值的层面中，才能进入游刃有余的竞争空间[②]。

（1）精心研究客户需求。以客户为中心，就是要精心研究客户需求，要从客户角度出发，重要的不是企业能够为客户提供什么，而是客户希望得到什么。客户的期望值比产品本身更重要，提高满意度的关键是企业必须按照客户的要求，有效地满足客户对自己产品或服务的期望值。消费者对消费体验提出了更高要求，企业应以创造用户全流程最佳体验为宗旨。顾客参与是让顾客参与到产品的开发、设计、生产、运营等系统中，用户不再是被动地接受产品，而是真正地参与到产品的生产运作中。没有人比顾客更了解自己的需求，通过顾客参与，企业不仅可以有效捕捉消费者真实和潜在的消费需求，将产品的研发、服务与客户需求相结合，启发创新团队的创意，缩短产品开发周期，降低开发成本和开发风险，还能将小同顾客需求分析归类，细分消费市场，满足不同消费者的消费需求。随着市场竞争的日益激烈和顾客中心地位的不断提高，顾客参与已成为商家在竞争中越来越多采用的战略手段。

（2）实施客户互动管理。以客户为中心必须深化服务，实施客户互动管理。让顾客在企业经营过程中占据主导地位，将客户前置，让其参与产品或服务的设计、制作、定价等过程。企业可以运用互联网、移动终端和社交网络等与顾客交流，让顾客提供意见、建议，参与产品开发。通过这种方式产生的新产品才能真正满足顾客的需求，有效提高顾客的忠诚度。让企业在目标市场选择和营销管理决策时进行定量分析和提前预判，通过对其生态系统中客户信息全面地分析和处理，就能实现精准营销，降低营销成本，提高营销效果。

（3）创造新的附加值。一个产品的价格，实际上是由"产品成本＋附加值"构成的。创新附加值已不在产品之中，而是在产品之外。将用户与数据中心之间的连接变成了用户与用户之间的连接，形成了基于社区的、以用户为核心的服务生态体系。而用户需求的核心也不再是以使用为导向，而是以使用过程中的价值为导向。消费者越来越主

---

① 王春博，杜栋．创业导向、商业模式与企业绩效研究框架设计［J］．经济研究导刊，2015（20）：18－22
② ［美］戴夫·格雷，等．互联网思维的企业［M］．张玳，译．人民邮电出版社，2015：29

动地参与到企业的设计、研发、销售等过程中,彰显自己的个性,体现自己的创意,随时发表自己的观点。在实践中有三条途径:文化附加值、服务附加值、附件附加值。随着移动互联网和大数据技术的快速发展,消费者在零售消费中更加关注娱乐与社交的体验功能,对体验的期望值变得越来越高,这也对创业企业不断提出新的要求。只有增强用户获取数据的便利性,实现从产品价值导向到以客户体验价值为中心导向的转换,客户体验的提升也正是激发信息消费的根本原因。数据将彻底改变客户服务的方式,因为成功的客户服务过程中,数据是关键要素。缺乏数据或者缺少使用数据的工具会妨碍到个性化的客户服务,这往往是无法满足客户期望的原因①。

(二) 商业模式的核心在于创新

商业模式的创新是一种高层次的企业创新行为,它与产品创新、技术创新和管理创新有很大的不同,其涉及企业运作的方方面面。对于创业企业来讲,其商业模式则是创业者与利益相关者之间的意义建构和意义赋予,是这两者协同作用的结果。商业模式的本质就是资源的交易,创业者的实战要害就在于挖掘独特的资源和独特的交易方式②。创业企业的商业模式只是一块描绘着创意和猜想的画布,他们既没有客户细分,也没有任何客户信息。创业企业开始的经营基本上是摸着石头过河,其首要任务是在繁杂的竞争市场中寻找到可重复和可盈利的商业模式。商业模式创新是创业企业避免成熟企业竞争的最优选择。聚焦于为顾客提供什么样产品和服务的商业模式内容创新是创业企业开展进一步活动的基础。商业模式内容创新是指对网络中所选择活动的新颖性;商业模式结构创新涉及企业活动之间的顺序新颖性;商业模式治理创新涉及对谁执行该活动的选择和激励方面的创新③。把商业模式创新作为创业企业的核心战略,企业必须借助商业模式进行价值创造、价值营销和价值提供,从而实现企业价值最大化。对于创业投资机构而言,创业企业的商业模式是否蕴含巨大的潜在利益,是否能对现有的商业利润进行重新组合与分配,是决定其投资的关键所在④。创新的思维是打破陈旧的观念和常规的思维定式,用新思想、新思维去看待和解决问题。产品和组织意识都需要不断地进步和创新,这样有利于产品的快速迭代和优化。创业公司能否成功拼的就是产品优化的速度和思想意识的创新程度,这样才能快速优于竞争对手做出更加完善的产品,占有市场份额,提升自己的盈利能力。快速地成长和创新能力会吸引更多的投资者,会促进企业的快速融资。商业模式创新是在以客户为中心的基础上,为应对内外部环境的变化,对企业价值网络中的要素、自身潜力进行发掘,对企业的业务范围、目标客户、竞争方式等进行重新定位,对产业链重新整合,从而建立起新的价值网络、盈利模式等的综合性过程。创业企业产品的不断更新迭代起到了增强公司生命力和核心价值的作用,也为初创公司的盈利能力带来效应,从而有利于融资的快速实现。投资者针对创业公司的组织文化部分也会较为关注,公司是否具备创新的意识和快速迭代产品的能力都是投资方需要

---

① [美] 罗伯特·托马斯(Robert Thomas),帕特里克·马博兰(Patrick McSharry). 大数据产业革命:重构DT时代的企业数据解决方案 [M]. 张瀚文,译. 中国人民大学出版社,2015:88
② 洪峥. 创业融资最佳模式 [M]. 广东经济出版社,2014:39
③ 云乐鑫. 创业网络对商业模式内容创新影响及作用机制的实证研究 [D]. 南开大学,2014:18
④ 国家科技风险开发事业中心,长春市科技局. 商业计划书编写指南(修订版)[M]. 电子工业出版社,2009:36

考虑的问题,投资一个高效率,快速进行研发、产品设计的公司能够确保产品的更新速度,用户的使用体验和平台的交易能力。

创业并非是在真空环境下的异想天开,而是嵌入与具体网络环境中的社会活动。一方面,创业者创业之前的工作经历及其网络关系是创业者识别创业机会,以及决定在什么行业提供什么产品的重要影响因素。创业企业初期的创业网络主要来源与创业者个人先前的社会关系网络。创业者在具体的创业网络中获取市场、供应商、财务等方面的机会信息,并与自身的经验和能力相匹配,从而决定进入什么样的市场以及提供什么样的产品。因此,创业企业初期的网络结构越广泛和多样,越有利于创业者识别与自己能力相匹配的高价值信息,从而越有可能提供新产品、进入新市场。另一方面,创业还是一个资源拼凑和整合的过程。创业企业在初期所能调动的资源主要存在于创业网络之中,在紧密网络中,网络成员之间的关系连带越强,网络成员越能充分调动网络资源。很多创业失败的原因,关键在于模糊的盈利模式,其凭借美好的"故事"和"概念"虚张声势,不惜一切代价而盲目地扩张"烧钱",却没有洞察用户的真正需求,没有深刻认识和理解商业模式,这使得创业中本来就脆弱的资金链,一旦遇到外界资本的波动就轰然崩盘。因此,创业企业在决定提供新产品和进入新市场之后,能否实现这个目标,主要依赖于创业者所能调动的网络资源,网络资源越多创业企业越有可能引入新的价值创造活动。因此,创业网络结构在很大程度上影响着创业企业的商业模式内容创新。创业的过程体现了创业者的能动性和创造性,创业是一项高度不确定活动,难以提前预设明确且结构化的目标,要在高度不确定的环境下不断进行决策,就需要创业者具有明确盈利导向的思维。商业模式内容创新涉及提供新产品、进入新市场以及开始新的价值创造活动,无论哪一项在开展的过程中都具有高度的不确定性。当创业者获得相关信息并拥有资源去实现商业模式内容创新的时候,他们不得不考虑风险的问题。采用盈利导向思维的创业者会首先思考自己能够承受的损失,然后通过联合制定规划与网络成员建立联盟降低风险,再通过联合解决问题的方式应对未来的偶发因素和事件,以及通过合作性沟通强调对未来的协调控制,而非仅仅依靠预测[①]。

(三)"互联网+"带来的商业模式创新机遇

1. 跨界商业模式。

跨界商业模式是通过"互联网+"实现的一种变革,是创新的基础,是一种通过融合而进行的重塑。是一个从来没有做过本行业的企业或个人,从其他行业跨界过来整合改造颠覆本行业,经过激烈的市场竞争最终成为本行业的领导者,跨界商业模式,是"互联网+"时代商业模式的新贵,是颠覆传统产业的主要商业模式之一。通过跨界商业模式可以整合原来的低效率来实现现在的高效率,实现传统产业核心要素的再分配,重构生产关系,提升整体系统效率。通过跨界可以减少中间环节,减少渠道和损耗,降低成本,最终实现"1+1>2"的效果。

2. 免费商业模式。

免费商业模式就是将传统产业销售模式打破,企业的发展由原来依靠收费生存变为

---

① 云乐鑫. 创业网络对商业模式内容创新影响及作用机制的实证研究 [D]. 南开大学,2014: 58

依靠边际收益发展,将传统的收费模式变为免费模式。在"互联网+"环境下,免费的意思不是不挣一分钱,而是通过免费将用户的注意力吸引过来,对用户最便宜。免费的商业模式可以挤垮当前的市场,也可以统摄未来的市场,免费商业模式的免费方式包括四种形式:一是纯免费,二是直接交叉补贴,三是免费加收费,四是第三方市场。

3. 平台商业模式。

平台商业模式就是利用互联网打造足够大的平台,进行产品的闭环设计,重视用户体验,提供多样化的产品。例如:淘宝商城就是典型的平台型商业模式,马云用 10 年时间打造了世界上最大的网上商业平台,几乎所有的产品都可以在淘宝上买到,占据了平台,阿里巴巴就拥有了永不停息的现金流,可以不断拓展增值服务和产品①。Airbnb 并不拥有任何房间、任何旅行项目,却创造了一个基于网络连接的超级轻资产——另类旅行公司或酒店。它利用世界各地闲置的有形和无形资源,无论是闲置的房产,还是闲置的大脑、天赋、爱好、时间,将世界各地的人们连接起来,转变个人的社会角色,使普通人重新参与、创造有价值的产品或服务②。

2.2　创业企业设计商业模式的思路

(一) 不同创业阶段的商业模式③

商业模式是商业战略生成的基础,商业战略是在商业模式基础上的行为选择。商业模式的价值主张、价值网络和价值实现等要素之间的不同组合方式,就形成了不同的商业战略。无数的创业者充满热情地去创业,但是因为缺乏正确的思路,缺乏创业方法的指导,80% 的初创企业无法活过 3 年。他们最缺乏的就是软实力,就好比电脑系统,外面的硬件只是一个基础条件,但是内置的软件操作系统和内在的芯片,才是企业成长的关键点④。

商业模式设计是创业机会开发环节的一个不断试错、修正和反复的过程。没有完美的商业模式,因为消费者的需求、渠道(代理或经销)的需求,供应商的需求都是不断变化的。商业模式的有效设计和运行需要人物、场景、动机、地点和情节。为了使商业模式的情节令人信服,人物必须准确安排,人物的动机必须清晰,最重要的是情节必须充分展示新产品或服务是如何为顾客带来价值和利益的,同时又是如何为企业创造利润的。价值创造与价值获取在企业中同时发生和并存。从创业研究来看,创业者被认为是关注机会、追求创新的人,凭借创造性地满足消费者的需求来获得回报,创业者更加关注在开发利用机会的过程中力争做到效益和效率的平衡。在寻求价值创造与获取平衡的机会开发过程中,商业模式可以为创业活动提供指导,并成为初创企业要实现的理想目标。一般来说,要素的组成结构有两种基本类型:一是横向

---

① 武文韬. "互联网+"环境下大学生创新创业的商业模式分析 [J]. 创新科技,2016 (1):49-53
② 吴霁虹. 创业七年获 132 亿美元估值 [J]. 中国机电工业,2015 (11):74-82
③ 马碧珠. 创业企业商业模式的构建过程研究——基于创业过程视角 [D]. 暨南大学,2013:25-28
④ 欧志葵. 创业导师传授生存和融资之道:八成企业失败在初创期 [N]. 南方日报,2016-06-06 (A22)

列举式,即要素间是横向列举关系,彼此重要性相似,每个要素表示企业的某个独立方面,但它们必须共同发挥作用;二是网状式,即模式的基本要素从纵向层次或另一视角综合考虑,要素间联系密切,形成层级或网格,作为一个系统在企业中发挥作用[①]。

1. 创业的初始阶段

创业者必须进行市场定位,并进行调整以保证生存。在这一阶段,创业者通过对行业以及国情的研究、解读,把握了创业机会,并构思了一个商业创意,形成了一个可行性商业计划,并通过整合各方面的资源,创立了一个新企业,开始进入创业阶段。创立企业后,创业者需要明确企业是为谁服务的,客户的价值在哪里,怎样实现客户价值。因此,创业企业需要进行客户价值挖掘,发现客户价值所在,形成一个持续有效的需求搜集器。而在明确了客户价值之后,企业需要有获取客户价值、实现客户价值的途径,从而通过实现客户价值,来使企业得到盈利。因此,创业企业在这一阶段必须开始构建一个独特的商业模式,进行商业模式创新,使创业企业与行业里其他企业区别开来,只有这样,企业才能生存,安全渡过生存期,见图 2-1。

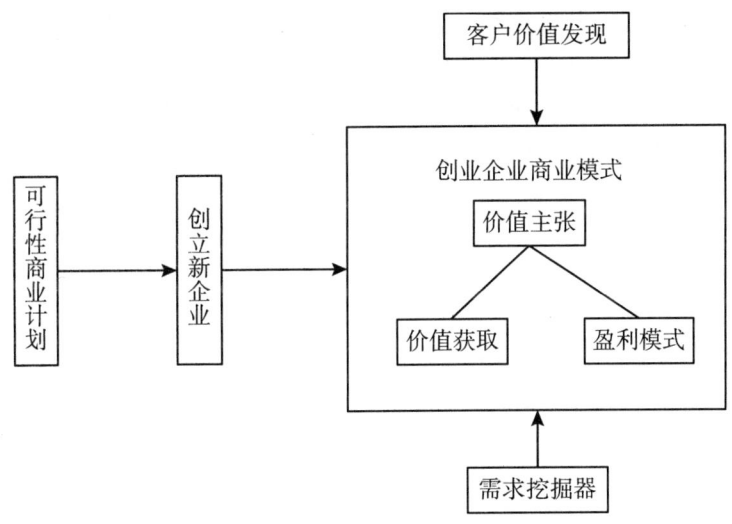

图 2-1 创立新企业的流程

2. 早期成长阶段

创业企业在经历重大的市场变化,财政、资源得到充分利用后,企业会得到快速的发展与成长。在创业者构思了一个商业创意,在创业初期构建了一个初步的商业模式后,经过创业阶段的发展,企业内外部环境都开始变化了,市场竞争也愈加激烈。在这种情况下,创业企业要想保存自己,并得到快速的发展,必须根据内外部环境的变化不断创新自身的商业模式,不断更新、调整形成一个动态的完整的独特商业模式后,这个

---

① 王伟毅,李乾文. 创业视角下的商业模式研究 [J]. 外国经济与管理,2005 (11): 32-41

商业模式能够引导企业在未来的发展，并使它与其他企业区别开来，为创业企业在早期发展阶段赢得独特的竞争优势，并使得企业获得了成长资源，为企业带来早期的快速成长，见图2-2。

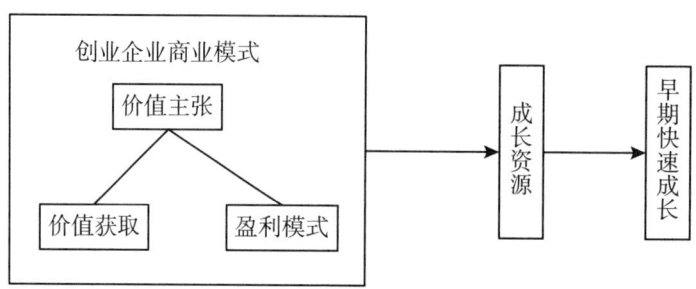

图2-2　商业模式与盈利路径

3. 晚期成长阶段

在晚期成长阶段，创业企业已经开始发展为一个在既定行业里的大型企业。在早期成长阶段，创业企业已经开始得到了快速成长，到了晚期成长阶段，创业企业在发展的同时，更是要不断根据内外部环境调整自身的商业模式，使之能更好地为企业服务，成为一个比较成熟的商业模式，而之后企业就可以复制该商业模式到其他地方去，如在别的地区开始新的业务，或是将成功的模式应用到别的行业中去，以此来扩张企业规模，见图2-3。

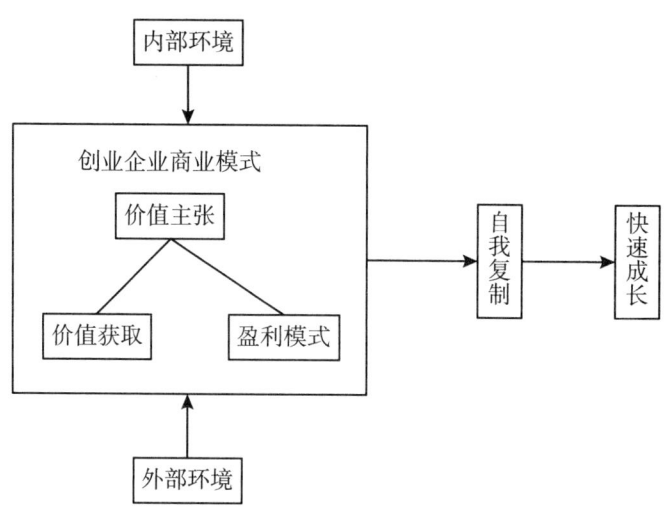

图2-3　晚期阶段的盈利路径

（二）"互联网+"催生的O2O模式

在"互联网+"的创新浪潮下，全社会范围内已逐步形成在创新要素大环境下，以互联网基础设施为前提的社会经济运行与发展模式的变革与转型。基于此，对创业模式进行相应的转型是创业者在当下复杂而激烈的动态市场中的新生存法则[①]。"互联网+"环境下商业模式的构成包括价值主张、盈利模式、资源能力和外部效应四个部分，每个部分又包含两个具体的构成要素。①价值主张是商业模式构成的首要部分，主要说明企业向顾客提供何种价值问题，它由目标市场和产品服务两个要素构成。目标市场是企业提供价值服务的对象，由市场和顾客群体两个部分构成；产品服务是企业提供价值的内容，也就是企业通过产品服务来向顾客提供价值。②盈利模式是商业模式构成的关键因素，主要说明企业如何通过向顾客提供价值进而最终实现企业价值。投资者和企业最关心的因素就是盈利模式，它由成本结构和收入来源两个部分构成。收入来源就是企业获取收入的手段和方式；成本结构是企业为获取价值所耗费的资源，商业模式实现盈利的前提是获得的收入要大于其消耗的成本。③资源能力是企业与其商业模式相适应的保障，主要说明企业依赖什么来支撑它的价值主张。它由关键资源和核心能力两个部分组成，关键资源是企业拥有的而其他企业难以模仿的异质性战略资源；核心能力是企业在经营过程中获得的特殊能力。商业模式的成败取决于企业拥有的异质性资源能力的稀缺性、难以模仿性。④外部效应是商业模式具备可持续性的关键因素，主要说明企业实现它的价值主张而进行的维护。它由伙伴价值和隔绝机制两个部分构成。商业模式给产业链的合作企业带来的价值称为伙伴价值；为避免商业模式遭受竞争对手的模仿或破坏的机制称为隔绝机制。商业模式的外部效应由隔绝机制和伙伴价值提供，隔绝机制和伙伴价值是商业模式可持续性的保证[②]。

O2O 即"online to offline"（在线离线/线上到线下），这个概念最早来源于美国，起初是由美国大型的零售店通过互联网向消费者出售实体店的商品，现在是一种将线下交易与互联网结合在一起的新的商务模式，即网上商城通过打折、提供信息、服务等方式，把线下商店的消息推送给线上用户，用户在获取相关信息之后可以在线完成下单、支付等流程，之后再凭借订单凭证等去线下商家提取商品或享受服务。在电子商务的信息流、资金流、物流和商流中，O2O 只把信息流、资金流放在线上进行，而把物流和商流放在线下。O2O 依靠线上推广交易引擎带动线下交易，以加大商户的参与和用户的体验感。O2O 模式将线下商务的机会与互联网结合在了一起，让互联网成为线下交易的前台。这样线下服务就可以用线上来揽客，消费者可以用线上来筛选服务，还有成交可以在线结算。最重要的是，推广效果可查，每笔交易可跟踪[③]。O2O 模式是把线上和线下的业务与互联网技术相结合，将互联网作为线上与线下的平台。其特点主要有以下三个方面：①线下实体店的存在是 O2O 商业模式的前提条件。②物流方式是 O2O 商业模式的优势。③O2O 商业模式的在线支付功能以及良好的用户评价是其重要的保障，还需要通过互联网推送消息，即通过 O2O 网站发布打折、优惠等信息。消费者往往会根据实际情况对商家的服务进行相对公正的评价，如果商家服务不到位，态度恶劣，就会影响

[①] 严子淳，彭华伟，刘鑫."互联网+"创业模式转型与商业模式创新[J].商业经济研究，2016（20）：122-124
[②] 武文韬."互联网+"环境下大学生创新创业的商业模式分析[J].创新科技，2016（1）：49-53
[③] 卢益清，李忱.O2O 商业模式及发展前景研究[J].企业经济，2013（11）：98-111

到消费者的评价，因此商家很重视用自身产品的质量和消费者的评价来提供更优质的服务[①]。

2010年之后，随着一批美国的团购网站如Groupon的出现，O2O模式一时间站上了风口浪尖，国内随之出现了一大批以O2O模式为主的团购网站如美团网、大众点评网等。同时也掀起了国内互联网企业对于O2O这一模式追捧的浪潮。O2O模式在国内是一种新型的商业模式，2013年O2O模式进入了飞速发展的阶段，它从团购兴起到现在扩张到了诸多行业，像医疗、社区服务、金融服务、外卖、母婴、招聘行业等，团购网站是国内目前O2O发展的典型方式。现在的团购网站大多采用"电子市场＋优惠到店消费"模式。根据盈利模式的不同，O2O可以分为三种不同的类型，即广场模式、代理模式和商城模式，见表2－1。目前的O2O平台对商家的收费模式还是以广告模式为主。如果能够让商家以消费的效果来付费，给商家提供精准的增值服务，就无疑能够更好地满足商家的诉求，也可以提高商家的积极性，从而形成良性的循环，促进O2O网站的进一步发展。未来O2O网站应着眼于挖掘更具潜力、更具竞争力的业务模式。借助自身的媒体优势，帮助商家挖掘一些增值业务。根据具体的情况因地制宜地确定经营策略，共生共存，互利共赢[②]。

表2－1　　　　　　　　　三种不同O2O模式

类型	含义	代表
广场模式	网站为消费者提供产品或服务的发现、导购、搜索和评论等信息服务。通过向商家收取广告费获得收益，消费者有问题需找线下的商家	大众点评网、赶集网
代理模式	网站通过在线上发放优惠券、提供实体店消费预订服务等，把互联网上的浏览者引导到线下去消费。网站通过收取佣金分成来获得收益，消费者有问题找线下商家	拉手网、美团网、酒店达人、布丁优惠券
商城模式	由电子商务网站整合行业资源做渠道，用户可以直接在网站购买产品或服务。企业向网站收取佣金分成，消费者有问题找线上商城	到家美食会、易到用车

对于O2O模式的创业公司来说，一开始的盈利能力和偿债能力尚且不足，但是面临公司快速发展和平台更新迭代的需求，资金压力还是相对较高的，所以针对此模式需要通过其他的融资能力来进行分析，从而获得快速的融资。O2O模式的创业公司可针对其特有的技术开发能力、产品设计能力、商务行为能力、组织文化能力和运营支撑能力来进行分析。通过技术开发能力能够看出这个公司线上平台的开发和维护的能力，从而说明这个公司网站的稳定性和安全性；通过产品设计能力可以展现出平台的业务逻辑和用户的直观体验，这些都是对于未来吸引用户和稳定用户的基础；好的商务行为能力能

---

① 陈澍．O2O模式下互联网创业公司的融资能力研究［D］．山东财经大学，2016：8－10
② 卢益清，李忱．O2O商业模式及发展前景研究［J］．企业经济，2013（11）：98－111

够快速开展公司的线上和线下业务，从而带来用户量的增加和业务量的高速增长，这对于平台的快速盈利起到了重要的作用；组织文化能够使得整个创业团队充满激情和坚持创业的精神，产品的创新和快速的迭代是互联网行业必须具备的素质，只有时刻优化自己的产品不断地迭代更新才能在激烈的市场竞争环境中立于不败之地；运营支撑能力是整个公司良性、快速运转的保障，具有较好的运营支撑能力能够使得创业公司的发展具有稳定性，为平台的业务和产品的迭代提供良好的服务，从而使得创业公司能够健康、有序的发展。特别是企业进入开发市场、开发全新产业和引导消费者的阶段后，需要大量资金，稍有不慎将满盘皆输，该阶段被称为创业企业的"死亡峡谷"[①]。创业阶段市场未来产品需求状况、产品与技术推行速度、政府法律法规等变化带来的不确定性程度对新组织的创建有一定的影响。另外，企业在促进利润增长和增加市场份额的过程中，企业的专业知识储备和效率都会提高，但是结果也可能会让企业的眼光过于专注，以致形成了盲点[②]。

2.3 有效管理创业风险

创业风险则特指在创业过程中，由于创业环境的不确定性、商业机会的模糊性、创业者和创业团队能力的有限性、创业企业整体实力的有限性以及创业企业管理的复杂性，导致创业活动偏离预期目标，导致创业失败或给创业者和创业企业带来损失的可能性。2015 年新增 443.9 万家，换算成每天会新增 1.2 万家，平均每分钟新增 8 家企业，创业五年大概存活率只有 7%。80% 的企业都倒在前三年，前三年大概会倒掉 80%，而前三年属于企业初创期。新创企业即使具备市场机会、新奇的商业创意、充足的资源和有才能的创业者等条件，仍然有可能遭受失败。一种可能的原因是驱动企业运作的潜在模式造成了这种结果。创业一定离不开资本，更需要相关资源，创业者要懂得怎么整合产业资源，80% 的创业企业的败因都是内因，内因包括如何找到合适的合伙人、如何打造团队、如何找准用户定好方向、如何设计相应的合伙人机制以及如何选择合适的商业模式[③]。国内经济下行压力加大，中国企业似乎也步履维艰，企业倒闭声也此起彼伏，服装鞋帽、纺织、电子、陶瓷等制造行业，成为倒闭的重灾区。相比实体经济的走衰，互联网公司也正在遭遇寒冬。现在的电商主要模式有 C2C、B2C、B2B、微电商、生活服务 O2O 移动电商 5 个大类，而倒闭潮尤其明显得体现在正处于鱼龙混杂的草莽阶段的 O2O 电商。2015 年这类模式异常火爆，获得不少融资，从下半年开始却遭遇寒潮，不断倒闭。并且涉及领域众多，包括汽车、旅游、餐饮、医疗、家居等，典型案例如表 2-2 所示。

---

① 王巍. 第二板市场——新兴企业创业良机 [M]. 中华工商联合出版社，1999：240
② [美] 戴夫·格雷，等. 互联网思维的企业 [M]. 张玳，译. 人民邮电出版社，2015：46
③ 欧志葵. 创业导师传授生存和融资之道：八成企业失败在初创期 [N]. 南方日报，2016 - 06 - 06（A22）

表2-2　　　　　　　　　　已经关闭的部分互联网公司

破产/关闭的平台	类别	平台寿命	失败原因
博湃养车	O2O 洗车	2013年12月~2016年4月	免费只是一种营销手段，因为长期免费下去违背了商业常识
淘在路上	O2O 旅游	2011年6月~2016年6月	热衷于大量资金采购流量、广告投放以及用户补贴
美味七七	O2O 生鲜	2013年5月~2016年4月	物流与配送问题、产品安全问题、盈利问题
Skully	VR	2014年~2016年8月	积累的财务、销售以及产能问题
梯子网/那好网	在线教育	2003年11月~2014年9月	乐观冒进、战线太长，花光了融资
老师来了	在线教育	2014年6月~2015年9月	资金链断裂，在解决撮合成交上没有价值

资料来源：李冰. 互联网创业六大失败陷阱 [J]. 经理人，2016 (11)：63-66。

一个成功的商业模式构建源于对企业明确、合理的战略定位。战略管理学认为，企业的竞争优势主要来源于：①企业自身所拥有的独特的能力或资源；②企业在市场中的竞争位势。因此，企业要想在价值网络中建立能为企业带来利润，同时又区别于其他企业的竞争优势，首先企业必须拥有独特的能力或资源，同时，在价值网络中，还要处于竞争高位。企业在价值网络中所能得到的价值取决于企业的战略定位及企业的竞争优势，企业要想获得更大的价值，就必须进行合理的定位，构造独特的竞争优势。在创业项目阐释之前要厘清自己的创业身份。然而，创业企业如果对顾客需求的变化会出现判断偏差，由此导致在此基础上进行的商业模式创新失败。从另一个角度来说，这种预测的难度给所有参与市场经营的企业提供均等的机会，无论是创业企业还是成熟企业，谁能够率先发现顾客的潜在需求，或者能够准确洞悉顾客需求的变化趋势，谁就可以在重新定义顾客需求上获得先机，进而在同质化竞争日益严重的细分市场上获得持续竞争优势。创业往往意味着高风险，国内外很多资料表明，创业存在着很高的失败率，即使有些创业机会能被准确地识别和评价，其原因之一就是没有清晰合理的盈利思维，也就是商业模式。在大多数创业企业中，初始资金的投入都不够，而且成长得越快的企业，这种资金缺口会越大。在快速成长的企业中，销售迅速增长，带动着存货、销售队伍、生产与配送方面开支的增加。销售增长得越快，所需的运作资本就越多。所以，创业者需要持续地吸引资金拥有者向企业投入，以满足企业快速成长的需要。吸引资金拥有者尤其是创业投资家的最好办法是使得企业对外体现独特的优势。关于创业者回答利用商机怎么赚钱的问题关系着创业基金或投资资金的申请、创业资源配置、战略选择、市场定位等关键环节，更关系着创业者创业成功与否。创业者对识别到的创业机会进行加工后形成经营理念，对创意进行差异化形成商业模式，不仅能够促使企业进行战略转型和变革，而且会改变行业现有规则甚至是颠覆整个行业，从而帮助企业塑造新的核心能力，维持竞争优势，提高企业绩效。移动互联网时代，面对产品更迭速度加快、生命周期缩短的特点，如果企业不能转变思路，快速进入和退出市场，迅速推出升级产品，将难以在残酷的商业竞争中保持原有的优势。优秀的创业者要始终保持忧患意识，能够清醒地分析市场并善于洞察市场先机，而不为暂时的成功沾沾自喜[1]。

如同自然生态环境一样，企业必须依赖并存在于相应的经济环境中，与环境中各类相关性因素通过某些关联关系，产生相互间以及系统性的关联作用力，从而形成企业运行与发展的生态环境。互联网企业急速增长使得大多数人都相信烧钱是可以烧出极致的。速食文化的氛围使得创业者寻求快速成功，而忘记了创业真正需要的坚持和奋斗，创业企业在点击率、用户数、转换率、融资额等基本数据上夸大、造假几乎成为互联网企业的常态。在创业的热潮下，我们看到大量的P2P公司倒闭或濒临倒闭。投资领域的跟风，有助于提高创业的成活率，但是未必能够提高创新率。以生态环境的视角来看，企业是环境中的个体，通过市场、技术、人力资源、资金等要素的因子匹配，以上下游企业及服务企业的经营关系的合作为载体，实现其在环境中的生态定位。在一定的资源环境条件下，个体的企业多是通过业务合作形式与其他企业产生关联关系。同质性企业彼此存在着竞争关系，包括市场的竞争、技术的竞争、人才的竞争等。创业风险可分为系统风险与非系统风险。系统风险主要是创业环境中的风险，如商品市场风险、资本市场风险等。非系统风险是指创业者自身的风险，诸如技术风险、财务风险、经营风险，以及机会成本风险、健康风险和家庭风险等。在创业可能遇到的各种风险中有些是可以预测的，有些是不可以预测的，创业者需要通过创业风险评估，为创业项目选择提供依据。国内每100家创业企业中只有20～30家可以熬过1年，而熬过3年的企业只占这其中的30%；至于如今流行的大学生创业，其失败率更是高达99%[2]。何为创业失败？一般认为有两个角度：一类是从时间点的角度来看，创业失败就是创业企业申请破产，即无偿债能力，并为了债权人的利益而清算企业资产；麦格雷斯（McGrath, 1999）则将创业失败定义为创业者未达到其目标而对企业的终止。另一类是从时间段的角度来定义，把创业失败视为创业企业面临收入下降或费用提高，且无法获得新的融资，因而在当前产权和管理条件无法继续运营的状态[3]。这两种情况都需要创业企业意识到加强风险管理的必要性，而且生存和发展的每个阶段都需要兼顾机会和风险。"酷6"作为视频网站当年的三杰（优酷、土豆和酷6）之一，风风火火仅一年后，便掉队了。当年酷6的创始人李善友与盛大CEO陈天桥就酷6网的发展战略产生分歧，双方不欢而散，酷6亏损逐年变大，最后只能裁员后再转型逐渐走向没落。管理方式与创始人理念不同，企业就不会有正确的方向和终点。连贯一致的文化来自于共同的价值理念，对于创业企业而言，合适的人是最重要的资产，从外部寻求管理层不如由内部培养人才，这是先于愿景、战略、战术、组织结构、技术问题的最重要一环[4]。

实践中，任何一个公司创业者都希望自身的决策正确，但这种正确若等到事后检验就为时已晚，久而久之会让决策者误认为不是自己而是运气或者命运在控制成败。决策

---

[1] 许益锋，胡炎艳. 创业家视角下的创业者素质及培养策略 [J]. 经济与管理，2014 (5)：131-134
[2] 赵荔. 创业失败学习的实证研究 [J]. 企业经济，2012 (11)：25-28
[3] 黎赔肆，李富. 创业失败研究述评及展望 [J]. 当代经济，2014 (4)：30-31
[4] 洛夏. 互联网创业失败启示录和成功一样有意义 [J]. 互联网周刊，2016 (12)：22

者的当务之急，就是在决策中兼顾机会和风险，价值为先。因此，勇士型决策者提高风险的防范意识，特别是机会的可行性识别，不宜鲁莽决策。这种决策的成功是与概率/命运的博弈，其潜在意思就是碰到好机会就成功，碰到坏机会就失败。谨慎型决策者提升对机会的判断，善于在实干中挑战风险，而不是等待风险消失。风险越小，危机可能越大。企业家如果认为面对机会的风险度较低，那么投资决策的辨别力和判断门槛就会开始下降。因此，必须提醒决策者，只有当感觉风险度高的时候，决策辨别力才能维持较高的水平，判断门槛也才趋于正常。由于创业者是天生的机会追逐者和崇拜者，因此企业家或者创业者必须意识到：如果决策时以为风险很小，那么此时的危机可能很大[1]。根据皮特珂（Petoka，2008）的观点，创业学习是一种对创业结果中所犯的错误进行反思的学习过程。这一过程的逻辑思路是这样的：形成目标→促使可能采取的行动→选择一系列活动→行动→解释后果→比较后果与期望→错误辨析→错误指责→错误结果的归因→纠正错误结果的知识结构→修正知识。在皮特珂看来，正是因为遭遇了失败，使得创业者意识到自己行为的结果与预期的目标存在差距，所以才开始了后续的反思活动，反思则推动了学习活动的发生。换言之，一个人要能从失败中有所收获，就需要对失败的原因进行辨认、反思，总结教训，修正原有的认识，重新调整自己的目标[2]。

---

[1] 孙连才. 创业管理：企业动态能力新思维 [J]. 中国工业评论，2016（5）：86-92
[2] 赵荔. 创业失败学习的实证研究 [J]. 企业经济，2012（11）：25-28

第 3 章 商业计划书

3.1 商业计划书的必要性

商业计划书最早是在美国作为一种吸引私人投资者和创业投资家进行投资的"商业包装"而起源的。在今天的美国，商业计划几乎成为每一个公司实际运作的必备品。一份好的商业计划书对创业企业获得融资十分关键，它是创业企业的发展计划。每个商业计划都是从一系列假设开始的。在默认这些假设的基础上，提出一项战略，并阐述如何实现创业企业的发展愿景①。对于投资人来说，商业计划书是评价一个企业是否真正具有投资或者经营价值的重要工具。因此，商业计划书的必要性表现在如下几个方面：

（一）商业计划书指明了创业企业的发展目标

从商业计划书的内容本质讲，它是创业者创办新企业的发展蓝图，涉及企业经营管理的一切具体活动。它必须考虑未来相当长一段时间内企业的总体发展问题，通常着眼于未来几年甚至更长时间的目标，以及实现这个目标的基本途径，指导和激励员工努力工作，具有很强的现实性。创业目标的不同决定着企业的未来发展模式的差异性。一个酝酿中的项目，往往很模糊。通过编写商业计划，对产品、市场、财务、管理团队等经营项目逐项进行分析和调研，能及早发现问题，进行事前控制，去掉一些不可行的项目。进一步完善项目的可行性，增加创业成功率。因此，商业计划书是一份全方位描述创业公司未来发展计划的文件，它从企业内部的人员、制度、管理，以及企业的产品、技术及研发、市场等各个方面对即将展开的创业项目进行可行性分析。商业计划书的主要意图是便于投资人对创业企业或项目做出评判，从而使企业获得融资。编制商业计划书的过程，实际也是创业者进一步深入思考创业理念、思路和项目的过程。也只有创业者本身对项目有了清楚的认识后，才有可能向投资者做出清晰的说明，才有可能获得投资者在资金上的支持。换句话说，商业计划书是帮助创业者把自己成功地推销给投资者的必备文件。

（二）商业计划书是推进创业企业发展的导航图

一个完整的商业计划要求提出一个具有市场前景的产品或服务，围绕这一产品或服务，完成一份完整、具体、深入的商业计划，以描述公司的创业机会，并提出行动建

---

① ［美］埃里克·莱斯. 精益创业：创新企业的成长思维［M］. 吴彤，译. 中信出版社，2014：59

议。创业成功的标志，有些创业者把企业上市或纯财务盈余当成创业的唯一目标及成功标准，有些则把营业额或者用户数达到一定标准视为创业成功的象征，有些甚至将他们的产品或服务质量赢得客户满意作为创业成功的关键衡量标准[1]。编写商业计划书的过程可以帮助企业家理清思路，发现许多原来没有考虑到的问题，其对于创业者来讲，相当于预先准备好地图或找到向导，让创业的旅程顺利得多。虽然创业的实际执行情况一般都会与当初的计划有很大的出入，但是有一个深思熟虑的企划方案和目标将大大增加创业成功的概率。可以帮助创业者认识并关注客户，认清企业在产业价值链中的位置，熟悉企业所处的行业，善于利用外部资源，加强管理团队和企业文化建设，关注财务管理和企业的现金流，正确对待技术等。刚起步的创业者应该把一半的精力用于营销上，把30%放在团队建设上，其余20%放在技术和其他方面上，从而投入资金[2]。一个好的商业计划书可以使创业的各项活动和事务落到实处，具有可行性和可操作性，最终取得预期的结果。在商业计划书中，应提供所有与企业的产品或服务有关的细节，包括企业所实施的所有调查。这些问题包括：产品正处于什么样的发展阶段；它的独特性怎样；企业分销产品的方法是什么；谁会使用企业的产品，原因是什么；产品的生产成本是多少，售价是多少；企业发展新产品的计划是什么。

（三）商业计划书有利于创业活动有序进行

创业的成功既要讲究艺术性，也要讲究科学性。根据需要，制定适合自己的商业计划书就是科学的体现。只有这样，才能保证自己的创业活动不被外界环境变化干扰，更有把握使创业获得成功。虽然每一个创业投资公司都有自己的运作程序，但有好的商业经验使程序执行过程更具规范。商业计划书也是创业投资公司评估创业企业的依据。创业投资机构对创业企业的选择从接受商业计划书开始，经过初审与筛选对有兴趣的项目与创业者面谈。创业企业获得创业投资的融资过程是一个选择和被选择的过程。通过满足创业投资公司的筛选程序，创业公司被创业投资公司选中为投资对象，在此过程中，创业公司也通过了解不同创业投资公司的特点和状况，来选择适合自己的创业投资公司来进行融资合作，也可以判断创业投资者的商业经验和能力。比较理想的创业投资机构的管理团队必须是能够帮助创业企业成长的专业人员，对资本市场、金融市场及产业科技领域具备丰富经验，能为创业企业提供个性化的服务。投资人首先以它为主要依据来考察创业者是否能够清晰地分析、把握创业企业将面临的风险，并通过考察来判断投资这家创业企业预期的投资回报，从而决定是否投入资金。

（四）商业计划书是投融资双方之间有效的沟通工具

创新创业离不开启动资金，启动资金对于创业者能否迈出创新创业第一步是至关重要的。企业的创立是一个综合工程，需要多方面的知识，对管理者的素质要求很高。既要懂技术，又要懂财务，同时要具备长远的发展眼光，具有前瞻性，还需要良好的沟通能力、交际能力和心理素质，一个全能型具有创新精神和协作意识的管理阶层才能使企业历经大风大浪。创业融资是创业管理的关键内容，具有很强的技术性，在企业成长的

---

[1] 陈建安，陈瑞，陶雅．创业成功界定与测量前沿探析及未来展望 [J]．外国经济与管理，2014（8）：3-13
[2] 谌永平．编好商业计划书提高中小企业融资能力 [J]．企业科技与发展，2009（16）：264-267

不同阶段具有不同的侧重点和要求。在创业融资过程中，不确定性和信息不对称是创业融资难的重要原因。不确定性。从创业活动本身来看，面临非常大的不确定性。创业企业的不确定性比既有企业的不确定性要高得多，创业企业缺少既有企业所具备的应付环境不确定性的经验，尚未发展出以组织形式显现出来的组织竞争能力。信息不对称。与创业者相比，投资者则处于相对信息劣势的地位。投资前的信息不对称可能导致逆向选择；投资后的不对称则与道德风险有关。融资后并非就万事大吉了，而只是万里长征的第一步。很多创业者是需要钱的时候才去融资，而当你真正需要钱的时候，可能是拿不到钱的，只有在你不需要钱的时候去融资，才最有可能成功。针对不同融资渠道，创业企业对资金的管理方式、资金在创新活动上的投入比例等也应有所不同，从而也在一定程度上影响创业企业的绩效和长远发展。商业计划书将企业的发展潜力、所面临的机会以及一种明确的、有效的方式来开发这个机会等清晰展现出来，发挥强大的与人沟通的作用。没有可信和具有吸引力的商业计划书，就不能吸引优秀的员工和谨慎、精明的投资者。商业计划书在经过前期对项目科学地调研、分析、搜集与整理相关资料的基础上，根据一定的格式和内容的具体要求编辑整理，它向读者全面展示公司和项目目前状况、未来发展潜力等。和其他文件比较而言，商业计划书这种方式考虑问题更全面、更注重操作性、更强调经济效益。因此，商业计划书是获取人力资源、资本和运作资金的有效工具。同时，商业计划书还帮助创业企业筹措资金及寻找战略合作伙伴。创业投资商投资的目的是想成功地获取高利润的投资回报，创业投资商投资审查的重点是投资项目未来的市场发展前景、企业股东的组成状况等。一份高品质且内容丰富的商业计划书，将会使投资者更快、更好地了解投资项目，将会使投资者对项目有信心、有热情、有动力，促成投资者参与创业企业发展。

3.2 识别创业机会是编制商业计划书的起点

创业者对商业机会的发现，是创业过程真正的开端。创业活动是在动态竞争环境中的机会驱动过程，是创业者通过大量不确定因素的分析进行机会识别、评估和开发的一系列选择性投资决策行为。夏恩和瓦克塔洛曼（Shane& Venkataranman，1988）首次提出，创业研究的核心问题是创业机会，创业就是识别和开发有利可图的商机。蒂蒙斯（Timmons，2003）等认为，创业成功的首要元素是商机，创业的核心环节是发现和开发机会，并且利用机会实施创业[①]。因此，发现商业机会的存在以及如何在复杂多变的市场环境中捕捉到具有潜在未来价值的商业机会，并开发它直至创建新企业，是创业者面临的一个重要考验。创业实质是某种能够实现价值的新的市场需求，是一种客观存在。创业机会是一种创立新企业或在既有企业中创造新事业的恰当时机和有利通道。机会的实质，首先是对市场的潜力和特性进行全面的分析，包括市场容量和产品结构的吸

---

① 王佳，吴满琳. 创业机会对商业模式的作用机理研究 [J]. 科学技术与产业，2014（5）：46－52

引力①。因此,创业机会通常是来源于创新性的产品与服务;它是通过创造性地整合各种资源,满足、迎合市场需求,并传递价值的可能性,它能通过对资源的创新性组合从而传递能满足市场需求的价值;它一般是起源于尚未明确的市场需求、未开发利用的能力或资源。

创业是一项复杂的运营管理活动,需要对公司所拥有的内外部资源进行合理配置和管理,并为目标市场提供有价值的产品。基于创业机会的视角,一个创业项目要获得成功,必须进行创业机会的识别、开发和利用,市场效果的评价和效益预测,创业项目的综合实施。上述三个环节相互关联,密不可分。创业过程始于创业者对创业机会的把握,创业者从数以万计的商业创意中挑选出心仪的创业机会,并且不间断地开发这一机会,建立新创企业,直至取得最终的成功。在这一过程中,反复地对创业者的能力与机会的潜在预期价值进行权衡,同时创业者对创业机会的战略定位也越来越清晰,这个过程就是机会的识别过程。创业机会主要是从满足市场需求的角度进行思考和捕捉,创业机会是一种可能性。而机会识别是创业者在技术、人口特征、市场、政府政策等变化、事件和趋势之间连线以产生新产品或新服务的创意的认知过程。某种情景、某种潜在的可能性、某项潜在事业只有被创业者真正开发出来之后,才能被称为识别的创业机会。创业机会一方面源于市场供给方的创新行为引起的市场变化,譬如具有前景的新技术、新工艺的发明所带来的新市场;另一方面源于市场需求的变化,譬如市场出现新的需求或需求方式的改变等。为此,创业者要对已拥有的基本资源进行整合和塑造,使分散的资源沿着价值创造的资源金字塔向上移动,形成有价值的、独特的资源库,构建起企业的核心竞争力,使其在同类中出类拔萃。创业机会来源一般有现实中存在需要解决的问题、市场环境发生变化带来的新机会、创业者拥有市场所需的发明创造专利产品、现有市场竞争中所出现的空隙市场和因为新知识、新技术的产生和普及所带来的创业机会。由此看来,创业机会的识别是一个充满复杂性和多维度的过程,它包括搜寻新机会和识别适宜与不适宜的机会。创业者创业就是基于创业机会的市场驱动行为过程,在可控资源匮乏的前提下的追求机会和管理资源的过程。创业机会划分为三种:市场机会、技术机会、政策机会;并提出市场的变化能引发市场型的创业机会,技术的变化则只能带来技术型的创业机会,而政策的变化能激发政策型的创业机会。公司保持竞争力不仅需要提供优质的产品和服务,还需要理解顾客并建立联系,满足顾客个性化需求,与顾客保持高效顺畅的互动,即创业者需要同时具有产品能力和顾客能力②。其目的,就是抓住商机并最终实现新企业的生存和发展,即创业机会通过影响商业模式中客户价值来影响创业企业绩效。对于成功的创业活动而言,创业机会的价值不是决定成功的唯一条件,在发现创业机会后,尽可能多地获取资源从而将创业机会转化为价值才是创业者最关键的任务。机会的开发程度与企业能够整合的资源数量与质量紧密相关。而商业模式正是一种建立在很多构成要素及其关系之上,表明企业如何通过整合企业内外部资源来开拓市场、创造价值、传递价值并获取价值的商业逻辑。因此,资源的重新整合势必会影响

---

① [美]威廉·A. 萨尔曼等. 创业企业融资 [M]. 李凤云,等译. 中国人民大学出版社,2003:11
② [美]唐·佩珀斯,玛莎·罗杰斯. 共享经济 [M]. 钱峰,译. 浙江大学出版社,2014:208

企业既有的商业模式，为了配合创业机会的开发活动，大多数企业会就目前的商业模式进行优化或者重新设计，即商业模式创新，从而更好地将机会转化为价值创造活动①。随着机会开发过程中的商业模式构建是创业过程中的关键所在，商业模式应看作一种利用商业机会创造价值的交易内容、结构和治理架构。在现实经济运作中，企业必须抓住机会进行商业模式变革，建立领先于竞争对手的商业模式，才能获得持续的竞争优势和源源不断的回报。一个商业概念或者商业创意如何满足市场需求，如何利用资源，如何开发盈利点，是创业者成功创业的关键。创业机会开发过程中，机会的不同属性所决定的盈利思维的新颖性和前瞻性，顾客行为的可预见性和可引导性，协同合作者的可预见性和竞争优势的可控性等一定程度上影响着创业活动过程中商业模式的设计和构建②。

1976年，史蒂夫·乔布斯与史蒂夫·沃兹尼亚克决定以自己研发的计算机主板Apple Ⅰ创办企业，这样就诞生了苹果公司。起初，公司启动所需的钱来自于两位创始人，而且开始时以挨家挨户的方式出售产品获取了部分资金。但对于新创公司而言，钱还是个问题，除非乔布斯愿意一辈子挨家挨户推销他的电脑。于是，乔布斯去找了多位创业投资家。其中一位就是曾经在仙童半导体公司和国家半导体公司做过管理，后来创建了红杉资本的唐·瓦伦丁。他向乔布斯提出，如果要他投资，必须接受一个合伙伙伴，这个伙伴必须要会写商业计划书、会销售。乔布斯接受了这个条件，并在瓦伦丁推荐的三个人中选择了迈克·马库拉。此后，从公司的定位，到合作团队的搭建，市场开拓以及各类商业思想的灌输无不倾注着马库拉的心血。马库拉告诉乔布斯，你永远不该怀着赚钱的目的去创办一家公司，你的目标应该是做出让自己深信不疑的产品，创办一家生命力很强的公司。最为重要的是，马库拉为苹果确立了三大营销哲学：一是共鸣，就是紧密结合顾客的感受，要比其他任何公司都更好地理解使用者的需求；二是专注，为了做好我们决定做的事情，必须拒绝所有不重要的机会；三是灌输，就是人们是如何根据一家公司或者一个产品传达信号来形成对它的判断。而这三个准则就是日后乔布斯追求"改变世界"的基因③。所以，企业在创办之初就要根据自身的愿景目标、功能定位和经营业务，选择符合自身比较优势的成长战略，如市场渗透战略、新兴市场开发战略、产品市场创新战略等。在确定了成长战略后，创业企业需要进一步细化明确业务层级或者事业部层级的竞争战略，这是指导和管理企业具体经营策略的行动计划。企业竞争战略设定的关键，就是要根据目标客户的特定需求和市场特征，明确企业产品或服务参与市场竞争并形成优势地位的策略组合，比如产品差别化战略、市场集中化战略和总成本领先战略等。从本质上来讲，机会就是某种能够实现价值的新的市场需求，创业机会的来源能够影响现有市场所形成的均衡状态。首先，市场需求的变化会给市场带来非常多的商业机会，其次，市场供给的变化也会极大地影响市场的均衡。通过可行性分析，企业所认定的创新产品、技术或服务只是创业的手段，是否最终盈利取决于是否拥

---

① 夏清华，贾康田，冯颐. 创业机会如何影响企业绩效——基于商业模式创新和环境不确定性的中介与调节作用 [J]. 学习与实践，2016（11）：39-50
② 王佳，吴满琳. 创业机会对商业模式的作用机理研究 [J]. 科学技术与产业，2014（5）：46-52
③ 徐苏涛，胡朋. 硅谷天使投资案例研究 [J]. 科技创新与生产力，2013（4）：22-24

有顾客。在对创业机会、创新产品和技术识别的基础上，进一步明确和细化顾客的价值存在，确定价值主题，这是创业成功的关键环节。从本质上说，商业模式叙述企业如何运作。一种好的商业模式应该能清晰地回答谁是顾客以及顾客珍视什么这个核心命题，以及回答每个管理者必定要回答的基本问题：如何通过商业活动来赚钱，还能够解释我们如何以合适的成本向顾客提供价值的潜在经济逻辑。商业模式起初强调收益模式，但是对企业收益来源的追溯导致组成要素的扩展。实际上，对收益来源的追溯使商业模式指向了创业者创业的实质，即抓住市场机会为顾客创造更多的价值，只有满足消费者尚未得到满足的需求或解决了市场上有待解决的问题以后，才能创造真正的价值。企业创造市场价值，必须依靠自身拥有的资源、能力及其组合方式。而各种要素的创造性组合正是具有企业家精神的创业者发挥作用的结果，这也是必须一再强调的创业行动原则[①]。

3.3 编制商业计划书应基于构建和落实创业企业战略

创业企业战略指的是企业为完成各项经营目标，在对内部因素及外部环境进行充分考虑后，对企业将来的生存与发展而做出一系列的谋划。创业企业能否在竞争日益激烈的当今占据一席之地，与战略的优劣有着密不可分的关系。因此，创业企业就需要凭借现有的各种资源，制定务实的创业战略，实施科学的战略管理，从而促进自身的成长与发展。企业拥有战略资源之后，只有对其进行有效的整合利用才能给企业带来持续的竞争优势，形成核心竞争力。企业的资源整合对企业的发展起到至关重要的作用，是资源开发过程中的关键环节，对资源缺乏的新创企业作用尤为明显。大部分创业者开始创业时及新企业初始阶段都存在资源贫乏、经验不足的状况，在这种情况下，创业者需要做的是发现有价值的外部资源，利用现有资源撬动外部资源，使得新创企业得以生存发展，这就是资源的整合利用作用，所以创业融资实际上是新创企业资源整合的一种表现形式。从创业视角看，创业不必等到将所有的资源准备齐全，创业需在把握机会的前提下通过整合资源实现。创业企业资源整合就是指新创企业在获得企业发展所需要的资源之后，对内外部资源通过各种方式进行系统条理性配置、利用、维护调整以度过艰难的生存期并产生核心竞争力的过程。创业融资实质上是新创企业资源整合的一种表现形式。企业战略所要回答的核心问题就是企业存在的理由是什么，也就是企业为什么能够从外部得到回报并生存下去。在回答战略基本问题过程中，企业战略决策者所依据的主要就是自己对于企业外部环境（包括行业及其环境）、使命目标、内部实力（即企业的资源和能力）的综合认识与判断。从整体上说，战略规划是整个企业的行动方向，对于创业企业来说尤其如此，创业企业本身资源缺乏而且社会关系稀缺，打开市场能力较弱，因而更需要整个企业上下同心协力开拓某一特定市场，经营方向也应当一致。合理

---

① 王伟毅，李乾文．创业视角下的商业模式研究［J］．外国经济与管理，2005（11）：32－41

有效的战略规划可以帮助创业者权衡整合各个方面的不同情况,做出正确的判断①。

创业企业决策人员需洞察本企业将要发生的业务变化以及市场可能出现的机会,对企业将要面临的市场竞争、技术以及管理等环境进行客观分析,并制定科学有效的措施,通过提出富有吸引力且切实可行的概念,从而激活创业企业的战略。创业企业应基于自身资源和能力,以及当前经济社会发展趋势为依据,来制定出投资者及企业员工理解并为之自豪的、切实可行的使命。制定战略的目的是通过将企业风险降至最低,从而确保创业成功。战略的制定需先于企业各项经营活动前,充分考虑战略的针对性与前瞻性,让企业投资者和员工对行动方向达成共识。创业企业领导人员在制定战略计划时,应当充分利用现代网络信息技术获得相关情报资源,再与本企业的生产经营及发展方向相结合,进而根据建立企业的总体目标、制定具体的生产经营方案、制定3~5年的中长期计划、对企业资源进行合理分配的程序,制定出科学可行的总体策划。任何一家创业企业都要经历长短不一的成长战略实施期,因为只有成长战略才能使创业企业不断拓展和壮大业务规模,使企业从竞争力弱的初创企业快速发展成为可持续发展的优秀企业。创业企业编制商业计划书的过程,也是细化和完善创业企业战略的过程。战略的本质就是由企业外部环境、使命目标、内部实力这三个核心假设构成的。体现在这三个核心假设背后的实际上是企业战略决策者对于企业运行指导思想的认识,它影响与决定了战略决策者的战略选择与行为。企业战略决策者需随时关注三个核心假设所涉及的主客观环境的动态变化,适时调整运行指导思想以实现企业外部环境、使命目标、内部实力的有机匹配。基于动态视角探讨新创企业不同发展阶段下创业者胜任力对创业团队成员信任的影响具有现实意义,有助于明晰创业团队成员信任动态变化的关键驱动力,以动态把握和管理创业团队成员信任。一方面,创业者胜任力体现基于企业不同发展阶段的动态内涵,为保持和提升信任关系,创业者需要随着企业不同发展阶段的关键任务与需求展示与之相适应的创业者胜任力,以获得其他成员的持续信任。另一方面,创业者胜任力可以通过创业学习等方式得到提高,创业者需要适应新创企业的发展需要,进行胜任力的适应性调整,以培育和发展成员信任②。对于创业企业来说,创业者在创立企业之后,必须时刻注意为自身积累能够区别于其他企业、能为企业带来丰厚利润流的资源和能力,以此来使自己在市场竞争中处于高位,从而保证创业企业的生存与发展。因此,创业企业要想获得利润,维持企业发展,在创业之初,就要有合理的市场定位;同时,在企业的发展过程中,不断进行创新,为企业构造有区别的竞争优势③。

战略规划为创业企业的经营提供了一种存在的规则,有了明确的经营模式,创业企业可以依据这种规则有效地应对市场环境的变化,及时制定出行之有效的应对措施,使其行动更具有针对性和时效性。创业企业缺乏战略规划所带来的问题是,一方面是在制定经营决策前,尽管创业者可能对市场环境的变化已经有认识,但是如何根据这些变化制定相应的措施,企业将没有一个明确的规则予以指导,只能被动地守株待兔,或者只

---

① 林嵩,姜彦福. 创业型企业战略规划研究 [J]. 管理现代化,2008 (10):133-135
② 潘清泉,韦慧民. 不同发展阶段新创企业创业者胜任力与创业团队成员信任关系研究 [J]. 科技进步与对策,2016 (1):114-121
③ 马碧珠. 创业企业商业模式的构建过程研究——基于创业过程视角 [D]. 暨南大学,2013:16

能等到时过境迁，再做出判断，因此在市场竞争上将失去先机；另一方面则在经营措施执行之后，企业也无法依据一个明确的评价系统检讨上一阶段的经营措施是否得当，资源分配是否有效，因而也无法在下一阶段的企业经营中做出有明确方向的改进和调整。创业企业的经营方向往往更依赖于创业者的个人性格。如果创业者性格保守，很可能错过许多富有潜在价值的产品或者项目，而实际上这些产品或者项目很可能是企业应当尝试的合理风险。即使创业者本身具备很强的进取精神，也可能因为未能及时了解并且分析市场机会的成本和风险，而做出错误的决定。因此，在缺乏战略规划的情况下，创业者很可能因此不敢有所作为，也很可能因此而做孤注一掷的冒险。如果创业领导者进行了更换，这种不稳定的经营策略甚至会表现得更加明显。尽管许多研究也一直在强调创业领导者以及创业团队对于创业成长的关键作用，但是显然，一套良好的战略规划机制对于拥有优良素质创业团队的企业来说或许意义不甚重大，但是对于创业团队整体素质尚存不足的企业来说则是企业稳定经营的有力保障。缺乏战略规划，创业企业经营中出现的分歧无法妥善解决。由于技术、战略和市场等不确定性因素的存在，早期进入者面临着很高的风险，这使很多领先企业最终流于失败；另一方面，早期进入者能获得由领先带来的先发优势，抢先占领市场并建立品牌信誉，所以能比后来者获取更高的收益。正因为如此，很多创业企业倾力于抢占技术和市场先机以实现盈利。企业的盈利能力决定了企业价值的大小。由于经营目标是企业价值最大化，所以企业所进行的一切经营活动也是为了提高企业的盈利能力。成功的创业企业都具备某些导致企业获取成功的重要条件，一般表现为某项技术能力和经营方式，这些条件对企业的总体竞争地位有重大影响，是企业成功的关键因素。随着市场的演化，企业获取成功的条件不断变化，创业企业如果不能获取新的成功关键因素，就会相应失去原有的竞争优势①。创业企业的战略规划过程也是一种渐进式的过程。如果企业经常大幅度的调整其战略，那么它将很难有效地完成任务，而且这种剧烈变动的战略规划还会带来企业资源的巨大浪费，对于资源相对匮乏的创业企业来说，这是一种致命的威胁。当然，在组织内部发生危机，尤其是当企业的经营业绩下降很严重时，这种渐进式的战略规划过程可能要向转型式的战略变革转变，以应付这种非常局面。创业者往往缺乏足够的时间和资金去对潜在客户中有代表性的样本进行访谈，更不用说分析各种替代品、推断竞争对手的成本结构或者预测未来的替代技术。对于创业企业，过多的分析甚至可能使得有力的机会被错过。

企业的成长是一个动态的过程，是通过创新、变革和强化管理等手段积蓄、整合并促使资源增值进而追求企业持续发展的过程。它包含相互联系的"质"与"量"两个方面。一是"量"的扩大，即经营资源单纯量的增加。表现为资产的增值、销售额的增加、盈利的提高等；二是"质"的变革与创新。创新需要耗费大量物质资源，耗时长久，并且充满了很多的不确定性，创新者必须要有较强的风险承担能力。创新还是一种非常专业化的活动，需要有一定的知识积累和大量专业化的人力资本的投入。如果既有知识存量不足，创新就会很困难；如果专业化的人力资本不足，创新就很难成功。企

---

① 李芳勇. 创业企业战略对其盈利能力的影响分析 [J]. 研究与发展, 2002 (12): 1-5

业家的目的是追逐利润，企业家并不必然会进行生产性的创新活动①。新创企业的每个发展阶段，资金的需求和风险程度有所不同。调查显示，我国部分地区创业成功的关键因素是：核心技术资源、客户资源、人才资源。创业管理的本质是对三大资源的调度、整合与协同，取得核心技术和客户资源的创业管理中创业者应立足自身不同的优势、不同的市场产品，采取不同的途径获得两大资源的有效整合和运用。初创企业对核心技术资源和客户资源的获得，都依赖对人才资源的保有和激励得以实现，因此人才资源是技术和客户两大资源的支持因素。如何吸引、保留和激励核心人才，通过人才资源管理，将技术资源、客户资源发挥到最大价值是创业管理中需要解决的重要问题②。创业企业缺乏与成熟企业直接竞争所需要的充足的资源和整合这些资源的能力，在创业企业成长的过程中，不同的阶段可能目标差异较大，包括追求规模经济、执行可扩展商业模式、成为市场的影响力、满足关键客户需求增加以及吸引并保留优秀员工的能力等，融资战略作为企业总体战略的核心，从长期性、完整性的角度，在不同的企业生命周期中制定筹资、投资、股利决策。企业战略目标是价值的可持续增长，而获得竞争优势是实现企业价值增长的最重要保证。融资战略能识别存在于企业中的各种资源。它从资本运营的效率和效果角度，预测、分析、评价总体战略在选择、实施、控制三个过程中各项资源对总体价值增加的贡献程度，进一步确定哪种资源是企业所特有的③。

3.4　商业计划书的基本结构

当创业者选定了创业目标，在资金、人力、市场等各方面的条件都准备妥当或已累积了相当实力的时候，编写一份完整的创业计划书可使创业者更加明确新创企业的经营思想，客观评估自己的优势和劣势，仔细考虑创业的目的和手段。创业计划用来描述与特定商业活动相关的所有内部要素及外部条件，是对特定商业活动详尽筹划后的系统描述。主要用于向投资方和创业投资者说明公司未来发展战略与实施计划，展示自己实现战略和为投资者带来回报的能力，从而取得投资方或创业投资者的支持。因此，商业计划书是企业为了达到招商融资和其他发展目标，在经过对项目调研、分析及搜集整理有关资料的基础上，根据一定的格式和内容的具体要求，向投资商及其他相关人员全面展示企业及项目目前状况，以及未来发展潜力的书面材料。商业计划书主要包括执行摘要、公司简介、产品服务、策略推行、管理团队、财务分析等。商业计划书通常没有固定不变的格式，但一定要包括商业计划书的几大要素中的重要内容。商业计划书可以为潜在的投资者描绘一个完整的创业企业的宏伟蓝图，并帮助创业者进一步深化对创业企业经营的思考。一份完备的商业计划书，不仅是企业能否成功融资的关键因素，同时也是企业发展的核心管理工具。编写商业计划书的主要目的之一就是为了筹集资金，商业

---

① 庄子银. 创新、企业家活动配置与长期经济增长 [J]. 经济研究，2007 (8)：82-94
② 孙利英，洪晟. 成功创业与关键资源的整合运用——沪、浙创业管理最佳实践调查与研究 [J]. 上海经济，2012 (9)：24-27
③ 马广奇，樊薇. VRIO 视角下企业生命周期中财务战略的实施 [J]. 企业经济，2013 (11)：34-37

计划书的主要内容应该包括以下几个部分：

（一）产品与服务

商业计划书中应该明确下列问题：企业如何把产品推向市场；如何设计生产线和组装产品；企业生产需要哪些原料；企业拥有哪些生产资源，还需要什么生产资源；生产和设备的成本是多少。实际上就是你的商业模式，你的公司怎么赚钱，你解决了人们的什么问题，你填补了什么市场空白。如果你的项目切实解决了困扰人们很久的问题，这些人又心甘情愿地为你的产品或服务埋单，那这个项目一定具有成功的潜质。在进行投资项目评估时，投资人最关心的问题是企业的产品、技术或服务是否具有竞争优势，以及在多大程度上解决现实生活中的问题，即产品是否有发展前景。因此，产品介绍是商业计划书中必不可少的一项内容。介绍公司的产品或服务包括以下内容：产品的名称；产品的性能及特性；产品所处的生命周期；产品的市场竞争力；产品的研究和开发过程；发展新产品的计划和成本分析；产品的市场前景预测；产品的品牌和专利。在产品（服务）介绍部分，对产品（服务）既要写得详细、准确，又要通俗易懂，要能让不是专业人员的投资者也能看明白，尤其要从某些细节入手详细、具体介绍产品和服务所具有的创新性，并把它与竞争对象进行比较、分析。通常，产品（服务）介绍这部分要回答以下问题：顾客希望企业的产品能解决什么问题，顾客能从企业的产品中获得什么好处；与竞争对手的产品相比有哪些优缺点，顾客为什么会选择本企业的产品（服务）；企业产品是否申请了专利，是否拥有生产许可证或与已经申请专利的厂家是否达成了合作协议；为什么企业的产品定价可以使企业产生足够的利润，为什么用户大批量地购买企业的产品。

（二）市场规模及预测

商业计划书要给投资者提供企业对目标市场的深入分析和理解。要细致分析经济、地理、职业，以及心理等市场细分标准对消费者选择购买本企业产品行为的影响，以及各个因素所起的作用。仅仅能赚钱的项目还不够，要想真正地打动创投机构，还必须要在能赚钱的模式上描述项目的市场空间。如果一个项目能赚钱，但整体空间有限，天花板伸手可触，那么创投机构是不会有兴趣的。对公司将要进入的行业和市场进行分析，可以让创业投资商估计产品真正具有的投资潜力。同时，对可能影响需求和市场策略的因素做进一步分析，以使潜在的投资者能够判断公司目标的合理性，以及他们将相应承担的风险。在商业计划中，要对公司所处行业的全貌及企业产品在行业中的需求变化情况进行描述。同时，还要对行业今后的发展方向、影响行业发展的因素及程度进行分析。

对以下问题应进行深入研究：该行业发展程度如何；现在呈现出怎样的发展动态；该行业的平均投资回报率是多少；目前市场销售增长趋势怎样；驱动该行业发展的主要技术创新因素是什么；进入该行业的主要障碍是什么；政府对该行业的影响表现在哪方面。在市场细分的基础上，确定自己的目标市场。通过市场分析，让创业投资商知道企业产品市场规模有足够大的盈利空间和发展空间。

市场预测首先要对产品的市场需求进行预测，包括：市场是否存在对这种产品的需求；需求程度是否可以给企业带来所期望的利益；企业的目标顾客群在哪里；目标市场份额有多大；每一顾客群现在和将来的购买力如何；让顾客购买产品的关键性因素是什么;本企业产品是否存在市场空当;企业产品市场占有率是多少等。

(三) 市场开发策略

新成立的企业由于缺少经验,对竞争市场缺乏了解,容易低估市场现有的竞争对手。因此,在编写商业计划书时必须认真做好企业竞争能力调查工作,包括:与市场上竞争力较强的产品进行比较,产品的质量是否过硬;产品的性能在市场竞争中具备的哪些优势;产品的价格是否合适;国际市场上该产品的进、出口价格及未来发展的动态及原因;生产同类产品企业的生产水平和经营特点,这些企业的生产规模、产量、设备、技术力量、产品的销售利润、营销策略、分销渠道、售后服务等。然后,以此为依据编写市场机构和营销渠道的选择,营销队伍和管理,促销计划和广告策略,价格策略。

(四) 竞争优势

在商业计划书中,应细致分析竞争对手的情况,包括:竞争对手是谁;他们的产品如何;竞争对手的产品与本企业的产品相比,有哪些相同点和不同点;竞争对手所采用的营销策略是什么;竞争者产品的销售额、毛利润、收入,以及市场份额。在此基础上再向投资者展示企业所具有的竞争优势,顾客偏好企业产品的原因。同时,还要阐明竞争者给企业带来的风险,以及企业所采取的对策。这些都是你要向投资人描述的。

(五) 核心团队及组织体系

把一个创业思想转化为一个成功的创业项目,其关键因素就是要有一支强有力的管理队伍。这支队伍的成员必须有较高的专业技术知识、管理才能和多年工作经验。创业企业家具备更高的素质和特殊的能力,不但具有创业精神,同时也是一位不惧风险的实践者。作为创业团队成员,应该具备创业者的特征和技能。构成企业家团队的基本要素有三个:一是共同的目标;二是合作的意愿;三是信息的交流。企业家团队不同于一般的团队,它有其自身的特殊性,因为它能直接影响整个企业的战略选择、执行和组织运作。特别是对于一个创业企业而言,环境是充满变数的,建新企业面临巨大的不确定性,所以,企业家团队必须具有一种综合经营能力,即通过对不确定环境的敏锐观察,挖掘具有市场价值的机会,获取资源,并构建组织能力以利用环境中的机会[①]。在商业计划书中,先描述整个管理队伍及其职责,再分别介绍每位管理人员的特殊才能、特点和专业,尤其要重点介绍项目负责人的情况及其对企业所起的作用。这一点至关重要,因为同样的项目,换不同的人来做,结果一定是不同的。商业计划书中描述创业团队和组织结构的内容应包括:成立时间、办公地点等基本情况;公司的组织机构图;各部门的功能与责任;各部门的负责人及主要成员;公司的报酬体系;公司的股东名单;公司的董事会成员等。在编写商业计划时要注重对管理团队和管理模式的评估,特别要介绍创业企业的领导者及其他对公司业务有关键性影响的人(一般包括:总裁、常务副总裁、人事部总监、营销副总裁、财务副总裁),对他们的教育背景、工作业绩、管理能力及个人品质等作出评价分析。

(六) 股权结构与投资情况

与谁合伙很重要,所以投资人需要了解一下你的股权结构,有几位股东、他们都是

---

① 贺小刚,沈瑜. 创业型企业的成长:基于企业家团队资本的实证研究 [J]. 管理世界,2008 (1): 82-96

什么来路、哪些股东参与日常运营等。还有你这家公司到底投了多少钱，是实际的投资额，而不是注册资金。如果你自己都没投钱，想找投资人玩空手套白狼，那估计会难实现。融资并不是越多越好，而是适当最好。资本需求与运用要求对企业的融资方式、资本结构、融资抵押和担保、业绩报告、资金运用计划，以及相关费用支付等做详细说明。总之，你想要融多少钱，出让多少股份，这些钱都用到什么地方，这些内容你必须说清楚。这也是你对自己项目的整体预期的一部分。

（七）财务预测与融资规划

向创业投资家提供一份清晰的、有逻辑、有根据的财务预测是获得投资很重要的因素。财务预测的信息主要有销售估计、管理成本、产品成本、销售成本、资金支付、边际贡献、债务利率、收入税率、应收账款、存货周转、减价计划和资产利用率等。在掌握这些信息的基础上作出财务规划。财务规划一般要包括：商业计划书的条件假设；预计的资产负债表；预计的利润表；现金收支分析；资金的来源和使用。通过上述财务报表，财务计划就是向创业者展示了这样一幅完整的图画：公司组织何时能够得到资金、有多少资金、资金投向何处、有多少资金可用、公司未来的财务状况如何等。如果商业计划书中没有说明创业者的资金需求是多少，也没有说明各项资金需求如何得到满足，没有说明如何维持适当的流动性，以及如何保证债务的偿付和良好的投资回报的取得等问题，创业者要想获得资金上的帮助几乎是不可能的。实际上，创业企业风险主要受外部环境、内部条件两个方面的影响。一方面，由于创业企业对外部环境上面临一些大型企业和公司的威胁，市场需求的多样化使竞争程度愈加激烈，企业运行的环境的复杂多变性使得其所面临的风险也就会相应增加；另一方面，企业内部条件如企业所拥有的资产、技术、人才、设备、原料、信息以及管理策略等有形及无形资源在各方面处于萌芽阶段，企业的规模小，内部条件不完善，使得初创企业抵抗风险的能力很差。新创企业具有两大特质：严重的信息非均衡和风险等级异质性，这对创业企业的财务和融资产生了实质性的影响[①]。

3.5 编写商业计划书的注意事项

商业计划书是创业者就某一项具有市场前景的新产品、新服务，向创业投资者或潜在的投资者游说以取得投资的可行性报告。它在经过前期对项目科学地调研、分析、搜集与整理有关资料的基础上，根据一定的格式和内容的具体要求而编辑整理的一个向读者全面展示项目目前状况、未来发展潜力的书面材料。其主要目的是说服投资者对新企业进行投资。它是一种业务构思策划、信息披露和吸引投资者的宣传书，更是以后企业运行的指导书。编制商业计划书应该注意以下几个方面的内容：

第一，创业投资者关注的要点就是写作的要点。在审阅商业计划书时，创业投资者在寻求什么呢？对于寻求融资者，应该明白创业投资商眼中的商业计划书是什么，只有

---

① 张蔚红. 技术创业：创新企业融资与理财 [M]. 西安电子科技大学出版社，2009：7

这样，编写时才能有的放矢。向有意投资的投资者全面披露与企业有关的信息，这样才能体现出与投资者有合作的诚意。将市场前景描绘得过于美好，这样就使得投资者望而却步，使得结果适得其反。商业计划书要简明，最好开门见山，直书主题，使得投资者觉得每句话都是有道理和意义的。投资者真正关心的问题都是一样的，做什么产品或服务、如何赚钱、能赚多少。所以在制定商业计划书时，要能够清晰明了地将以上几个问题回答清楚。

第二，商业计划书描述的前景要能够真正打动投资者，必须让他相信这个计划是可行的，可实现的。这就需要创业者在写作之前进行充分认真的市场调研，以最可靠、翔实的数据来说明企业即将获得的利益，让投资者相信预测是可信的。除了前景之外，创业者还务必具有风险性。务必要重视对环境的预测和采用科学的预测手段和方法。企业家有必要提供备选战略以应对风险因素的发生。这些应急计划和备选战略向潜在的投资者表明，企业家对经营中存在的风险是十分重视的，而且对这些可能发生的风险是有充分准备的。

第三，商业计划书中的计划摘要十分重要。它必须能让投资者有兴趣并渴望得到更多的信息，给投资者留下长久的印象。计划摘要是出资者首先要看的内容，通过计划摘要使投资者了解到与筹集资金最密切的细节，包括对公司内部的基本情况，公司的能力以及局限性，公司的竞争对手，营销和财务战略，公司的管理队伍等情况。在计划摘要中要认真回答的问题有：企业所处的行业，企业的经营性质和范围；企业的主营业务；企业的市场在哪里，谁是企业的顾客，他们有哪些需求；企业的合伙人、投资人是谁；企业的竞争对手是谁，竞争对手对企业的发展有何影响等。计划摘要是整个商业计划书中最关键的部分，除了简洁地描述这些问题外，应尽量突出商业计划书中最吸引投资者的部分，目的是激起创业投资家们的兴趣。

第四，商业计划书常见错误与疏漏如下：低估了竞争，高估了市场与回报；不陈述预测报表的建立依据；混淆利润与现金流；不陈述最好、最坏和最可能发生的情况；产品或服务对客户带来的影响不加以量化；仅分析了整体市场，忽略了细分市场；不讨论战略伙伴；不理解市场进入壁垒和夺取客户所需成本；对产品和服务、渠道选择、销售人员和销售模式定位不清晰；不讨论运营效率，不分析产能等。

第 4 章　如何向天使投资人融资

4.1　爱心资本必不可少

创业初始投入的资金是指创业者进行创业的资本投入，也是创业是否成功开启的重要因素。在初创企业的最初阶段，企业运行所需要的资本基本上是企业家的自有财产或是由其亲朋好友提供的资金，这个过程一般被称为初创企业的爱心资本，这一阶段也是企业家早期权益资本的重要来源，在创业的过程中起到了关键作用。30%的创业公司第一笔募集的资金是从企业家身边最亲近的人那里来的[①]。这是再自然不过的事：要说服那些最了解你和最信任你的人是最容易的。他们了解你，很多时候也了解你的工作理念，也愿意帮助你。根据《全球企业家监测》杂志的数据，处于创业初期的美国公司每年从朋友和亲戚中得到的投资总额达到500亿~750亿美元，这个数字相当于他们从天使投资人或创业投资家那里得到的年投资总额的两三倍。通过分析连续几年的《全球创业观察（GEM）报告》，发现新创企业的融资对象主要是创业者的亲朋好友。究其原因，这种关系中的信任成分使得投资者有效地规避了风险，促成了资金供需双方达成交易[②]。

对于创业者而言，创业资金不是越多越好。资金的关键的问题，不是你需要获取多少资金的支持，而是要弄清楚，获取这笔资金的主要用途是什么，可以帮助自己解决哪些问题。盲目地引资和扩大资金投入，也会增加创业的风险，不能追求创业大项目、高投入和高回报的做法。因此，看准了一个好项目，可以试着从父母及亲戚处筹资、向朋友借钱、与人合伙等渠道，边凑齐资金，边着手做，由小做大，切实地画出资金运用的线路图，有系统地规划各个步骤。在每一个步骤，你都要考虑自己需要多少资金，以及什么时候需要这些投资到位。筹资是一个持续不断的过程，在创业公司不断发展的过程中，是一个在企业演变和发展过程中持续不断的一部分，而不是看作孤立的资金本身。创业企业融资的主要目的是为了满足生存和发展需要，尽可能地实现有限资源的优化配置。但不同类型的创业企业和各个发展阶段，对资金的需求量、结构、成本等有所不同，其融资方式也存在着较大差异。创业活动的三要素是创业机会、创业团队和创业资源，这三方面决定创业成功与否。创业资源中的资金是学者们特别关注的，创业管理学

[①] 刘亚娟，孙静，徐弥榆. 创业融资［M］. 中国劳动社会保障出版社，2011：32
[②] 刘琼，方锦. 信任对创业融资的影响——基于我国转型经济的证据［J］. 征信，2014（12）：35-38

者鲁西耶（Lussier）总结出影响创业成败的15个关键要素，资金的取得排在首位。创业融资成为创业者必须面对的问题。但因为新创企业未来的高度不确定性、信息不对称以及缺乏信用记录导致其通过正规金融融资的可能性较小，而是更多地求助于非正规金融。在非正规金融中，信任成为风险决策的依据。从这个角度讲，信任成为社会资源配置的重要方式。没有任何东西比信任更具有重大的使用价值。创业者有责任用专业的方式去处理那些爱你的人的问题。把这种事当成商业关系来处理，对每一个人来说都是好事。阿里巴巴的创业资金来源于马云的亲朋好友以及创业团队，集资50万元共同创立；李彦宏与合伙人徐勇共同出资，在北大资源宾馆连同一个财会人员和5个技术人员创建了百度公司；马化腾和张志东等5人集资50万元注册成立"深圳市腾讯计算机系统有限公司"；刘强东拿着亲朋好友赞助的12 000元，在中关村创办京东公司，代理销售光磁产品，并赚取了可观的收入，为后期发展线上业务奠定了基础①。如果你不能理性处理这类投资，不仅会影响到你们家庭成员的正常关系，甚至以后会面临众叛亲离的局面。

一般而言，亲朋好友在创业初期给予了创业者一定的资金支持，在较大程度上解决了创业企业由于启动资金不足而成为无米之炊的难题，因为创业企业由于缺少可抵押物或没有足够的信用记录等原因，无法通过传统的融资渠道来弥补资金缺口。和创业者有血缘关系的亲人，经过长期的相处拥有最强的信任基础，容易理解和支持创业者的创业理念。创业者的朋友，一类是事业上的朋友，一类是个人生活上的朋友。大家或是志同道合共同创业，或者彼此信任支持创业，无疑会是一种有效的融资手段。如果创业者认为朋友和家人不能失去这些钱，你就不要用他们的钱——即使他们说愿意承担这样的风险。如果创业者对这一点不能确定，那就不要拿他们的钱②。创业者希望天使投资人或者创投怎么专业地对待自己，创业者就用同样专业的方式来对待这件事，把这当作一项公正交易来对待。爱心资金的规模非常有限，大多难以向创业企业提供资金之外的支持，如参与经营管理、帮助进一步融资等。

4.2　何为天使投资

（一）概念起源和发展

"天使"这个词起源于19世纪时的美国纽约百老汇，是由百老汇的内部人员创造出来的，用来形容百老汇演出的富有投资者，他们为了创作演出进行了高风险的投资。当时投资戏剧风险很大，很多出资者是出于对艺术的支持，为纽约百老汇戏剧提供资金而不求获得超额的利润。因此，人们尊称这些人为"天使"。进入20世纪30年代后期，美国出现了一些富裕的家族，他们从事政府严格控制行业，并赚取了大量的财富。其中有些家族出于他们自身的考虑，逐渐将资金投放到新兴行业上。于是，一些怀揣创新成果和创业梦想的创业者，找到这些家族，向他们描述企业未来的美好前景，寻求他们的

---

① 刘艳. 创业期互联网企业关系资本融资与成长绩效之间的关系演变研究［D］. 首都经贸大学，2016：38
② 武岩，慕丽杰. 中小企业融资指南［M］. 金盾出版社，2009：3

资金支持。而在社会上这些家族通常十分低调，他们不希望将自己暴露在公众面前，而在投资的时候将自己的名字保密，或禁止代理人透露他们的名字。因此，当他们的资金实际注入企业进行投资时，在被投企业的会计账目中通常会出现"天使"①。

20世纪80年代，美国新罕布什尔大学的创业投资研究中心最早运用"天使"来描述这种特定的投资人及投资方式，并为学术界所认可。最初的天使投资具有一定的公益捐款性质，但后来，天使投资被引申为一种为新兴的、具有巨大发展潜力同时孕育着巨大风险的企业早期权益资本融资方式，主要服务于创新企业发展最艰难的种子期和启动期。这一特性使天使投资可以更及时有效地解决创新企业的融资问题，使其不至于被扼杀在摇篮里。一般认为，天使投资发生在创业者获得机构创业投资（创投机构）之前，而且已经用完其家庭或亲朋好友的钱之后。天使投资人是向小型私人创业企业提供创业资本的个人，是创业企业的第二轮投资者，是一种非正式创业投资者，是创业企业早期权益资本的重要来源。韦特泽尔（Wetzel，1983）在阐述天使投资人的概念中，排除了由家庭或好友提供的爱心基金（Love Money）。因此，天使投资一般是指自由投资者或非正式机构对有创意的创业项目或小型初创企业进行的一次性前期投资，是一种非组织化的创业投资形式。直接向企业进行权益投资；不仅提供现金，还提供专业知识和社会资源方面的支持；程序简单，短时期内资金就可到位。天使投资，特指企业创业过程中的第一批投资，是指富有的个人或团体直接对有发展前途的创业初期小企业进行早期直接权益性资本投资的一种民间投资方式，投资人可以在体验创业乐趣的同时获得投资增值。天使投资关注的多是刚刚起步或是处在种子期的创业企业。投资者一方面看重创业企业和创业项目的发展潜力，另一方面也是对社会的一种贡献和回报，把这种投资行为看作对社会的一种推动。在整个创业企业生命周期中，对创业企业影响最大的是从启动开始到正现金流产生之间，这段时期通常被称为"死亡之谷"，因为刚起步的企业在这段时间非常脆弱，失败的概率比较高。并且这段时间的创业风险也比较高，因为创业企业的现金流为负，需要向外部寻求资金援助，同时创业企业家相对而言缺乏企业管理和市场开拓经验，同样需要资本以外的增值服务，因此这一阶段对天使投资和创业投资的选择将会直接影响创业企业成功的概率②。

天使投资具有一定的区域性投资和耐心资本的特点，投资者更愿意投资本地范围内项目，更看重创业企业的长期发展，天使投资的投资周期较长，持有股份5~10年亦属正常；关于天使投资人的投资资格，根据美国联邦证券法（1933）和美国证券交易委员会于2006年12月的修订条款，个人或家庭共同净资产在100万美元以上，或者个人最近两年年收入超过20万美元或家庭年收入超过30万美元，且至少拥有250万美元的投资，或者资本金达到500万美元的公司或合伙企业适合从事天使投资③。美国开创了天使投资的先河，其发展经历了萌芽期、停滞期、快速发展期和稳定发展期四个阶段。自2011年以来，天使投资的增长一直在持续，2014年还在加速。投资规模增加，对创业

---

① 江勇. 初创期科技型企业融资与天使投资［D］. 安徽大学，2011：22
② 陈逢文. 创业融资基于努力互补效应的视角［D］. 重庆大学，2012：21
③ 李涛. 孵化器与天使投资融合发展中的政府对策研究［D］. 北京理工大学，2015：22

企业的估值增加，活跃度也在增加，各地区、各领域的天使投资都呈现出繁荣的景象。2013年美国天使投资市场保持了自2010年以来持续增长的态势，总投资额比2012年度增长了8.3%，达到248亿美元。总计有70 730家初创企业获得了天使投资，这一数据比上年度增长了5.5%。全年活跃的天使投资人是29.88万人，同比增长11.4%。单笔投资额比上年度增长2.6%，为35万美元，平均每位投资人的年度投资量约为8.3万美元，比上年度的8.5余万美元略有下降。2014年单笔天使投资的额度持续增加，平均增长40%以上，并且对各领域的投资额都在增加，对创业企业的估值也增长到了300万美元，比2013年提高了20%，刷新了自2010年以来最高的估值纪录。天使阶段的创新创业，已经形成了巨大的促进经济竞争力提升的动力系统。全美每年的投资额在100亿~200亿美元之间，其中来自天使投资人的资金规模是机构投资的2~5倍，投资项目数量则达到机构投资的20~50倍。从20世纪90年代末至今，美国天使投资数量以每年35%的速度递增，并且投资额度已经接近创业投资总额的50%。政府引导方面，美国依据1958年《小企业投资法案》设立小企业管理局，这是专门为小企业提供融资服务的政府机构，具有提供各种贷款、投融资服务等多项功能①。

美国有30万天使投资人，美国2014年天使投资额为288亿美元，中国可统计的不到7亿美元。在欧洲，天使投资者一直被称为"商业天使"。在大约100万名潜在数量的天使投资者中，约有12.5万名比较活跃，平均下来每人每笔投资额约2.5万~25万欧元。欧洲天使资金规模在10亿~100亿欧元之间，在欧洲各国中，英国的天使投资达到40亿欧元，天使投资网络发展较早，影响较大。此外，荷兰、芬兰和爱尔兰的天使投资发展也较好，规模分别达到20亿、5亿和3亿欧元。1997年欧洲建立了天使投资网络的统一平台——欧洲商业天使网，覆盖了整个欧洲各个主要国家的政府和城市，为他们提供全面有效的服务，而且还成立了商业天使网络协会。欧洲所有活跃的或潜在的天使投资者都可以通过这些协会和平台来认识和了解天使投资，并且通过商业天使网络发现适合投资的企业，而创业者也可以利用平台来寻求天使投资者的帮助②。从"谷歌"到"苹果"，天使投资所获得的收益率令人心跳。Google的创始人拉里·佩奇和谢尔盖·布林相识于斯坦福大学。他们在20世纪90年代，通过信用卡借来了15 000美元购买了一堆电脑磁盘驱动器，并在斯坦福大学建起了自己的工作间，最终开发出技术上先进的搜索引擎。在Google初创之时，他们拜访过不少投资人的大门，结果是无一例外地统统吃了闭门羹。即使到了Google的用户流量常常把斯坦福大学的校园网都运行到瘫痪了，也没有引起任何投资人的兴趣。当他们绝望地想把自己的技术项目卖掉的时候，一度跑遍了美国在线、微软、雅虎等公司，结果统统都被嗤之以鼻，无人问津。这种状态直到得到斯坦福校友、Sun公司创始人之一、思科的副总裁安迪·贝托尔斯海姆的首轮天使投资而结束。贝托尔斯海姆看了他们的演示，非常看好这项技术，但是他却没有多少时间，急着赶到别处，便说"我听不懂你们的商业模式，但我还是先给你们一张支票，半年之后再告诉我你们在做什么"。贝托尔斯海姆的投资不光给了Google联合创始

---

① 李昆. 论小微企业初创发展中天使投资的法律保障 [J]. 北方经济, 2016 (8): 79 - 80
② 江勇. 初创期科技型企业融资与天使投资 [D]. 安徽大学, 2011: 23

人信心,也使他们在向家人和朋友融资的时候更具说服力。他们很快就弄到了大约100万美元,这些钱足够他们迈出计划中关键的一步。接着在正式创业的第二年,谷歌创始人就说服硅谷最负盛名的 KPCB 和红杉资本创业投资公司,每家各投入1 250万美元,并以公司股权的9%作为回报。公司创业不到3年,还未有任何赢利,就价值亿万美元。2004年8月 Google 公开发行了它的股票,每股单价为85美元,成为有史以来规模最大的科技股 IPO。Google 上市后,贝托尔斯海姆的10万美元变成了将近3亿美元,投资增值了1 500倍①。在国内互联网领域,天使投资成功的案例比比皆是,比如国内三大门户网站之一的搜狐,早期就是张朝阳的初创企业爱特信得到其老师美国麻省理工学院尼古拉·庞帝教授的20多万美元天使投资,后转型为搜狐网并发展到今天的规模。2000年的时候,李彦宏和徐勇借助120万美元的天使投资创办了百度,发展成为今天全球最大的中文搜索工具。在种子期和创始期,创业者通常使用自有资金或从家族、朋友那里获得启动资金,以内源性融资为主。在科技型企业创业过程中,40%能获得天使资本。在天使阶段,企业应聚焦在产品,产品可以不成熟,但需要有一个模型。天使阶段实际上是很初级的阶段,这个阶段的特点是什么都缺,缺钱、缺人、缺模式、缺资源,除了梦想,梦想是支撑你往下走的重要因素②。

(二)天使投资的特征

天使投资在提高持续创新能力、促进经济持续发展方面发挥着极大的作用,已经成为多元化、多层次资本市场不可或缺的重要组成部分。天使投资更像是一个价值发现者,在识别趋势、看准方向、找对最优秀的团队之外,天使投资是一种增值型投资。它的参与性决定了投资后天使投资家往往会积极参与和协助被投企业的许多决策和管理,利用本身的经验和关系网为被投企业提供咨询服务等。从天使投资的历史演进中,可以看出天使投资的内涵不断深化,外延不断扩大。它超越了对早期项目单纯的直接权益投资行为,而是基于产权纽带的链接,为创业者(企业)提供精神鼓舞、经验传递或业务指导,进而与创业者(企业)共创美好未来。从这个意义上,天使投资即超越世俗得失及回报对早期项目展开的直接权益投资,其本质则是"拿输光了都不在乎的钱去赌一个伟大的梦想和未来"③。天使投资抗风险的能力较低,而且由于资金规模和流动性的限制,对新企业的现金流和可能产生亏损的承受力也较低,因此天使投资者相对比较看重创业的短期营利。一个企业的投资决策由所有者选择的管理者决定。天使投资者不直接参与企业的运营,这使得创业者能够最大限度地发挥主观能动性。从 IT 产业中的谷歌到计算机制造的苹果,从日用品的美体小铺到饮食业的星巴克,这些无一不是行业的领头企业,而这些企业在早期都接受过天使投资者的帮助,由此可以看出天使投资对企业的贡献④。与一般创业投资相比,天使投资在投资对象、投资依托、投资方式、投资程序、投资规范、投资实施等方面具有较大差异,一般来说,天使投资具有以下

---

① 徐苏涛,胡朋. 硅谷天使投资案例研究 [J]. 科技创新与生产力, 2013 (4): 22-24
② 欧志葵. 创业导师传授生存和融资之道:八成企业失败在初创期 [N]. 南方日报, 2016-06-06 (A22)
③ 王德禄,徐苏涛. 创业视角下的天使投资 [J]. 科技创新与生产力, 2013 (2): 16-19
④ 买忆媛,李江涛,熊婵. 创业投资与天使投资对创业企业创新活动的影响 [J]. 研究与发展管理, 2012 (4): 79-84

特点：

（1）天使投资的资金主要来自于天使投资者个人通过创立公司自力更生取得的财富积蓄，一般对每个企业的投资额不等、分布较宽，但都是以小额投资为主。天使投资多是富有的家庭或个人直接向企业进行权益投资，是创业企业最初形成阶段（种子期）的主要融资方式。因此，天使投资者通常以股权的形式投资于早期初创期企业，是一次性投入，而且一般股权的持有期限为5~8年左右，属于长期投资。在企业发展壮大后，再通过股权转让的方式出售股权，以此赚取投资资本所得，也就是通过股权获得和股权转让的途径来实现资本增值。虽然为了防范投资风险，越来越多的天使投资者在投资初期采用了可转换债券、附认股权证以及优先股等非普通股方式，但是其最终目的还是要取得企业股权①。通常天使投资是由一个人投资，对企业的选择都是基于投资人的主观判断或者是个人的好恶，因而对创业企业的审查并不严格，并且是见好就收，是个体或者小型的商业行为。因为天使投资的过程就是一个企业从无到有的过程，是在一张白纸上作画的开始。虽然许多天使投资人对于投资对象的技术几乎一无所知，但是他们往往通过对于创业者个人（团队）的考察来作出投资判断。天使投资人的偏好不一，资源也各不相同，发挥各自优势，寻找到资源互补的合作伙伴是做天使投资的最佳方式。天使投资者的个人投资活动具有隐蔽性、自发性、分散性。这个特点一方面决定了天使投资本身的融资成本低、投资手续便捷等优势，但是另一方面也给天使投资带来了很大的弊端。如仅凭个人力量无法搜寻到足够多的投资项目、缺乏对投资项目进行比较鉴别的专业知识等，这在一定程度上导致了投资成本的增加。

（2）在西方发达国家，通常典型的天使投资者都是45~50岁左右的成功男性，属于社会上比较富裕的人群。在美国实际上的天使投资者平均年龄为47岁，而且几乎都是男性，芬兰的调查中男性占了95%。他们之中很多人都有成功创业或者经营企业的经验，非常了解创业者的难处，是初创期企业最佳的融资对象。在瑞典，绝大多数的天使投资者都至少创立过一家企业，其中有45%的人创立的公司超过5家，60%的人表示担任过公司的高官职务，其他国家的情况也基本相似。除了提供资金之外，通常情况下，天使投资者还会积极地参与到被投资企业的经营管理中，并且通过自身积累的创业经验教训或知识技能来帮助创业者，同时也带来自身的关系网络。如果他们是知名人士，还可提高公司的信誉。由于是基于一定人脉网络，在项目对接、投资决策、创业辅导等方面，离不开特定人脉网络的相互推介，也离不开投资人对创业者直觉上的判断，更离不开投资人与创业者高效的碰撞，而这些方面又完全依赖于特定的人脉网络及其赖以存在的信任文化。

（3）天使投资的投资对象主要集中在具有高成长性的初创期科技型企业中，投资的期限较长，风险也较高。如90%的美国天使投资都提供给那些少于20人的初创公司。这类企业风险较大，因此天使投资对投资回报要求普遍比较高，所要求的投资回报也很高。由于天使投资者一般是个人或小型的商业机构，他们对投资企业的考察和审核比较简单和快捷，往往都是凭借自己以往的经验和对创业者的信任与了解进行投资，对目标

---

① 徐达. 天使投资模式研究——以活跃网络为例 [D]. 陕西师范大学，2013：12

企业的成长性和操作性做出一些基本的判断后，冒着较大的风险投入资金。一般来说，天使投资都要求 10～20 倍的投资收益，这是因为他们决定出手投资时，往往在一个行业同时投资 10 个项目，最终只有一两个项目可能获得成功，用这种方式，天使投资人就能够分担风险[①]。在创业的过程中，承担风险以及享受成功后的高利润，在投资的过程中，为实现资本增值可选择适时退出。

（4）专注早期科技项目。资本是经济社会发展的晴雨表。因为关注扶持初创企业甚至是初始创意，天使投资对于未来产业走向至关重要[②]。更能关注创业者所选的行业是否能在短期内迅速地成长。因为他们的资历比资金更重要。甚至精确地来讲，他们更像教练，以少有的资金，更多的资历和资源融入，让创业者少犯错误或不会错误。而行业的选择，恰恰是拥有不多资金的天使投资所看重的。天使投资直接对有发展前途的、处于种子期或者初创期的中小型创业企业进行权益资本投入，在承担较高的创业风险、体验创业成功的社会荣誉感和责任感的同时，获得高额投资增值。天使投资人愿意承担更大的不确定性，与创业投资相比，更能使企业较早地成功获得融资。天使投资主要投向构思独特的发明创造计划、创新团队及种子期企业，为尚未孵化的种子期等早期项目雪中送炭。一般来说，有好的创意并且能打动天使投资人，他们就会给创业者提供一定的项目启动资金。创业者的梦想、激情与原创思想是初创企业的核心，只有保持创业者对初创企业的主导权，才能保证初创企业走得更远。

（三）天使投资的价值

一般来说，一个公司从初创到稳定成长期，需要三轮投资，第一轮大多来自个人和天使投资；第二轮投资往往会有创业投资注入；而最后一轮基本是上市前的融资。天使投资注入初创企业的资金往往很少，可能只是后期创业资本的零头，但对于极具创造力的创业企业来说起到了至关重要的作用。天使投资人与创业投资机构的不同在于，他们投资创业企业的资金是自有资金。这就解决了双向代理问题，所以天使投资人在进行投资时考虑的不是管理费用最大化，而是如何获得最大的投资收益，在这一点上创业企业家的利益一致。与机构创业投资相比，天使投资不存在逐名动机，也就避免落入逆向选择的陷阱中。但是机构投资者大多会在事前进行筛选和调查后再选择投资项目，而被投资项目为了向机构投资者传递机构管理人良好信誉，往往会签订较多复杂的合约来控制风险。相比之下，天使投资者对投资项目的控制体现在事后，他们相信创业企业家会尽力管理企业。并且由于天使投资的特点，投资在企业的种子期，投资金额较小，在企业发展壮大后期对企业的影响力可能会变弱，相比之下，机构创业投资对被投资企业的影响较大[③]。天使投资和创业投资都是初创企业第二轮融资的主要选择，但是由于天使投资具有投资规模小、资金来源单一、融资过程简便、成本低廉等特点，因此其常常在初创企业的种子期和初创期发挥了很大的作用，与之相对的是，创业投资的特点则是准入要求较高、成本高昂、融资过程烦冗且融资金额较大，因此其将投资目标选择在初创企

[①] 江勇. 初创期科技型企业融资与天使投资 [D]. 安徽大学，2011：19-20
[②] 韩义雷. "天使"飞起来还缺什么？[N]. 科技日报，2015-12-07 (5)
[③] 曹颖. 机构创业投资与天使投资对创业板企业 IPO 的影响研究 [D]. 合肥工业大学，2015：17

业的中后期。天使投资人则倾向于向比较了解或有直接经验的本地行业投入个人资金，并通常更加低调。这些投资者解决了初创企业的信息不对称问题，他们在投资前会仔细考察和判断，投资后则密切关注企业动态。除了资金注入以外，这与投资人向企业提供了个人经验和专业咨询有很大关系①。一批又一批接受了天使投资而成功的创业者为了感恩于在艰难创业阶段所得到的天使帮助，便在商业取得成功后也加入为创业者提供天使投资的行列。这种有创业经验的天使投资人往往会获得丰厚的回报，他们的成功，成为更多创业企业家成功的榜样，引发了更多成功人士对创业者的支持，于是天使投资人成为一个小小的群体。他们凭借深厚的业界人脉、行业背景和管理经验，不仅能提供外部资金支持，还能为创业者导入专业人员并带来全新的视野、业界关系、后续投资，更能够提供高水平的指导，大幅降低了创业试错成本。"创业—成功—天使投资"的循环由此出现，并且随着循环发展，参与的人群也日益增多。在美国硅谷，已经形成了"天使投资无处不在"的独特社会经济现象。成功创业者参与天使投资的过程中，也有一些成功创业者深度参与了企业创业。在一段时间之内，甚至成为创业的主要合伙人。他们的参与，使得创业企业成功率大大增加，也为创业者开辟了广泛的社会关系、人脉关系和天使投资。在全球化的竞争越来越依赖于科学、技术和知识应用的今天，各国政府纷纷把创新引领作为经济发展的国策，鉴于天使投资在新经济发展中的重要功能，出现了政府主导型的政策性天使投资资金（基金）。这种天使投资着眼于培育产业发展源头，往往以无偿资助等方式支持优秀创业团队（项目）的创新创业，在一定程度上缓解了天使投资供给不足等市场失灵问题。有一批瞄准世界前沿原创产业的投资人，他们组织成机构型天使投资，以不同的产业组织方式为创业者提供集创业资本、创业辅导、创业载体等一体的解决方案或后台服务，在专业领域批量挖掘孵育新兴产业的源头企业，以期占据原创产业发展的先机。

引入天使投资在初创期科技企业融资方面具有不少优势，并且符合初创期科技企业的发展特点。天使投资规模较小，数量众多。其投资规模大多低于100万元，这符合处于初创期的科技型企业的资金需求。天使投资融资成本低，投资速度快。由于天使投资是资金所有人直接投资于企业，所以比其他融资方式更直接，投资程序简便，投资速度快，只要天使投资人认同企业，资金就可以迅速到位。天使投资人一般都有创业成功的经历，具有丰富的企业运作经验，可以帮助初创期科技企业及时地建立起规范的企业内部运作模式，提高初创企业成功的可能性。天使投资人也附带丰富资源，他们在技术、管理、法律等各方面具备深厚的人脉资源，可以为企业带来许多关系网络。并且天使投资可以拓展初创期科技企业的融资渠道。创业企业从天使资本市场获得初创资金，将来才更有可能从创业资本市场获得融资。因此，要大力提升创业企业的素质，完善其公司治理结构，不仅要建立规范的法人治理结构，促进现代企业制度的建立。还要积极建立健全财务制度，加强内部控制，减少信息不对称，建立健康的企业文化，完善企业信用机制，避免道德风险。但如果对创业企业发展干涉过多，制约了创业者的创造性和积极性，同样不利于企业长期的发展。因此，天使投资机构在充分利用自身资源帮助企业的

---

① 张韶华，李潇潇. 初创企业的天使投资：国际经验与国内发展 [J]. 西部金融，2014（9）：13-15

同时，应尽量避免参与团队具体事务的管理。一方面，要让企业管理团队具有真正的管理权，而不是为天使投资人"打工"；另一方面，不能让团队过度依赖天使投资人，应展现并锻炼自己独立的领导能力，这也是企业长期稳定发展的基石。

天使投资人不仅是有钱人，而且还有着丰富的知识经验。大部分天使人曾经担任企业高级管理人员或者是成功的创业企业家。从投资企业的成立时间短、创新性强、风险高的特征来看，商业天使投资行为受到多方面的驱动，如投资回报、社会责任感、帮助年轻的企业家创业等，约有2/3的人是追求经济回报，但也有一半以上的投资人认为通过自己的知识、从业经验以及社交网络去支持他人创业是一件非常有意义的事。在其运作过程中的各个阶段，天使投资人与创业者之间明显存在信息不对称。其一，在投资协议签订之前存在的双向信息不对称。天使投资的民间性、个体性，导致急需资金的创业者，对投资人的资金实力、社会关系网络、商业管理和市场拓展能力无法了解。同时天使投资者对创企业者的能力和信誉等知道的也不多，所以就会产生逆向选择问题：创业者为了获取资金有可能通过隐瞒项目的风险程度、产品不确定的前景等信息；而天使投资人因为上述不对称的信息状态导致的资本丧失风险，一般都期望很高的资本折现率，从而造成创业项目价值被低估。最终出现前景与价值差的创业项目反过来淘汰和前景好质量好的创业项目，导致在天使投资的资本市场上不能有效配置资源。其二，在天使投资协议签订后的信息不对称。一般天使投资人并不直接参与所投资企业的日常管理与经营，恰恰相反是创业者掌握大量的产品开发、产品前景，发展潜力等信息。而天使投资其本身的高风险性决定了天使投资人存在着未来收益的不确定性，一个处于创业阶段的公司，在新产品与新模式的创新前景、市场开发方面存在着极大的变数。综上这些不确定性所造成的风险，再加上创业者自身的道德风险，给创业者提供了很大一部分的机会主义行为空间，导致他们做出滥用投资、关联交易、应收账款坏账、过度投资等一些损害天使投资者的利益的行为，这些行为也会反作用于天使投资者，以至于影响他们下一步的投资行为[①]。

与其他投资者相比，天使投资者的项目评价因素更加复杂，天使投资者十分看重业主和企业的品质。天使投资人决策，主要基于相信自己的投资能力、降低成本、经验保密、社交网络局限、获取企业控制权等原因。但也有越来越多的天使投资者以群体行为方式参与投资，这是因为天使团体能够带来资金聚集、投资多元化、知识互补、项目流动、决策验证、劳动分工、学习他人经验等优势，天使提供的服务包括商业创意和社会网络等。天使投资者采用非控股的方式将创业企业家自身的利益与企业经济效益绑在一起，或者通过小规模资金投入以及联合投资的方式来降低风险。他们能够为创业企业提供的不仅只是资金，还有自己的经验、知识与见识以及丰富的人脉资源。一般来说，天使投资的成功率较低，根据创投平台 Startups.com 发布的报告，美国约有超过 25 万天使投资人，每年天使投资的总额达 200 亿美元，每年获得天使投资的创业公司超过 6 万家。美国天使投资人的平均回报是 4 年 2.5 倍，这相当于 26% 的内部收益率。一些专业的资深天使更是业绩出众：比如美国天使投资联盟 Tech Coast Angels 创始人之一的波克

---

① 徐达. 天使投资模式研究——以活跃网络为例 [D]. 陕西师范大学，2013：5

斯（Dave Berkus），平均4年的投资回报约30倍（内部收益率97%）；早期投资基金Founders Fund创始人之一的迪克森（Chris Dixon），平均4年的投资回报约为20倍（内部收益率75%）。由于天使投资是天使资金所有者直接投资于初创企业，因而它比任何一种融资方式都更为直接。

（四）国外天使投资的发展经验

美国社会文化中蕴含的冒险理念和创业精神是天使投资市场迅速发展的内在动力源泉。但在发展过程中，政府的支撑作用不可忽视。天使投资者能够享受到众多州提供的税收优惠政策，健全的投资运作机制、利益分配机制和退出清算机制能够最大限度上保障投资人的合法权益，天使资本电子网络由时任总统克林顿下令设立，宗旨是为天使投资者与潜在项目之间的对接提供一个信息公开平台，以重点弥补初创企业50万～500万美元之间的资金缺口。2000年被改造为非营利机构，并进一步完善了信息公开机制和审核机制，这一举措在信息技术层面显著地推动了天使投资行业的发展。因此，美国天使投资业的主要特点是：社会文化内涵为产业成长提供了天然的土壤，政府在政策、制度和信息技术上的支撑则为产业的繁荣提供了保障。欧洲的天使投资的主要特点是：在天使投资网络的信息支撑和引导作用下，投资主体逐渐呈现出集群化、组织化发展的趋势。日本天使投资的特点是：政府对天使投资发展的扶持力度较大，具体方式主要有制定落实税收政策优惠和建立健全天使投资网络。天使投资行业之所以能够迅速发展，离不开天使投资网络的信息支撑以及政府的政策支持。一方面，投资网络为民间资本和企业项目提供了对接交流的信息平台，天使投资得以从个体化、分散化走向规模化、集聚化；另一方面，政府的优惠政策和保障机制的支撑则降低了天使投资的风险，保障了天使投资者的合法权益，激发了投资人的积极性。天使投资是创业投资链条中最前段的环节，也是创业投资过程中风险最高的阶段，政府要引导发展天使投资，就需要对天使投资提供税收优惠政策。美国和欧洲对天使投资的优惠政策主要就集中在税收方面，其中减免资本利得税是主要的刺激手段。可见，天使投资网络和政府支持是发达国家天使投资行业发展过程中最为突出的特点。

1. 构建天使投资关系网络，扩宽项目搜寻途径。

天使投资关系网络是指天使投资者通过长期与其他经验丰富的天使投资者、商业伙伴、天使团队、创业投资家、律师等协作和联系而构建的可信任的信息共享网络。构建这种关系网络扩展项目搜寻途径，获取质量较高的项目，尤其是要建立和加入天使团队，利用天使团队的集中发布投资信息和撮合服务的功能。天使投资人不管是投资前还是投资后对公司的创业团队都尤为重视，当他们向创新型创业企业投入资金之后，就会利用自己的创业管理经验、人脉关系等去帮助创业团队成长。首先，天使投资人会运用其拥有的不同行业从业背景及丰富的管理经验，在公司规章建立、内部管理等方面指导创业者。其次，天使投资人运用其人员配置方面的经验，从引进人才、人员配置两方面入手，引荐专业人才加入创业团队，例如引荐管理人才加强创业团队建设，增强整个公司的凝聚力；并根据团队成员的特长，对团队成员的岗位安排给出建议。最后，天使投资人运用自身知识及学习经验，在企业信息化和知识管理方面提供支持，鼓励团队成员学习创业相关知识，促使创新型创业企业由成长型向学习型组织转变，这样创业团队将在共同愿景的激励下摒弃分歧并共享知识，形成良好的成长体系。

在美国，由地方政府或公共部门资助成立了许多天使投资网络，作为提供天使投资人和创业者相互了解的平台。一方面是由于美国各级政府意识到相比于对初创企业的直接金融支持，将资金投向商业天使投资网络可以更低成本地激发民间投资；另一方面，越是在天使投资不活跃的地区，创建和拓展天使投资网络的过程越是缓慢，在初期实现网络盈利是比较困难的，因此需要政府给予资助。对于天使投资网络的建设，美国政府通常会承担建设期初期的部分或者全部成本，逐步扶植天使投资网络最终实现自我维持运营。天使投资网络有多种收入模式：向参与者收取会员费、对撮合成功的项目收取佣金、培训和咨询活动的收费等。在威斯康星州，由州商务部和科技委员会共同出资30万美元建立了"威斯康星州天使网络"。该网络隶属于州科技委员会，它聘请了经验丰富的指导人员，定期举办投资研讨会和网上论坛，用于促进当地天使投资的形成和发展。在华盛顿，美国经济发展管理局对应的华盛顿技术中心（WTC）资助25万美元成立"WTC天使网络"，目标是创建和发展社区天使投资组织、简化交易流程、提供备选的待投资公司及保障投资安全性。2006年以来，WTC已经帮助两个天使投资组织过渡到自我持续运营和自我管理的阶段。在宾夕法尼亚州，由州商务和经济发展部提供35万美元作为"宾夕法尼亚州天使网络"最初两年的运营资金。该网络是一个非营利性组织，其使命是服务现有的天使投资组织、协助建立新的天使投资组织、开展相关培训、并鼓励组织之间的合作。此外，还有由政府主导创建的类似"堪萨斯州网络"这样的项目。"堪萨斯州网络"是为创业者提供本州或者地区现有的创业支持服务链接的门户网站，其独特之处在于它是第一个覆盖全州范围的项目。该网络帮助堪萨斯州的创业者与拓展业务相关的各种资源建立联系，同时也为天使投资人提供了另一种与创业者建立联系的形式，从而搭建起天使投资人和创业者之间的桥梁[①]。

2. 设置系统化的筛选标准，利用各方力量进行尽职调查。

尽职调查和项目筛选是保证投资成功的第一道关，尽职调查全面与充分与否，将直接影响到整个投资的成败。天使投资者建立系统化和详细的尽职调查安排和严格的筛选标准，对技术、企业家品质和素质、产品市场前景等设置具体和有效的考核指标和标准，进行深入调查的同时在调查过程中充分利用技术专家、律师、其他天使投资者等力量，广泛听取当前和潜在消费者和战略伙伴的意见，提高投资决策的科学性。天使投资人在投资创业企业后，会协助企业进行商业模式的完善以及创新，从而对企业的商业模式形成再造作用。其主要表现在：天使投资人会利用自身的专业知识协助企业定义其产品和服务，让企业在行业竞争中形成自己的竞争优势；天使投资人利用自身的商业经验指导企业如何选择、保留并吸引客户，使企业形成具有特色的服务意识；而天使投资人对企业如何高效配置资源的指导，将给企业的长期获利带来帮助。在天使投资人的支持下，创业企业将建立起更为合理的商业模式，进而实现商业模式赢利能力的最大化。企业要想获得快速发展并实现盈利，仅靠优秀的创业团队及富有竞争力的企业战略是远远不够的，还需要在深入了解市场的基础上，生产出受欢迎的产品。而天使投资人可以通

---

① 李茜. 中国天使投资组织的运作模式分析 [D]. 上海交通大学, 2013: 18

过对创新创业企业的市场定位和品牌管理两方面的强化,来帮助企业拓宽营销渠道,合理地开发市场。在市场定位方面,天使投资人的行动主要表现为:①一般情况下,天使投资人会投资于自己熟悉的行业,这就有利于企业通过天使投资人获得相关重要信息、深入了解竞争对手、认识到自身在行业中的优劣势,发挥优势,改进劣势;②能以局外人的视角,发现与市场上同类产品的差异,帮助企业提升产品品质,实现产品和服务的持续创新;③能以不同的角色(投资者和客户)进行用户体验,提出改善策略,实现快速的客户响应,完善企业售前、售中、售后服务。在企业初创阶段,天使投资人通过帮助创业企业建立一个品牌管理体系,来增强企业品牌宣传的广度和深度、提高企业处理品牌危机的能力和加强企业的品牌维护意识等,促使创业企业发挥出品牌优势,获得较高的市场知名度,在市场竞争中脱颖而出,实现盈利。

在创业初期,也就是种子时期,企业技术产品市场前景极不明朗,企业风险程度显著高于其他阶段,高风险通常导致企业被排除在信贷市场之外,利用关系资本股权融资及时、通畅、足额获得企业发展所需资金的优势更加凸显。在此阶段,关系资本融资对于企业成长绩效的正向作用最大。随着企业发展,在前期资金投入的基础上,创意得到开发,企业的商业模式以及发展方向逐渐明晰。此时,融资双方的信息不对称问题逐渐削弱,投资机构可以通过公开在市场上的信息获取部分被投资企业的经营状况,但同时需要通过一些私人关系来获取"软信息",结合市场上的"硬信息"帮助投资机构更好地把握被投资企业,并对其发展前景做出合理的判断。减少投资者与创业投资家之间的代理问题的机制包括:双方有共同利益、对创业投资公司有具体的限制条款、基金有一定的存续期、监控创业投资公司的花费、定期提供信息给投资者、确保收益能够分配给投资者等。创业投资者与创业投资家之间的契约是解决委托代理问题的一种有效方法,通过契约可以使投资者与创业投资家之间潜在的利益冲突最小化。契约内容通常包括:限制创业基金的生命期、基金收入的具体分配政策、把创业投资家的大部分最终利润归结到公司的最终价值上来、投资者通常是分期投资并有权停止对创业基金投资。如果创业企业的控制权在董事会,那么创业投资家与企业家之间的契约可能直接决定董事会的结构。如果控制权取决于有选举权的股票的大多数,那么选举权直接与金融工具的结构有关。创业投资机构的投资决策是建立在极为科学及周密的调查和研究的基础之上的,一般是基于以下三个准则:评估市场需求、核算投资成本和有把握地回收投资。天使投资人评价的重点内容具体见图4-1。

天使投资人评价创业企业的重点

创业企业家的能力和人格特征	创业企业的技术水平	创业企业的产品特点	目标市场的潜力	经营团队结构和能力	创业企业的经验和优势	创业企业的市场拓展计划	创业企业所在区域

图4-1 天使投资人的重点评价指标

创业投资家在创业投资的初期，往往基于建立声誉的考虑，愿意接受较低的报酬，因为创业投资市场是一个规模较小的私募市场。如果创业投资家参与投资组合的创业企业失败过多，则他们的声誉将会受损。以后很难再募集到资金或加入其他创业投资公司。相反，如果创业投资家对于自身的技能水平的了解优于投资者，为了获得较高的报酬，高水平的创业投资家试图通过报酬条款的签订将该信息传递给投资者，他们偏重于报酬的资本利得部分，而低水平的创业投资家则不愿意承担项目失败的风险，因而偏好报酬中的管理费用部分。这样，历史业绩与声誉将是有限合伙人选择创业投资家的主要依据。美国的创业投资尤其发达的一个关键原因是其蓬勃的IPO市场使得创投机构能够将控制权归还给企业。当创意得到开发并成功商业化后，企业的商业模式和发展方向得到确认，市场对企业也因此能做出合理的估值。此时，投资机构不需要依赖私人关系就能从市场中获得被投资企业的经营状况，依据市场对被投资企业的估值做出融资判断。基恩和威尔斯（Jeng & Wells，2000）检验了21个样本国家中影响创业投资的因素，研究发现IPO市场是一个关键要素。然而，IPO市场和创业投资的联动关系仅存在于现存企业中，对初创企业的影响则不明显[①]。

3. 充分谈判投资合同条款的设计和谈判是保护投资者权益和防范道德风险的重要保证。

天使投资者一方面根据投资项目的特点来选择合适的投资参与形式，利用相应的股权条款获得相应的权利和保护投资；另一方面与企业谈判反稀释和保护条款、所有权控制、核心雇员报酬和激励、退出和清算条款的具体内容，其目的为防范道德风险和保证权益提供保障。为了减少企业道德风险事件的发生，天使投资人在签订合作契约的时候，可以附加一些限制性条款保护自身的利益。例如，退出机制中，反稀释条款是投资者保护自身利益的重要条款之一，又称为反股权摊薄协议，是指被投资公司在后期的项目融资与定向增发的过程中，投资者为避免自己的股份贬值及份额被过分稀释而采取的措施。反稀释条款有助于被投资公司以更高的价格进行融资，间接要求创业企业应对投资者负责。由于天使投资人和企业在达成协议后，企业掌控着自己的行动，而天使投资人由于信息不对称难以通过观察企业的行动获得全面的信息，这就给创业企业提供了足够的机会主义行为空间，导致创业企业自身产生道德风险，影响天使投资人的投资收益。要想从根本上解决上述存在的问题，天使投资人和创新型创业企业需要共同努力。

4. 投资后积极参与，提供高增值服务。

只有企业健康发展，才能真正促使投资获得成功并顺利退出。作为初创企业，因面临许多困难，天使投资者利用自己的能力和经验积极参与公司的运营，为被投企业提供有力支持和高增值的服务。例如他们会参与招聘和辅导管理人员，在后续融资过程中引荐创业投资家，帮助设计公司期权和激励计划以及制订公司长期发展策略，建立与消费者和战略伙伴的关系。他们积极参与企业竞争战略、商业模式相关内容的制定，力图给予企业最有意义的指导，推动企业更好发展。正式投资创业企业后，天使投资人会协助

---

① 张韶华，李潇潇. 初创企业的天使投资：国际经验与国内发展 [J]. 西部金融，2014 (9)：13-15

企业制定竞争战略，从而形成对企业竞争战略的再造作用。首先，天使投资人选择的创业企业一般都是与自己熟悉的行业相关的，因此他们对所投企业的各个方面都有自己的独特见解，从而可以根据企业的行业前景来协助企业调整其发展目标；其次，通过SWOT分析企业的外部环境，识别机会和威胁，分析内部环境，明确优势和劣势，制定出适合企创新型创业企业发展的竞争战略，通过产品差异化和降低生产成本，使企业在行业竞争中把握主动权，实现最大程度的盈利。天使投资可以给创新创业企业提供资金，用于市场调研和生产研发。在获得天使投资后，创新型创业企业拥有足够的调研成本，可以实施大规模的调研或者与其他同业进行深入交流，从而创新型创业企业更加容易找到研发方向。创新型创业企业在天使投资人的资金支持下，可以购置先进的研发设备、引进优秀的研发人才，建立一流的生产研发试验室，从而增强企业的生产研发能力。天使投资人在掌握企业现有技术水平等情况后，可以利用自己的管理经验和人际关系帮助企业引进先进技术和技术人才，同时为企业寻找相关专业顾问，提高企业的创新能力。

5. 选择适合的退出渠道，完善被困和处理机制。

天使投资人会采用多轮投资的方式，分期投入资金，即根据企业的价值和未来收益回报率来决定投资金额，就能避免经理人的利润最大化行为对天使投资人造成损害。同时，通过监管活动帮助创业企业解决潜在的信息不对称和代理成本问题，促使创业者为达成阶段性目标而不懈努力。此外，多轮投资可以避免创业者的股权在初始阶段稀释过大，确保了创业者的领导权得到控制，对创业者产生激励作用。这样天使投资的多轮投资方式将促使创业企业走上良性发展的道路，增加了创业企业中后期向银行、创业投资机构等融资渠道获取资金的可能性。天使投资人采用联合投资方式，就能使创业企业的融资渠道呈现多元化，不会受制于单一的天使投资人的投资，后续获得更多的融资机会，大大增强了创业企业的融资能力；天使投资人对企业有足够的认识，可较大程度解决创业企业融资过程中存在的逆向选择和道德风险等问题，将企业推荐给更多资金实力雄厚的投资人，降低企业的融资难度。天使资本的退出是运作机制的最后一个环节，也是真正实现投资收益的关键环节。根据企业经过一段时间的发展和成长状况，天使投资者在IPO、收购、公司回购、破产清算等渠道选择适合企业条件的退出方式。另外，为了预防投资被困，加强投资前的科学评估及保护退出的合同条款谈判，对企业运营状况进行动态跟踪并采取对策，实现及时与获利的退出[①]。

（五）天使投资的若干发展趋势

1. 学术研究方面的趋势。

国外对天使投资的研究始于20世纪80年代，主要围绕天使投资个体、天使投资行为和政府促进政策三个层面展开研究，以实证研究为主。国外研究表明，天使投资填补了家庭融资和创投资金之间的空白，助力了创业企业的早期发展。关于天使投资的投资规模方面，国外单笔天使投资种子期的投资规模在2.5万~5万美元，创始期天使投资的规模在25万~75万美元。斯科特（Scott Shane，2009）的研究则显示，大多数天使

---

① 蔡李峰. 国外天使投资的发展及借鉴［D］. 吉林大学，2010：24-25

投资不足 1 万美元，不过近年来在"破坏式创新"的出现和国际货币量化宽松的背景下，天使投资有投资规模扩大的趋势；关于天使投资的回报率，天使投资具有高风险高预期收益属性，国外平均年回报率为 21.6%，仅有 23% 的天使投资会产生 50% 或更高的收益回报，而 34% 的天使投资会以失败退出①。根据美国新罕布什尔大学创业研究中心（Center for Venture Research）发布的天使投资报告，2007 年美国有 258 200 个活跃的天使投资人，投资了 57 120 家企业，投资总额为 260 亿美元，各项数据都比 2006 年有所增长。而 2007 年同期创业投资只投资了 3 813 家企业，投资总额为 294 亿美元。按照上述统计，天使投资的平均投资额为 45.5 万美元。2008 年，美国的天使投资总额较 2007 年下降了 26.2%，为 192 亿美元，被投企业数量为 55 480，较 2007 年下降了 2.9%，活跃的天使投资人数量为 260 500，较 2007 年略有增加。2008 年，投资人获得的年回报率为 22%。在理论研究上，天使投资的研究趋势见图 4 - 2。

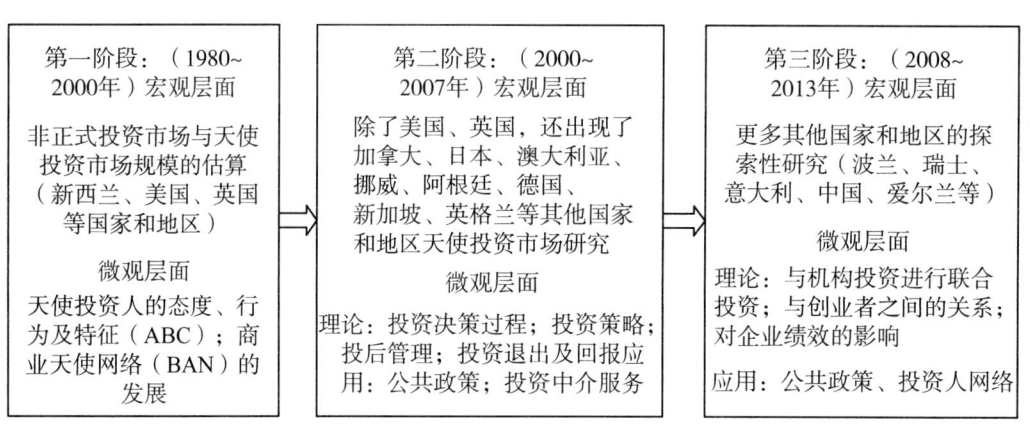

图 4 - 2　天使投资的研究趋势（1980 ~ 2013 年）

资料来源：王佳妮，刘曼红. 天使投资的行为、组织与政策研究综述 [J]. 经济问题探索，2014 (11)：168 - 117.

2. 投资实践中的发展趋势。

在天使投资的实践中，国内外天使投资呈现出多元化、专门化、网络化、联动化、全球化的发展趋势。具体情况如下：

一是投资主体上的多元化。天使投资从最初单一的个人投资模式，逐渐演变出现了多种类型的投资主体模式：①以个人为主体进行投资的"天使投资人"。其中超级天使以连续创业者以及职业经理人为代表，他们所具有的优势是拥有丰富的产品经验以及人脉，并且能够专门对创业者进行辅导，因此他们的回报也是相当丰厚的。传统的天使投资人集中在 45 ~ 70 岁，一般是退休后的高管或是创业成功者，而随着当前新兴创业公司创始人年轻化，最近一代的"90 后"天使投资人的出现使天使投资人的队伍也更加年轻化。②以天使投资俱乐部、天使投资联盟为主要形式的天使投资团

---

① 李涛. 孵化器与天使投资融合发展中的政府对策研究 [D]. 北京理工大学，2015：13 - 14

队。该模式克服了个人天使投资所具有的项目渠道窄、资金规模小、投资时间少、经验不足等缺点。③机构化的天使投资。一般而言，以个人为投资主体的天使投资模式，无论是对初创企业的帮助还是自身的投资能力，都有很大的局限性，但由于天使投资人各具自己的优势，如专业知识、人际关系等，大家联合起来以团队或者基金的形式投资，能够优势互补，发挥更大的作用。于是，随着天使投资的更进一步发展，产生了天使基金和平台基金等形式的机构化天使。该模式改变了天使投资原有的分散、零星、个体的性质，是天使投资未来发展的潮流。④孵化器形式的天使投资。该模式能够为企业提供更为系统与全面的场地、资金、管理等服务等。天使+孵化器模式以美国硅谷的"Y Combinator"最具代表性。他们占很少的股份（一般为5%），只投第一轮，投完坚决不再投第二轮。其主要是聘请专业人士为这些创业人员进行3~4个月的战略指导，并为其提供最基本的启动资金、便利的配套措施、廉价的办公场地等。

二是投资行为上的专门化。在新经济发展过程中，产业环境及市场竞争日趋复杂，对行业理解及创业经验的要求越来越高，对高水平创业指导的需求越来越大。天使投资人的出现，标志着这种专业分工及专门化程度更加突出。而成功的投资人，不仅有一定的资金实力，还有丰富的行业经验和管理经验，更能够专门化地发掘孵育原创技术、全新商业模式及原创思想。天使投资人对产业发展前景有准确的判断，对商业模式设计、企业管理运作、市场开拓有独到的理解和认识，能够在企业战略、商业模式、技术开发、具体实施等方面提供高水平的指导，为创业者带来更多的业界关系，使得创业企业迅速嵌入本行业的产业价值链条，获得更多的机会参与高水平的市场合作与竞争，迅速扩大业务规模，加快进入实现盈利的发展阶段。

三是投资生态上的网络化。天使投资在发展过程中，往往能够形成一个集投资群体、投资平台、天使资本、投资机制、发展环境于一体的生态网络。在这种生态网络下，能够建立以人脉链接进而带动技术转移、创业资本、创业经验、载体平台等链接的机制与环境，进而使创新创业无处不在。

四是投资方式上的联动化。天使投资的一般运作过程可分为如下四步。第一，由创业者提交商业计划书，天使投资人根据提交的商业计划书，先对项目有一个大概的了解，看有无出彩的思路，这一过程可以称为初审。第二，经过初审之后，天使投资人就要进行尽职调查，对企业方方面面进行了解，尤其是对创业团队进行了解，最后做出投资的决策。第三，投资之后对被投企业的管理。第四，天使投资的退出，形式有首次公开发行、回购、破产清算等。随着天使投资的不断发展与完善，天使投资在投资方式上更加具有联动化。如各地区政府通过设立创业投资引导基金，通过参股、融资担保和跟进投资等方式，发挥财政资金的杠杆放大效应，增加创业投资资本的供给；一些天使投资人通过投资网络，联合起来共同投资降低投资风险；而金融机构通过提供创新型服务产品，直接或间接地参与到天使投资（基金）中来。

五是资本流动上的全球化。随着全球化时代的到来，全球要素资源的流动更加快速和广泛，而天使投资资本也随着创新创业人才的全球化而流动得更快。其中跨区域创业是资本流动全球化最好的体现，他们整合不同区域的创新资源优势，直接带动技术、人才等的跨区域全球流动，使得资本流动愈加全球化。

4.3　天使投资人的类型

天使投资的本色之一在于投资创新，创新无疑是充满风险的。而天使投资的本色之二又在于识人，所谓不熟不投，这就是避险，天使投资者避险的本色在于，不懂不做，不懂不投。对创业者而言，不懂的东西就不要做，要做就要做的比别人都好。而对于投资者而言，不懂的东西就不要投，无论是对人还是对事。所以，天使投资的本色之三就是避险，而不是冒险。天使投资者要承担更大的风险，所以控制风险就显得更加重要。天使投资早期投资的本质不在于回报，而是资金的安全。如果贸然投给自己看不懂的人和项目，那么很有可能在你等待回报的时候就已经万劫不复了。每一条成功创业的道路都不一样，但失败的原因总是相似的。天使投资人可以被称作敢死队，往往成功是偶然，失败是必然。典型天使投资的案例是只有投入，天使依然是天使，但没有或者尚待收获。毕竟，天使投资是个人行为，心态上应该将投资早期公司变成商机和乐趣。要有帮助创业者的爱好和积极性，才可以一起走一段很长的道路，没有贡献是不会有收获的。

按照比较一致的划分，典型的创业投资过程包括种子期、初创期、第一轮、第二轮、第三轮、过渡性融资等。天使投资一般发生在公司发展的种子期和初创期。较创业投资公司而言，天使更愿意在创业公司的更早阶段进行投资。刚开始创业都处在种子期阶段，同时，天使投资是最适合种子期阶段的资金，创业者迫切需要这类资金。美国的一家对接投资人与创业者的平台 Startups.co 2013 年发布了一个数据报告，在这些获取天使投资的团队中，39.2%为种子投资，40%为早期（early stage），18.5%为扩展期（expansion），2.3%为晚期（later stage）。在投资行业中，获得最多投资的项目来自医疗领域，占总体的30%，软件为16%，生物技术占15%，工业和能源业占8%，互联网服务业为5%，零售业占5%。天使投资回报率平均为23%，传统股民投资的回报率为10%。天使投资不仅为创新创业者提供了启动资金，而且还提供了许多增值服务，例如：人脉关系、技术、人才等。这些正好弥补该群体的不足。天使投资是否能很好地融入创新创业中去，与是否营造良好的创新创业环境氛围有关。建立融合互动的平台有利于营造良好的创新创业环境氛围，可以让更多的创业者参与创新创业的交流，可以进行创意、项目、团队筛选，为天使投资的融入打下坚实基础。同时，也有利于创新创业团队和天使投资人的交流。从一个想法到一个创业项目，应该考虑解决了什么问题、这个问题为什么值得解决、能不能走得远等。天使投资领域并不是一个单凭财富就能介入的领域。天使投资人至少应具备三个条件，第一个是投资人要有前瞻性，第二个是要有相关的从业背景，第三是要对整个投资的产业链比较了解。不同类型的天使投资人参见表4-1。

表 4-1　　不同类型的天使投资人

划分方式	类型	特征描述
投资动机	财务收益型	单纯追求财务效益
	创业者型	追求财务效益和乐趣与精神满足的双重效益
按参与程度	合作型	成功企业家出于合作需要,投资额度和参与程度高
	激情型	成功企业家出于创业热情多处投资,很少参与管理
	高管型	退休或辞职的大公司高管,希望谋求主要职位
	专家型	教授医生律师等投资于自己熟悉的领域
	控制型	谋求对投资企业的精细管理,一般谋求董事席位
	导师型	及时给予各种指导帮助和支持但不会控制企业
按投资习惯	偶然型	因偶然看准一个项目而投资
	职业型	将天使投资作为事业,投入热情经验能力社会关系
按投资经验	引导型	既具备资深行业背景,又具备丰富的创业经验
	技术型	具有专门的技术开发经验,缺乏创业经验
	创业型	缺乏某一行业的技术开发经验,但创业经验丰富
按活跃程度	现实型	已经或正在实施天使投资行为的投资者
	潜在型	具有天使投资的经济基础的高净值人群

资料来源：李涛. 孵化器与天使投资融合发展中的政府对策研究［D］. 北京理工大学，2015：16。

一个合格的天使投资人，不仅要发掘有发展前景的公司，还需要在投入资金的同时利用自身的经验帮助企业家发展企业。天使投资人大多有创业经历，在对创业者进行投资的同时，还能带来成功的经验和指导。事实证明，天使投资人对推动创业起着很大的作用。天使投资人在财务动机之外，常常还有着强烈的非财务动机。一个就是给自己增加乐趣，可以称之为"享乐型投资人"。这类投资者常常是从经验丰富的企业家转型而来，他们喜欢参与创业企业的经营并从中获得乐趣，对投资回报率的要求比较灵活，甚至比较低。还有一种天使投资人比较愿意支持初期的创业者，他们希望体现出更多的社会价值，可以称之为"利他型投资人"。这类投资者比较有耐心，他们会将投资持有比较长的时间。他们的单笔投资额度比较少，要求的投资回报率也比较灵活。需要指出的是，对于天使投资人来说，投资回报仍然是主要投资动机之一，国外数据显示，天使投资人所期望的投资回报率在 30% 左右，持有期间在 5 年甚至更长的时间里。

越来越多的天使投资人组成投资人集团，对投资项目进行鉴别和尽职调查，资金池得以规模化，投资者也可以交流和分享专业技术与经验。随着天使投资规模的扩大，市场主体形态也在发生变化。20 世纪 90 年代后期，在美国 128 号公路与硅谷地区涌现了大量的天使团体，如天使俱乐部、天使联盟、超级天使等，以及衍生出一些为天使投资提供中介服务的组织，如天使网络、天使协会等。这说明天使投资市场的不断发展，推动商业天使朝着专业化、群体化及机构化方向趋势发展，这类投资主体的活动更加复杂。天使投资集团在其他发达国家也较为活跃，如加拿大、法国、西班牙和英国，截至 2009 年，每个国家都存在至少 30 个天使投资集团。欧洲和北美之外的地区，天使投资网络相对沉寂。但在近几年，东亚和太平洋地区、南亚和东南亚、以色列和拉美地区的天使投资正在逐渐兴起。

麻省理工学院（MIT）将天使投资组织分为四类：一是种子期融资企业，这类机构全职从事早期投资业务，是公司形态的天使投资组织；二是会员制天使俱乐部，这类机构吸收活跃的天使投资人加盟，成员间信息共享，共同决策；三是营利性中介及投资机构，这类机构本身也从事投资业务，同时也提供项目筛选、尽职调查等咨询服务；四是第三方服务机构，它们致力于成为天使和企业的信息中介，这类机构是一些非营利性组织。天使投资协会及其他网络形式的组织可称为天使投资的"显性市场"，这类市场基于不同的成员背景可分为两大类：一是由天使协会成员为主体的网络组织，二是由非天使协会成员组成的其他网络组织以及辛迪加组织[1]。

以美国最具影响力的天使投资网络 K4（Keiretsu Forum）为例，它是典型的会员制的天使投资俱乐部组织。该网络于 2000 年 9 月在硅谷成立，按照会员制的方式将个人投资者和少数机构投资者聚集在一起，共享投融资服务。K4 的会员每年需交纳 3 000 美元的年费，会员之间在发掘项目资源、初步筛选、尽职调查和交易条款谈判等方面展开合作。K4 在整个投资过程中为会员提供的服务包括：

（1）建立在线平台吸引创业者提交融资申请。

（2）建立几个不同领域的内部委员会对项目进行初步审核（细分领域涵盖计算机软件、通信工程、生命科学、自动化仪器、新媒体、房地产等）。

（3）组织通过初审的项目进行 15 分钟的路演，每次 7~10 个项目，由各分支地区的会员参加进行评估，然后产生 4~5 个项目进入下一轮。

（4）组织 K4 论坛大会，上一轮通过的项目进行 20 分钟的宣讲，会员选出的优质项目将签署投资意向书。

（5）联合有投资意向的会员组建调查小组，对项目进行 2~3 个星期到 5~6 个月不等的尽职调查。会员可以协作对项目进行尽职调查，调查结果在会员之间可以共享。

（6）对于在一个分支地区获得投资的项目，如果创业者还有融资需求，K4 会将其引入其他分支地区进行宣讲以获得额外的投资。此外，K4 于 2004 年成立了投资者研修院，每年为会员提供若干次培训，以提高投资人的鉴别、分析和评估项目的能力。K4 也为创业者成立了企业 CEO 研修院，每次培训为期 4 天，培训内容包括公司治理、管理艺术和企业融资等方面的知识。K4 作为非营利性组织，没有设立另外的机构实体进行投资。在过去十年，K4 为 280 多个项目共融得资金约 2.9 亿美元。作为一种会员制的天使投资联盟，K4 成功地把比较分散的合格投资者，以俱乐部联盟的方式组织起来。而更重要的一点是，所有天使投资者会员都是独立的，对于每个项目的投资，也都是由会员自行决定后，联合其他投资者进行运作。而 K4 在此期间，主要完成对项目的审查，

---

[1] 王佳妮，刘曼红．天使投资的行为、组织与政策研究综述［J］．经济问题探索，2014（11）：168 – 117

并协助投资者和企业之间的牵线搭桥,并为会员和投资企业提供相关的服务①。

4.4 我国天使投资的发展

（一）我国支持天使投资发展的若干政策

中国的天使投资起步于20世纪80年代,主要形式为由政府主导的投资于企业种子期的"计划"和"火炬计划"。20世纪90年代末,随着互联网、高新科技企业的兴起和国外创业投资机构的进入,天使投资开始在中国有了较快发展。在中国的创业环境中,金融支持这一项比较薄弱。互联网、高新技术企业的兴起和国外创业投资机构的进入很大程度上促进了中国天使投资的诞生。从1996年搜狐公司吸引国外20万美元的天使投资开始,越来越多的国外天使投资者把目标放到了中国。在2006年初,北京软件与信息服务业促进中心、互联网实验室与《新经济导刊》杂志社联合推出了国内首部天使投资产业研究报告——《中国天使投资研究报告》。根据调查报告显示,2006年一年我国创业投资就达到了62亿元,并且其中主要是天使投资。天使投资目前在中国已经有了一定的规模。之后,随着经济的发展,国内许多富人在追求自身财富增加的同时也在寻求挑战,逐渐有人尝试进行天使投资,在追求收益的同时,也希望通过天使投资来履行自己的社会职责。不少的民营企业家纷纷转变身份成为"天使",他们具有富余的资金和丰富的创业经验,是非常合格的天使投资者。在政策方面,2013年、2014年全国多地政府相继成立天使投资引导基金,由政府牵头带动民间投资机构对创业者提供创业支持。2015年1月28日,国务院常务会议进一步提出对种子期、初创期科技型创业企业给予支持,培育发展天使投资。2015年3月11日,国务院办公厅发布了《关于发展众创空间推进大众创新创业的指导意见》一文,其中重点强调了加强财政资金引导和完善创业投融资机制。建议通过创业企业发展专项资金,运用阶段参股、风险补助和投资保障等方式,引导创业投资机构投资于初创期科技型创业企业。发挥国家新兴产业创业投资引导基金对社会资本的带动作用,重点支持战略性新兴产业和高技术产业早中期、初创期创新型企业发展。发挥国家科技成果转化引导基金作用,综合运用设立创业投资子基金、贷款风险补偿、绩效奖励等方式,促进科技成果转移转化。发挥财政资金杠杆作用,通过市场机制引导社会资金和金融资本支持创业活动。发挥财税政策作用支持天使投资、创业投资发展,培育发展天使投资群体,推动大众创新创业。2015年6月11日,国务院发布了《国务院关于大力推进大众创业万众创新若干政策措施的意见》,从创业融资、创业教育、财税优惠、融资渠道、信息公开等多方面引导创业者正确创业、优质创业、轻松创业。2016年9月20日,国务院印发的《国务院关于促进创业投资持续健康发展的若干意见》进一步明确天使投资的地位以及将针对天使投资制定相应的税收支持政策。此外,政府天使投资引导基金规模的扩大,进一步盘活和鼓励社会资本与早期投资机构的对接,帮助早期投资机构降低融资成本,更好地为小企业大作

---

① 李茜. 中国天使投资组织的运作模式分析 [D]. 上海交通大学,2013:12-13

为提供发展资金。

在对参加创业融资机构方面的支持，2013年，为鼓励引导天使投资支持科技型创业企业，尤其是初创期科技型创业企业的技术创新活动，缓解初创期科技型创业企业融资难问题，江苏省科技厅与财政厅研究决定，设立专项引导资金弥补天使投资损失、分担投资风险。新设立的江苏省天使投资引导资金首期2亿元，主要向已投资种子期或初创期科技型创业企业的天使投资机构提供不超过首轮投资额30%的风险准备金并要求地方按照20%给予配套。天使投资机构对科技型创业企业完成首轮实际投资后，可按照首轮实际投资额的30%申请省天使投资引导资金予以风险分担和损失补偿，最高不超过300万元，地方按照首轮实际投资额的20%进行配套。若3年内实际发生损失，天使投资机构可按首轮投资实际发生损失额的50%从准备金中获得补偿。

在北京，2006年9月，海淀区政府率先成立了区县一级政府引导基金——海淀区创业投资引导基金，总规模为5亿元。引导基金引导社会资本关注初创期企业效果突出，截至2013年末，该引导基金已出资发起设立了16只参股基金和1只母基金，基金总规模67.57亿元，其中海淀区创投引导基金累计出资4.7亿元，放大倍数超过14倍。在2013年确定的第三批11家合作机构中，初创期投资机构占到了90.9%。此外，海淀区还出台了一系列支持天使的政策措施。2013年，《关于中关村国家自主创新示范区有限合伙制创业投资企业法人合伙人企业所得税试点政策的通知》规定，对中关村有限合伙制创业投资企业的法人合伙人，给予创业投资企业的所得税优惠政策。这项政策可以适用于部分进行天使投资的有限合伙制创业投资企业，有利于进一步促进中关村天使投资的发展。自2013年起，海淀区开始建设"一城三街"：即建设中关村软件城以及科技金融一条街、知识产权和标准一条街、创新创业孵化一条街。其中，以中关村西区西侧海淀图书城为核心，打造"天使投资大道"，支持天使投资中介机构和行业组织聚集，构建适合创业企业和天使投资交流合作的空间平台。海淀区已在该大道引进创新创业服务机构10余家。中关村管委会也于2014年9月制定了《中关村国家自主创新示范区天使投资和创业投资支持资金管理办法》，对中关村示范区天使投资和创业投资进行风险补贴。中关村并没有对天使投资的损失部分进行补偿，而是根据实际投资金额，按一定的比例给予补贴。中关村要求投资机构具备北京注册、核心管理团队受托管理资金累计投资额不能低于1 000万元人民币等多项条件。在时间节点上，上海风险补偿的申请时效原则上在创业投资机构存续期内，且最高不超过投资行为发生后的10年。中关村则为每年申请上一年度。

2015年6月，河北省政府整合设立1亿元省天使投资引导基金，发挥财政资金的杠杆效应和引导作用，通过引导基金鼓励天使投资机构对种子期、初创期的科技企业投资，提供高水平创业指导及配套服务。天使投资是创业投资的一种形式，是个人出资协助具有专门技术或独特概念的原创项目或小型初创企业，进行一次性的前期投资。天使投资引导基金是由政府设立的政策性基金，其宗旨是发挥财政资金的杠杆效应和引导作用，通过引导基金的跟进投资，鼓励天使投资机构（人）对具有专门技术或独特概念的原创项目或具有发展潜力的创新型初创企业实施投资、提供高水平创业指导及配套服务，助推创新型初创企业快速成长。为构建多元化创业投融资体系，通过设立创业投资风险补偿基金，用于金融机构向创业企业提供创业投资和贷款的风险补偿。积极引导和鼓励创业企业在中小板、创业板、新三板、区域股权交易市场等多层次资本市场上市、挂牌融资，对上市、挂牌成功的企业分别给予150万元、150万元、100万元、30万元省级奖励。根据年度服务绩效，省、市对众创空间等新型孵化机构的房租、宽带接入费、公共软件、开发工具、创业培训、中介服务等给予适当补贴，省级补贴额度最高不超过20万元。各级财政扶持创业服务机构的各类财政补助、奖励等财政拨款，符合《财政部国家税务总局关于专项用途财政性资金企业所得税处理问题的通知》条件的不征收企业所得税。

上海市2016年初出台了《上海市天使投资风险补偿管理暂行办法》，上海从2016年2月1日起，对投资机构投资种子期、初创期科技型企业，最终回收的转让收入与退出前累计投入该企业的投资额之间的差额部分，给予一定比例的财务补偿。对种子期科技型企业项目所发生的投资损失的补偿比例不超过实际投资损失的60%，对初创期科技型企业项目所发生的投资损失的比例则不超过30%。上海还规定，每个投资项目的投资损失补偿金额不超过300万元，单个投资机构每年度获得的投资损失补偿金额不超过600万元。从政策的内容，政府鼓励"大众创业、万众创新"，促进上海科创中心的建设。由科委、发改委和财政局组成工作小组对风险补偿政策的管理和实施，在风险补偿的监督管理方面，拟由工作小组委托有关部门或中介机构，对风险补偿资金及日常管理经费的使用情况进行审计。除了上海，此前有不少地方也推行过类似的政策。例如，广东省出台的《关于科技企业孵化器创业投资及信贷风险补偿资金试行细则》也规定，对创业投资企业投资科技企业孵化器内的初创期科技型中创业企业失败的，省财政和当地市财政分别按项目实际投资损失额的30%和20%（合计为50%）给予创业投资机构补偿。省级对单个项目风险补偿不超过200万元。

（二）我国天使投资发展概况

与欧美发达国家相比，我国天使投资业的风险与收益不对称，尚未形成高风险、高回报的市场局面，市场绩效较低。创业项目的不断涌现，也促进了国内天使投资行业的空前发展。我国天使投资的兴起源于20世纪90年代，有其特殊的时代背景：一是改革开放深化下中国经济的快速崛起；二是全球技术革命浪潮迭起，我国自主创新战略持续推进，高新技术产业崛起；三是海归群体、大企业、外企高管、民营企业家、家族财产二代承袭者等富有阶层的出现。互联网和移动互联网产业的发展直接触发了天使投资的兴起。早在1996年，罗伯特和尼古拉庞帝就作为天使投资者对搜狐投资了20万美元。2005年以后，天使投资的快速发展开始显现，主要集中在京沪深等超大城市。一大批企业在海外成功上市或被并购，造就了大量深谙创业之道的高净值人士，他们手握重金寻找高成长项目以求得财富的更大增长和获得成功的乐趣。比如网讯被思科以32亿美元收购后，其创始人朱敏回国创办了赛伯乐天使基金。徐小平、王强从新东方离开后创办了真格基金。在出现了徐小平、雷军、蔡文胜、倪正东等一批知名天使投资人，以及真格基金、顺为基金等天使投资和天使会、中关村天使投资协会等天使投资组织以后，我国的天使投资出现了加速发展的趋势。2012年4月，首届中国天使投资人大会在北京举行，600多位天使投资人和创业投资机构代表参会，至2014年第二届天使投资人大会时已增至千人。天使投资在2016年进入了更大的市场,但由于天使投资人精力有限,仅凭单打独斗获得成功的概率越来越小,需要通过分享、合投进而促进行业生态发展。另一方面,天使投资行业的快速发展,离不开政策的大力扶持,政府需要积极发挥创业投资引导基金作用,继续加大国家新兴产业创投计划实施力度,支持符合条件的创业投资企业发行企业债券,推动支持创业投资发展政策有效落实,支持发展天使投资机构,进一步发挥行业协会作用。天使投资方面,鼓励符合条件的天使投资机构备案为创业投资企业,享受相应扶持政策。此外,各地还可结合实际情况研究制定促进天使投资发展的政策措施,积极发挥其在支持创新创业、扩大就业方面的积极作用。有机构认为,国内天使投资在经过高净值个人主导天使投资的1.0时代,专业创业投资机构主导天使投资的2.0时代和行业领导企业投资创业公司的3.0时代后,2015年国内天使投资4.0时代将是全民参与的股权众筹时代,创业者获得天使投资的难度将大幅度降低,潜在天使投资人也将通过股权众筹平台与更多优质项目产生交流。清科集团最新发布的统计数据显示,2008年以来,我国天使投资队伍不断壮大,中国天使投资案例数量和金额逐渐攀升。2008年我国新募集天使投资仅有3只,2014年新募集39只,2015年募集124只。从募资金额来看,2008年我国新募集天使投资规模仅2.93亿元,2014年为65.68亿元,2015年新募集基金规模超过203.57亿元。2008年我国共发生天使投资案例25起,投资额1.39亿元;2014年发生天使投资案例数量766起,投资额32.35亿元;2015年天使投资案例达到2 075起,披露投资金额101.88亿元。最近几年的天使投资机构发展概况见图4-3。

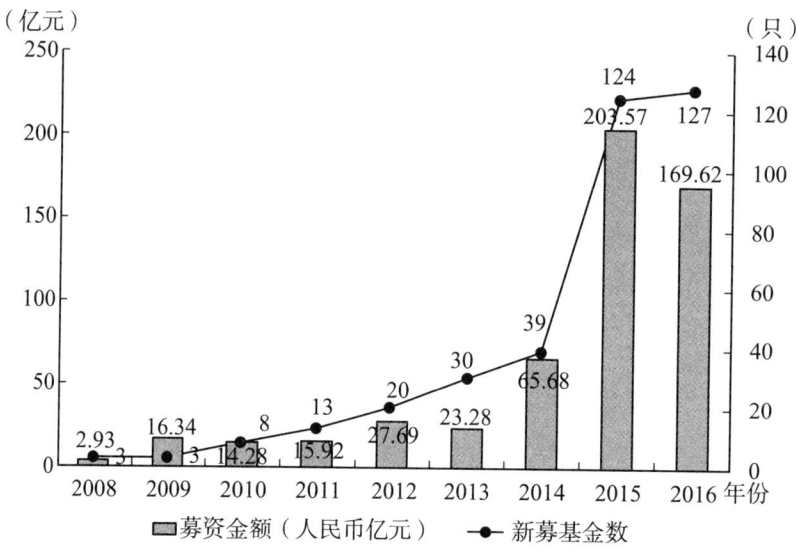

图4-3 2008~2016年天使投资的发展概况

资料来源:私募通,2017。

投资方面,早期投资总金额刷新历史新高,但投资案例数同比小幅下降。根据清科集团旗下私募通统计,2016年全年共发生2 051起早期投资案例,同比下降1.2%;披露投资案例金额约为 122.40 亿元人民币，同比上涨 20.1%；平均单笔投资金额为 596.78 万元人民币，同比上涨 21.5%。2016 年早期投资金额和平均投资金额呈现大幅上涨趋势，而投资案例数却呈现相反趋势。尽管 2016 年新增企业数量不断刷新历史数据，但良莠不齐的标的质量让早期投资机构头痛不已。初创企业数量的爆发式增长以及市场信息的不对称进一步提高早期投资机构前期筛选成本；为避免劣币驱逐良币情况出现，早期机构采用精而美的投资策略，重金布局其认为极具成长性和营利性的初创企业，不过多追求投资数量的增长。2016 年早期投资仍以人民币为主要投资币种，共投资 1 949 起，占中国早期投资市场份额的 95.0%，披露金额约 103.58 亿元人民币。外币共投资 102 起，披露金额约 18.82 亿元人民币，投资金额占 2016 年中国早期投资市场总额的 15.4%。人民币投资占比逐步走强，主要由于早期投资机构以投资本土企业为主，海外投资市场并不是其主战场。此外，由于 VIE 浪潮的推动，美元基金不在本国母市场，会处于竞争边缘；拆 VIE 回国的公司更愿意与本土的基金展开合作，催生更多人民币基金。具体投资概况见图 4-4。

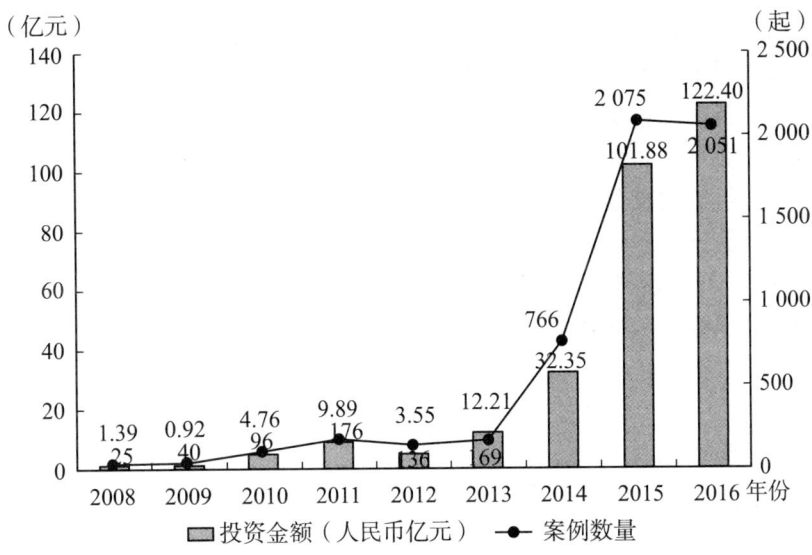

图 4-4 2008~2016 年天使投资机构的投资情况

资料来源：私募通，2017。

知名天使投资人一般拥有广泛的社会资源，他会利用自己的专业知识、人际关系等，联合众多的力量进行优势互补，对被投资企业发挥更大的作用。比如著名天使投资人徐小平对世纪佳缘、聚美优品的投资；蔡文胜对暴风影音、58 同城的投资；雷军对凡客、乐淘的投资等，知名天使投资人从不同的角度甄选筛选出优质的企业，通过提供不同的资源去帮助企业成长，在企业上市时能通过自身的影响力更好地发挥核证和监督作用。怎样衡量天使投资人的物理资质？借用著名天使投资人、360 公司董事长周鸿祎提出的几条物理标准：天使投资至少要满足三个条件：第一，对产业了解，才能规划方向；第二，至少干过企业，知道创业公司是怎么回事，能够给创业者一些很具体的指点;第三,要有很好的人脉关系,要跟创投机构熟,给创业企业融到资金①。

(三)我国天使投资人的类型

1. 天使投资(自然)人。

具体分为三类群体:一是外国公司在中国的高层管理者。他们的普遍特点是收入丰厚,具有潜在的实力,因为自身就从事中国市场的经营,也很了解中国市场,自身有很强的管理经营经验,他们的海外背景和国内市场环境上的人脉关系,也非常方便自己开展天使投资的工作。二是对中国市场感兴趣的外国人和海外华侨。很多外国人和海外华侨对中国市场非常感兴趣,尤其是中国的新兴行业,他们大多拥有雄厚的资金,或者他们已经在国内投资了很多的项目,凭借着自身的高学历和背景,再借助一些政策上的优势,他们投身天使投资的风险相对较小。三是本地的富人和成功的民营企业家。国内巨大的贫富差距,导致大部分的民间资本掌握在少数人的手中,这些手握雄厚资本的人群在传统行业获取了大量的财富,然后出于对自己财富保值的需要,他们也看好新兴市场并且很愿意进行投资,天使投资可以为他们带来丰厚的利润,而同时相较于传统行业来说,他们花在天使投资上面的时间和精力都较少,却依旧能获得可观的回报。但是,相对来说,民营资本观念较为保守,在新兴行业的稍纵即逝的市场上,决定民营资本的决策性因素会丧失很多的投资机会。作为个人投资者,他们的投资特点是反应速度快,敏锐度高。从知识技能方面来看,他们许多人都是国内名校甚至世界级名校的毕业生,而且拥有丰富的企业管理和经营的经验。从个人财富水平来看,他们都属于高收入阶层,有充足的资金进行天使投资。因此,无论是个人财富水平还是知识技能,他们都拥有足够的资本进行天使投资②。

2. 国内的天使投资机构。

鉴于独立天使的资金量有限,而个人的精力也无法同时应付多个项目。在这样的背景下,一些天使投资人联合起来,成立了天使投资俱乐部、天使投资联盟等组织。几名或者十几名天使投资者可以在这样的组织下分享心得,交换信息。还可以分担在投资前的项目评估和尽职调查工作。最后,他们还可以把资金联合起来以提高投资额度或者分散投资风险。较为成功的模式是成立天使投资,对外募集天使基金,以虚拟孵化器的方式进行基金管理,专注于种子期的投资。这些天使投资机构将国外发达国家的天使投资模式、充足的资本、先进的企业管理经验以及多元化的推出渠道与中国的实际情况相结合,创造了非常骄人的业绩。

3. 天使投资。

在进一步联合投资的基础上,天使投资人们又成立了天使投资。因为涉及资金,松散的俱乐部式管理不能满足会员们的要求。把资金联合起来以基金的名义投资,无论从金融角度还是从法律角度都有积极意义。在天使投资的体系下,天使投资人们可以真正地联合起来,分工负责,密切合作,请职业经理人来打理基金。以个人为投资主体的天使投资模式,无论是对初创企业的帮助还是自身的投资能力,都有很大的局限性,但由

---

① 飞扬. 2015 中国天使投资机构 TOP40 [J]. 互联网周刊, 2015 (11): 51-52
② 徐达. 天使投资模式研究——以活跃网络为例 [D]. 陕西师范大学, 2013: 15

于天使投资人各具自己的优势，如专业知识、人际关系等，大家联合起来以团队或者基金的形式投资，能够优势互补，发挥更大的作用。于是，随着天使投资的更进一步发展，产生了天使基金和平台基金等形式的机构化天使。机构化天使投资发展大致分为三个阶段：第一个阶段是松散式的会员管理式的天使投资。这种天使投资机构采用由会员自愿参与、分工负责的管理办法，如会员分工进行项目初步筛选、尽职调查等。第二个阶段是密切合作式的经理人管理式的天使投资机构。这种天使投资机构利用天使投资家的会员费或其他资源雇用专门的职业经理人进行管理。第三个阶段是管理天使投资的天使投资机构。同投资于早期的创业投资基金相似，是正规的、有组织的、有基金管理人的非公开权益资本基金，天使投资作为一个独立的合法实体，负责管理整个投资的机会寻找、项目估值、尽职调查和投资的全过程。天使投资的出现使得天使投资从根本上改变了它原有的分散、零星、个体、非正规的性质，是天使投资趋于正规化的关键一步。投资基金形式的天使投资能够让更多没有时间和经验选择公司或管理投资的被动投资者参与到天使投资中来，这种形式将会是天使投资发展的趋势。在美国和欧洲，天使投资已得到比较充分的发展，其财力、资源、团队能将一个初创阶段的公司带到很高的发展阶段，投资成功率要比个人天使投资高很多。在现阶段，中国个人天使投资还未得到充分发展，给了天使投资更多的发展机会，拥有更多的资金、更专业化的团队、更广泛资源的有组织的机构化天使将会成为发展潮流。随着我国天使投资的发展，投资基金形式的天使投资在我国逐渐出现并变得活跃。一些投资活跃、资金量充足的天使投资人，设立了天使投资，进行更为专业化的运作。比如新东方董事徐小平设立的真格基金、乐百氏董事长何伯权的广东今日投资、腾讯联合创始人曾李青的德讯投资等。此外，还有一些资金从外部机构、企业、个人募集而来的天使投资，有限合伙人（LP）主要来源于基金合伙人的朋友、熟人等，更倾向于一种天使投资人联盟的方式，基金以机构的形式运营，但决策则偏向个人化。投资方面，天使投资机构更关注所需资金较小、具有高成长性的信息技术和媒体高科技（TMT）行业的初创型企业。投后管理方面，天使投资机构为创业者提供全面的创业指导，帮助其梳理商业模式并对接行业资源。退出方面，由于大部分天使投资目前都处于投资期，退出案例较少，主要通过创投机构接盘的方式退出。所以，天使投资是有组织的非公开性质的权益性资本。它拥有独立的基金管理人，是国内天使投资进步和发展的里程碑，也是近年来天使投资创投机构化的突出表现。根据基金的发起方不同，天使投资可分为以下几种类型：一是由著名天使投资人发起的基金，如泰山天使创业基金、顺为基金等。二是由创业投资机构成立的天使投资，如云天使投资、创东方富星基金等。三是由政府主导的天使投资，如成都高新区创业天使投资、重庆市青年创新创业天使基金等。2013年，合肥高新区天使投资、江苏省天使投资引导资金、武汉天使投资、青岛天使投资引导资金等先后成立，政府天使投资已成为政府引导科技创新及创业的重要形式。

4. 新型孵化器成立的天使基金。

此种类型的基金如联想之星天使基金、天使湾、创业接力天使等。孵化器也是起源于美国，它是针对高科技企业的一种政府性质或者非政府性质的一种综合性投资。包括创业培训、房租补贴、税收优惠、资金补贴、人力投入等一揽子的投资政策已达到促进一个园区内的企业或产业加快发展的目的。孵化器形式的天使投资全世界最为知名的孵化器为美国硅谷的"Y Combinator",它不仅吸引了很多知名的天使投资人加入,其中孵化出的初创公司基本被超级天使或创投机构大力追捧和争相投资。国内的孵化器在现阶段有一定的发展,但并不充分。我国孵化器可分为高新区系列、科技系统系列、大学科技园系列、民营孵化器系列、留学生创业园系列。在孵化器模式中,最重要的是孵化器组织自身的能力和投资者资源。孵化器管理者在项目筛选期间和孵化期间的慧眼识珠,是其成功的关键因素。而创业企业决定是否加入该孵化器,看重的主要是其能否为创业企业带来附加价值,除了资金方面的支持,更重要的是孵化器能否提供资深的投资者对创业者给予经验分享和指导,这方面的附加价值对于初创企业迅速聚焦项目的初始创意,开发出符合用户需求的产品至关重要。而在孵化期阶段的磨炼,对初创团队是一种考验,孵化器中较高强度的培训、讨论和演示,能够帮助企业快速成长。孵化器与天使投资的融合主要有两种模式:由政府主导与天使投资相融合发展的孵化器模式、由企业市场化运作与天使投资相融合发展的孵化器模式。政府主导的孵化器是非营利性的社会公益组织,组织形式大多为政府科技管理部门或高新技术开发区管辖下的一个事业单位,孵化器的管理人员由政府派遣,运作经费由政府全部或部分拨款。在这种模式下,孵化器以优惠价格吸引天使投资机构入场,充当天使投资与创业企业之间的媒介。例如上海交通大学的交大慧谷创业园,就是这一类型的孵化器。企业型孵化器(或称商业型孵化器)则是以市场化的方式运作孵化器,以保值增值为经营目标,自负盈亏。企业型孵化器多采用自己做天使投资的形式,建立有对应的天使投资,使得孵化、投资、管理实现一体化。企业型孵化器由于为创业企业提供了价格低廉的场地和服务,因而能够在投资中以相对少的资金规模换取一定比例的企业股权。企业型孵化器能够随时了解到其中企业的运行状态,从而更及时地控制投资风险。但是,我们也看到目前普遍存在的现象是,国内多数孵化器还停留在以孵化器为名,实际上做的是公司商住楼的出租业务,仅仅是向企业收取一定的税费、办公室商住租金和相应的管理费。这些孵化器既无品牌优势吸引到优质的项目和初创公司,也无力协助创新企业招聘到各种所需人才。同时由于这些孵化器中缺乏对行业具有前瞻性和经验的专家,已无法为企业提供咨询和辅导[1]。

在李开复"创新工场"的商业模式中,分为三个不同的阶段:第一个是开发阶段——项目孵化器。在创新工场建立之初,利用商业孵化器的模式,即先为有发展潜力的企业提供投资,等项目发展成熟后,再脱离让其自由发展,类似于一个个的项目通过团队合作孵化出来。创业企业利用提供好的温床,接受孵化器的培训、咨询、技术等支持,直至脱离温床走向市场检验。孵化模式保证了企业的最初设立条件,很多企业因为缺乏资金、缺少稳定技术而夭折,但是在创新工场的支持下,孵化出一个较成熟的企业模式,大大降低了存在风险。第二个是效率阶段——天使投资+孵化器。当企业结束孵化后进入市场会遇到一系列的问题,尤其是通过模式复制试图促进企业孵化器的成长已经无法满足项目脱离母体后的发展,对孵化器自身也造成了极大的资源浪费,因此商业

---

① 李茜. 中国天使投资组织的运作模式分析 [D]. 上海交通大学, 2013: 26-27

模式的调整极其必要。一个企业从刚刚创立到进入稳定成长往往经历三轮投资：第一轮就是天使投资，一般由个人出资对高风险、同时也是高收益的创业企业的创立提供支持；第二轮则由专门的风险投资机构进驻，这一阶段产品将实现全面的市场化；第三轮是特殊形式的风险投资。天使投资实质上是经过单一的项目孵化器模式开展的，在产品价值存在弱化的情况下，在内部创建创新工场开发投资基金，基金的建立不仅包括天使投资的形式，还包括了第三轮投资的形式，在不同阶段给予创新工场资金的支持。第三轮是扩张阶段——（天使投资+创新产品）×规模化。在扩张阶段通过不断整合内部资源，促进产品输出并实现规模化，在天使投资与创新产品相结合的基础上再将规模逐渐扩大，适应迅速扩张的需求。同时也需要注意挖掘市场需求，依据市场所需提供差异化的服务支持，建立完整的服务链条，包括创新工场、入孵企业、产品市场等都需要保持一条系统的循环线路，把天使投资与孵化器融为一体。天使投资的引入将整套模式全面化、成熟化，每一个细节都有技术与资金的支持，以确保产品创意得到保证，在孵化器的温床中成长起来的创意在离开后需要独立于市场，直到成功上市或者被收购，这时需要一个庞大的资源链条，创意工场为创业者提供了大量的资源与能力支撑，让其顺利成长。创业型企业在初入市场仅靠自身能力并不能形成一个有效的盈利模式，因此创新工场从一个孵化器的机构概念转向经营业务时，自身也持续具有了输出成果，并能带给股东盈利。创新工场的初期收入来自于孵化器为入孵企业提供了咨询费用、租金收入等，在引入天使投资后，促进创业者带着自己的产品进入市场，也就是孵化毕业后，相应的资金流也需要流回创新工场，专业孵化器在最终环节收到了源源不断的现金流[①]。

5. 投资平台形式的天使投资。

随着互联网和移动互联网的发展，越来越多的应用终端和平台开始对外部开放接口，使得很多创业团队和创业公司可以基于这些应用平台进行创业。比如围绕苹果手机的技术开发平台，就产生了很多应用、游戏等，让许多创业团队趋之若鹜。很多平台为了吸引更多的创业者在其平台上开发产品，提升其平台的价值，设立了平台型投资基金，给在其平台上有潜力的创业公司进行投资。这些平台基金不但可以给予创业公司资金上的支持，而且可以给他们带去平台上丰富的资源。目前国内的创业孵化器分布于各地的高新科技产业开发区，在政府主导下，为初创的科技企业提供资金、配套、办公场所等帮助和服务。政府基金在政策引导和投资领域拓宽方面，弥补了一般天使投资的空白。天使投资人和机构可以通过朋友的身份，影响创业团队的方针与战略，帮助团队利用资金杠杆，考虑战略与资源配置，帮助团队建立起合理的制度。而另一类天使投资人和机构，他们仅仅只是为了投资收益率，大部分时候袖手旁观，有时参与管理，他们提供的这种帮助只是为了获得资本的增值。退出是指天使投资人或机构从其所投资的项目中抽取最初投入的本金和资本增值（亏损）部分。天使投资个人可以来做，也可以组建一支涵盖产品经理、IT工程师和媒体人等背景的复合型团队，其实本质上来说天使投资人是和创业企业一起成长的合伙人。首先，从我国天使投资业资源配置效率来看，我

---

① 张慧. 孵化器商业模式创新研究——基于专业孵化器参与创业投资的案例分析[J]. 商场现代化, 2015 (27): 18-19

国天使投资市场尽管结构集中度高,但投资规模偏小,且主要偏向于 TMT 行业初创公司,而忽视了需要大量初始资金的高新科技制造业。诚然,TMT 行业具有溢价高、融资快等特点,但从长期来看,制造业的发展更能促进一国的经济发展水平。其次,国有天使投资机构的市场行为易受到政府的干预。政府直接参与投资活动,既是运动员又是裁判,使得天使投资活动带有政府色彩,有可能导致有限的金融资源错位地配置到了低效的企业。因此,目前国内天使投资公司既难以满足大部分制造型企业的资金需求,又难以形成横向合作的有效分配,天使投资资源配置效率低下。

第 5 章　互联网时代的新天使：股权众筹

5.1　股权众筹的产生

互联网的开放平等以及协作共享特质，决定了一旦互联网延伸到金融业，必然会给原有的金融渠道的开拓、产品的创新、服务文化等带来深刻的改变。将互联网的科技化、大众化特点移植到金融领域之中，便可以让行业服务体系提质提效。互联网金融是指通过现代高度发展的网络技术和移动互联技术，开展的一种具有跨时代意义的金融服务形式。从狭义的角度来分析，互联网金融即应用技术信息来展开金融业务活动，并依托互联网来快捷完成业务运行，这也是互联网金融业的魅力所在。从广义的角度来分析，任何与金融领域有关的网络活动，都应该是互联网类型金融，包括在线金融产品销售、在线理财、第三方支付、P2P 网贷、众筹、金融中介和金融电子商务等①。众筹就是大众筹资或群众筹资，众筹的概念已存在很久，最久远可以追溯到 17 世纪，当时的希腊史诗巨作《伊利亚特》的英文版就是通过众筹的模式融得资金，而众筹最出名的莫过于美国的自由女神像的建造。企业选择将企业价值链上的一些环节依托互联网外包给众多消费者完成的行为被称为"众包"。众包的实质是消费者参与到企业价值创造和创新过程中，这被营销学者称为顾客创新。在网络社会的背景下，伴随着网络通信技术的发展，消费者的角色及行为发生了变迁。一般的众包是让消费者参与企业的产品或服务的技术创新，以及经营和营销过程，消费者不再是纯粹的消费者，而兼有生产者的角色，成为"产消者"②。创业企业在无法获得银行贷款、政府资助时，众筹融资平台的出现，使得融资更灵活、更有效，大大降低了创业初期资金募集的门槛。同时，互联网技术的介入也使得投融资信息公开、透明，众筹平台的服务功能和社交属性在投融资活动中也能起到良好的促进作用，提高了创业者和投资人的对接效率。

众筹商业模式是众包商业模式的变体，意为创意者或创业企业等项目发起人（筹资人）在通过中介结构（众筹平台）身份审核后，在众筹平台的网站上建立属于自己的页面，用来向公众（出资人）介绍项目情况，并向公众募集小额资金或寻求其他物质支持。所筹资金起初由众筹平台掌握，并不直接到达筹资人手中。项目若在目标期限内

---

① 赵凤鸣. 创业阶段企业融资模式分析——以 X 公司为例 [D]. 南昌大学，2015：24
② 孟韬，张黎明，董大海. 众筹的发展及其商业模式研究 [J]. 管理现代化，2014（2）：50-53

达到募资金额，则项目筹资成功，所筹资金被众筹平台划拨到筹资人账户，待项目成功实施后，筹资人将项目实施的物质或非物质成果反馈给出资人，而众筹平台则是通过接受和审核筹资创意、整理出资人信息、监督所筹资金的使用、辅导项目运营并公开项目实施成果等价值活动，从所筹资金中抽取一定比例的服务费用作为收益。如果在目标期限内未达到募资金额，所筹资金就会被众筹平台退回至出资人，项目发起人则需要开始新一轮的筹资活动或宣告筹资失败。作为商业模式，众筹模式完全符合企业价值创造的核心逻辑，即价值发现（筹资人和出资人的投融资需求）、价值匹配（与商业伙伴的合作）、价值获取（与筹资人分成获利）[1]。

Kickstarter 总部位于纽约，被称为美国网络众筹平台的奠基者。2010 年，Kickstarter 网站以其与众不同的募资模式而被世界各主流媒体广泛传播，这也是众筹模式第一次进入人们的视野。众筹模式，是指每个投资者投入非常少量的资金，由数量众多的投资者为某个项目进行募资。在众筹模式中，投资人不再一定是巨额财富的拥有者，普通民众也可以参与其中。Kickstarter 设定相应的规则实现项目筛选：所有的项目必须遵循"all-or-nothing"的原则，每个项目都有预定的筹资额度和期限，如果期限内该项目吸引到预定额度的资金，它就能获得资金并启动项目，如果没有达到额度，项目不能获得任何资金，并要退回已获得的资金[2]。Kickstarter 通过搭建网络平台面对公众筹资，让有创造力的人获得他们所需要的资金。对于创新者提交的项目申请，Kickstarter 团队会进行预审（审查通过率约为 75%），然后将项目介绍/原型展示免费放在网站上。每个项目需要自己公布一个募资目标和截止时间（时间最长可达 60 天）。当大众投资人对该项目感兴趣时，就可以承诺一定数量的投资资金。如果在截止时间内，总承诺金额满足了募资目标，Kickstarter 将向那些提交承诺的大众投资者扣款并支付给该项目申请者。如果在截止时间内总承诺金额无法达到募资目标，则募资失败。Kickstarter 只在项目融资成功的情况下才会收取募资额的 5% 作为佣金。对于大众投资者，可以获得如产品试用、项目的一段源代码等作为回报。Kickstarter 将这些出资人称为"捐助者"，因为他们不是传统意义上的投资人，Kickstarter 规定所有的项目对捐助者的回报不能是资金的回馈、红利和还款，也不能是赌博性质的回馈、彩票，或者折扣和现金等，从而使得捐助者在捐助时不会有获得资金回报的利益动机[3]。

2012 年，美国国会通过了《初创期企业推动法案》（简称"JOBS 法案"），规定创业公司和创业者未来只要满足一定豁免注册的条件就可通过互联网向公众进行股权融资。这为美国的初创企业进行股权融资开通了一条便利通道，并拉开了国际股权众筹的发展序幕。2013 年我国股权众筹开始蹒跚探路，并在与相关政策和法规的不断博弈中缓慢发展。随着互联网金融写入 2014 年《国务院政府工作报告》和证监会对股权众筹模式调研工作的开展，我国股权众筹平台进入了一个快速发展阶段。股权众筹平台上的融资方多为初创企业，它们主要从天使投资家手中筹集股权资金，因此股权众筹从另一

---

[1] 范家琛. 众筹商业模式研究 [J]. 企业经济, 2013 (12): 72-75
[2] 孟韬, 张黎明, 董大海. 众筹的发展及其商业模式研究 [J]. 管理现代化, 2014 (2): 50-53
[3] 李茜. 中国天使投资组织的运作模式分析 [D]. 上海交通大学, 2013: 17

个角度看也是天使众投。国内外众筹平台在开展业务时也多打出"连接创业者与天使投资家"的旗号，一些众筹平台甚至以"天使"命名，如我国的天使汇和天使客①。

众筹目前主要有四种运营模式：股权式众筹、捐赠式众筹、奖励式众筹、债权式众筹等，其他新型众筹模式也在蓬勃发展之中。股权众筹是指融资者借助互联网众筹融资平台为其项目向大众投资者融资，而投资者以少量的投资金额获取融资者的股权的融资方式。向公众进行股权融资通常要符合所在国家《证券法》的相关规定，其是专属上市公司的一种融资方式，规模较小的初创企业很难通过这种方式来筹集资金。互联网技术的蓬勃发展和互联网用户的急速增加，打破了传统的资金供求信息传递方式，使初创企业和投资者可以运用网络平台实现资金供需的有效匹配，提高资金的融通效率。美国学者安格洛尔（Agrawal, 2013）提出众筹有七大特点：一是众筹网络融资没有地域限制；二是众筹网络融资具有高偏度性；三是众筹网络融资具有羊群效应；四是亲友在筹款早期起着重要作用；五是存在聚集效应；六是投资人和创业者通常对于结果过度乐观；七是众筹资本可能被传统融资渠道取代②。股权众筹的募资人即处于创业初期的项目创意人或有融资需求的创业企业在互联网股权众筹平台上发布其创业信息、项目信息并做出出让股份份额的承诺等来吸引广大投资者的兴趣，待项目成功后，项目投资人获取一定份额的公司股份作为回报的互联网融资模式。如此，募资人和投资人可实现双赢，一方面，项目募资人融资方式多元化，不再受制于银行、小额贷款公司和创业投资等金融机构，他可通过股权众筹更好地解决资金不足的问题，使得好的创意和项目成功转化为经济效益；另一方面，广大投资人可解决投资渠道单一、资金闲置的问题，获得可观的收益。这和通过交易所买卖股票的区别在于，通过股权众筹的公司或者项目都是初期的项目，甚至是只有一纸商业计划书或者一个想法，并且通常是通过互联网的形式进行。股权众筹平台则是实现股权众筹的第三方平台，平台通过提供线上线下的各种增值服务为创业者和投资者提供了一个交流和交易的平台，功能作用有点像提供股票发行一级市场的股权交易所，但是目标对象有所区别，前者针对的是初创型企业，后者面对的是已经经过市场考验的发展型或成熟型企业。在互联网时代，众筹让人人都可以做"天使"，为创业者和投资人之间搭建了连接的平台。在网络平台，商业计划书、常见问题等内容可一次性提交后反复使用，不必一遍遍宣讲项目并重复回答问题，与线下天使投资团体相比，线上模式能够使得项目的沟通、对接更加公开、透明和高效。所谓创投平台，即连接创业者和投资人的平台：创业者上传项目进行展示，以寻求报道或融资；投资人，包括天使投资人、创投机构等，则可在此寻找好的项目。众筹模式的最大亮点是让普通大众有了参与投资的可能性，不再受限于创投机构的有限合伙人（LP）进入门槛的限制，任何人都可以当创业者的"天使"。众筹模式也为创业者提供了全新的融资平台，增加了新的融资渠道。然而，随着众筹模式投资规模的不断扩大，在管理、利益分配等方面的纠纷时有发生。众筹模式在实际操作中也可能存在着信息不对称

---

① 李朝晖. 我国众筹平台上的天使投资实践：现状与问题 [J]. 金陵科技学院学报（社会科学版），2016 (6)：23-28
② 骆金成. 创业企业股权众筹融资研究 [D]. 安徽大学，2016：3

问题,例如多数的大众投资者对项目的技术并不了解,只是在观看了项目申请者制作的精美视频和看似专业的技术参数后,就心血来潮付出了账单。但是投资后,如果遇到项目不能按时交付或者项目失败,此时投资人就容易对众筹网站提出质疑。

众筹从某种意义而言,是一种 Web3.0,它使社交网络与"多数人资助少数人"的募资方式交叉相遇,通过 P2P 或 P2B 平台的协议机制来使不同个体之间融资筹款成为可能。构建众筹商业模式要有项目发起人(筹资人)、公众(出资人)和中介机构(众筹平台)这三个有机组成部分。项目是具有明确目标的、可以完成的且具有具体完成时间的非公益活动,如制作专辑、出版图书或生产某种电子产品。项目不以股权、债券、分红、利息等资金形式作为回报。项目发起人必须具备一定的条件,拥有对项目100%的自主权,不受控制,完全自主。项目发起人要与中介机构(众筹平台)签订合约,明确双方的权利和义务。项目发起人通常是需要解决资金问题的创意者或创业企业的创业者,但也有个别企业为了加强用户的交流和体验,在实现筹资目标的同时,强化众筹模式的市场调研、产品预售和宣传推广等延伸功能,以项目发起人的身份号召公众(潜在用户)介入产品的研发、试制和推广,以期获得更好的市场响应。公众(出资人)往往是数量庞大的互联网用户,他们利用在线支付方式对自己感兴趣的创意项目进行小额投资,每个出资人都成为了"天使投资人"。公众所投资的项目成功实现后,对于出资人的回报不是资金回报,而可能是一个产品样品,也可能是一场演唱会的门票或是一张唱片。出资人资助创意者的过程就是其消费资金前移的过程,这既提高了生产和销售等环节的效率,生产出原本依靠传统投融资模式而无法推出的新产品,也满足了出资人作为用户的小众化、细致化和个性化消费需求。中介机构既是众筹平台的搭建者,又是项目发起人的监督者和辅导者,还是出资人的利益维护者。上述多重身份的特征决定了中介机构(众筹平台)的功能复杂、责任重大。在项目筹资成功后要监督、辅导和把控项目的顺利展开。当项目无法执行时,众筹平台有责任和义务督促项目发起人退款给出资人①。

5.2 股权众筹的特征

(一)投资者多且进入门槛较低

股权众筹的精髓在于小额和大量,因此,股权众筹投资者多为普通民众且单笔投资额较小,这也正是股权众筹"大众参与、共享创新收益"理念的真正体现。随着该融资模式的风险事件的不断发生,各大平台对投资者的资格审核更加严格。以国内最早的股权众筹平台天使汇为例,天使汇对合格投资人的经济实力、投资经验、职业、教育背景和抗风险能力等方面都有详细规定,只有完全符合条件才能参与项目投资,这也是为了保护投资者的利益,因为股权众筹投资的本质是创业投资。但是,就目前来说,国内的众多股权众筹平台的投资者大多为一些缺乏投资经验、抗风险能力小的普通民众,只

---

① 范家琛. 众筹商业模式研究 [J]. 企业经济, 2013 (12): 72 - 75

有少数是专业投资人或投资机构。

（二）整个融资过程主要依托于互联网完成

借着互联网技术迅猛发展的这股春风，股权众筹融资模式项目信息的发布、投融资双方的沟通及平台的融资项目审核等环节基本都是通过互联网高效、便捷且低成本地完成。互联网平台具备开放、透明的特点，有别于传统的融资方式投融资双方存在信息不对称的问题，通过在股权众筹平台上发布项目的相关信息，广大投资者可快速地选取感兴趣的项目进行投资，这大大提高了融资效率。股权众筹融资模式利用互联网的特点还能发挥很多非财务方面的优势，互联网平台能够更加透明、全面地展示项目。因此，融资的过程实际上也是融资项目在市场推广的过程，这使得项目在进入经营阶段之前，融资者就能够根据融资情况的好坏对未来项目推广后的市场前景做出准确预期，如果市场反馈不好，可及时做出调整或改变商业发展思路，这大大降低了项目风险。

（三）筹资方通常为创业企业

创业企业由于其本身存在着实力薄弱、管理不善、财务制度不健全和缺乏抵押物等弱点，在通过一些传统渠道例如向银行或小额贷款公司贷款申请资金支持时，常常吃闭门羹。无奈之下，便选择难度较低的股权众筹渠道，这种融资方式可在一定程度上减少抵押担保或支付利息等程序上的麻烦和风险。但是，并不是一般的创业企业或者创业者都可通过该融资模式成功获得资金支持的。股权众筹平台为了保护投资者的利益和平台的发展会对融资者资格进行严格的审核，筹资者必须向股权众筹平台提交项目的相关资料供平台审核，只有好的创意和完备的商业计划才能通过审核并进入融资的下一环节，项目信息在平台发布等待投资者投资。

（四）投资的风险较大

股权众筹平台是连接融资者和投资者的中介机构，为了保护双方的利益，其肩负着对融资者和投资者资格的严格审查的义务，因为股权众筹融资方式在带来高效便捷的同时也蕴含着许多风险，作为普通投资者来说，投资风险较大。首先，创业企业和初创企业发展前景不可预测，而且抵抗市场风险能力较弱，项目未来的盈利能力更难估量；其次，仅仅通过股权众筹的平台发布相关信息，对于普通投资者来说，没有能力对信息的真实性作出正确判断，往往出现跟风的现象，导致有些项目超募而其他项目融资失败。作为中介的股权众筹平台也很难保证双方的信息真实可靠，信息披露制度不健全，投融资双方信息不对称的问题很难避免，投资失败和跑路的事件也常有发生；最后，股权投资周期较长，短则二三年，长则五年至八年，并且投资者的退出渠道少。在此情况下，只有同时建立起灵活的资金流动和高效的投资退出渠道，才能保证投资者的利益，降低风险，股权众筹融资模式才能更好地发展。

5.3 股权众筹运行的主体架构

（一）项目融资人

项目融资人一般是具有先进技术、好的创意及商业模式和良好市场成长预期的项目，但缺乏必要的启动资金而从股权众筹平台进行融资的创业企业和创业者。项目融资人想要从股权众筹平台成功融资，必须通过股权众筹平台的资格审核，一般平台对融资者的国籍、年龄、资信状况、学历等相关信息有详细的规定，只有经股权众筹平台审核后才能进入后续环节。项目发起人应该重点关注项目描述与项目信息更新，尽可能将自己的项目信息全面地传达给潜在投资者。一方面，可以在项目描述中采用图片、视频等更为直观的项目介绍方式，突出团队规模、成员素质等信息，从而吸引投资者，提高投资兴趣；另一方面，及时更新项目动态，积极与投资者交流互动，这既能获得一些有益的项目建议、体现项目团队的责任心与执行力又能够增强投资者的投资信心，有助于项目的顺利推进。

（二）公众投资人

公众投资人是不特定的普通民众，但是在成为投资人之前必须在股权众筹平台上注册并通过平台的资格审核才能参与项目投资。公众投资人可在股权众筹平台上发布的众多项目中选取好的适合的项目进行投资，成为公司股东并享受相应的股东权利，待公司盈利时获得经济或者其他形式的回报。

（三）股权众筹平台

股权众筹平台是连接起融资方和投资方的中介，平台通过制定一定的条件筛选出合格的投、融资方，一方面为项目融资人提供如财务审核、技术咨询、公司治理等各种支持服务，另一方面为投融资方提供交易撮合，维护投资者的合法权益。因此，众筹平台只有通过复杂的流程、健全的管理制度才能担负起重要的责任。

（四）资金托管机构

资金托管机构是股权众筹过程中的重要机构，为了保障投资者的资金安全，避免股权众筹平台参与项目融资或者投资，公众投资人的资金通过托管机构第三方托管及向融资者分期支付资金用于项目运营。因此，资金托管机构是股权众筹发展中的重要部分，也是未来需要进一步完善的地方[①]。

5.4 我国股权众筹的运作模式

2011年是我国股权众筹融资模式起步阶段，天使汇和创投圈这两家平台相继上线，标志着我国正式进入股权众筹时代。我国股权众筹虽然起步比较晚，相关制度不成熟，但是发展势头迅猛。据统计数据显示，截至2015年12月，我国国内正常运营的股权众筹平台总数为125家。我国股权众筹平台的数量在2014年和2015年呈现爆发式增长，2014年新增54家；2015年新增60家平台。另一方面，国内股权众筹平台成功交易额可观，截止到2015年7月，全国113家股权众筹平台交易额达到54.76亿元，并且未来发展前景广阔，2015年7月18日，《关于促进互联网金融健康发展的指导意见》发布，该文件由人民银行等十部门联合制定，旨在对股权众筹的定义、平台的管理、融资

---

① 骆金成. 创业企业股权众筹融资研究[D]. 安徽大学，2016：20

对象、信息披露及合规经营等作出明确规定，并且肯定了股权众筹在建立多层次资本市场中发挥的作用①。目前，我国股权众筹的运营模式有三类：凭证式、会员式和股权式。凭证式股权众筹是将凭证和股权捆绑进行募资，出资人付出资金取得与创业企业或项目的股权挂钩的凭证，但不成为股东。这种模式仅出现在已被监管部门叫停的美微传媒股权众筹中，目前已没有平台采取这种运营模式。会员式股权众筹则是在互联网上通过熟人介绍，出资人付出资金，直接成为被投资企业的股东，这种模式普遍用于餐饮、房产项目，国内有名的3W咖啡采取的就是这种模式。以上两种股权众筹的运营模式与通常意义的天使投资并不相符，不构成国内股权众筹平台的主流形式。与天使投资有关的股权众筹其实质是股权式股权众筹，它是由追求明确财务回报的出资人通过互联网寻找投资企业或项目，付出资金直接或间接地成为该公司的股东，其是目前大多数股权众筹平台采取的运营模式。

根据投资者之间的关系安排，股权众筹有股权合投和辛迪加投资两种运作模式。股权合投也可称为"直投式股权众筹"，它是投资人之间不作任何安排，完全凭借个人兴趣爱好选择项目的模式。当众筹平台上的某个创业项目吸引到足够数量的小额出资人（天使投资人）凑足融资额度后，出资人按照各自出资比例成立有限合伙企业，再以有限合伙企业法人身份入股被投资的项目公司。合投中的投资人多是消极天使，即只提供股权资金、不参与创业企业经营管理的天使投资者。项目融资成功后，投资者只是根据所投资金额度获得项目相应的股权，并不能取得相应投票权来参与项目的管理决策。

辛迪加模式也称"领投+跟投"模式。这种模式类似于迷你的天使投资或创业投资基金安排。在这种模式下，投资者被分为领投人和跟投人。领投人相当于普通合伙人，负责投资的全过程（包括项目选择、尽职调查及资后管理），并收取成功项目超额利润的15%~20%作为执行费用。跟投人则相当于有限合伙人，提供大部分资金，但根据提供的资金比例分配最终利润的80%~85%。辛迪加模式由美国首创，它通过允许投资者跟随其他知名投资者共同投资项目，提高了资金融通效率，扩大了投资者的范围，被我国股权众筹平台普遍模仿采用。与消极天使的股权合投相比，辛迪加模式运作的股权众筹实现了对创业企业的融资与融智，是真正意义上的天使投资。这种模式下的股权众筹对推动天使投资业的发展、拓宽创业资金来源有着积极的意义。

首先，辛迪加模式股权众筹扩大了天使投资家来源。传统的天使投资家需要同时具备资金和才能两种资源，这样才能在向创业者提供资金的同时提供其他增值服务。而辛迪加股权众筹模式给资金不足但资源丰富的投资者提供了从事天使投资的机会。人脉资源广、有才智的投资者在辛迪加模式股权众筹中充当领投人，可以充分撬动跟投资金，能在创业企业的投资与资后管理中发挥更大的作用。再者，在辛迪加股权众筹模式下，领投人是根据项目而不是投资组合收取执行费的。由于创业项目的高风险性，投资者投入的项目不可能每个都能带来回报。因此，对于有实力的投资者来说，做辛迪加股权众筹的领投人比做创业投资基金的普通合伙人更具诱惑力。

其次，辛迪加模式股权众筹拓宽了天使投资的资金来源。辛迪加股权众筹模式对资

---

① 骆金成. 创业企业股权众筹融资研究［D］. 安徽大学，2016：10

金实力弱的小投资者和缺乏管理经验的投资者都具有吸引力。资金实力弱、缺乏管理经验的投资者加入辛迪加投资可以获得进入一些门槛较高的投资项目的机会，而且跟随知名投资人进行投资，避免了投资项目选择的盲目性和投资后对项目的无奈放任。最后，辛迪加模式股权众筹扩大了天使投资的项目来源。在辛迪加股权众筹模式下，创业企业在快速实现融资需求的同时能够获得知名投资人带来的增值服务，实现融资与融智的一体化。因此，采用辛迪加模式的股权众筹平台能够吸引更多的优秀项目。此外，股权众筹平台对创业项目进行预筛，并强化融资项目的信息披露，在一定程度上能打消投资者的疑虑，增强他们投资的意愿，从而拓宽天使投资项目的来源范围[①]。

随着众筹股权的兴起，一些新兴的机构也不断涌现："天使+咨询""天使+孵化""天使+媒体"，跨界现象越来越多。股权众筹有别于传统的融资模式，它借助互联网技术，简化融资流程，使融资过程更加高效、便捷和社会化，在有效解决初创企业的融资困境的同时为普通投资者提供了一种新型的投资渠道，提高了社会资本的利用率，有助于经济的发展。股权众筹平台能够让更多具有智力资源、客户资源和人为资源的专业投资人参与到项目管理中去，这有效降低了创业风险，提高了创业的成功率。创新创业需要一个良好的经济环境和社会环境，除了较为宽松的政策支持、完善的法律监管、健康的市场环境等条件外，成熟的融资方式也是不可或缺的。股权众筹能够有效改善创新创业环境，为广大创业者提供良好的条件。通过创业成功的典型范例能够不断激励着有志青年积极投身到创业的大潮中去，整个社会形成敢于创新、尊重知识创造、勇于创业的氛围，最终激发全民创新创业，提高我国经济的竞争力。目前国内规模最大的股权众筹网站天使汇成立于中关村，截至2014年11月底已为230多个创业项目完成融资，仅2014年前11月就完成160个项目融资，累计融资总额超过10亿元人民币，所在行业集中于互联网及移动互联网等领域，涵盖社交网络、企业服务、游戏、电商及O2O、教育、健康等门类。已获得融资的项目，融资额度大多集中在100万~500万元人民币之间，平均获得融资时间为1个月。清科研究中心的统计数据显示，天使汇、创投圈、原始会等早期建立的平台在成熟度和服务能力方面遥遥领先于其他平台，许多知名投资机构活跃在这些平台上，如英诺天使基金、明势资本、紫辉投资、九合创投等。

"孵化+天使"也是另一种通过增值服务为初创企业提供创业扶持。就拿中关村为例，中关村作为国家首个自主创新示范区出现了许多以创业导师、天使投资人为主或者由平台所组成的创新型孵化器。根据清科研究中心统计，中关村现有各类孵化器130多家，最活跃的包括车库咖啡店、联想之星、3W咖啡、创新工场、微软加速器等。这类孵化器通常伴有平行的天使基金。如联想之星，除了每年为创业者提供企业管理等方面的培训，业内技术交流外，还同时配有一只4亿元人民币的天使投资基金。孵化器除提供资金支持之外，还有相应的减免房租、协助招聘、后续融资等增值服务。而在未来，实体孵化器预计将呈现一种O2O模式，由线上天使投资平台向线下孵化器导流。如天使汇已与全国50多家孵化器建立合作关系，可向孵化器推介完成融资项目，在线下获

---

① 李朝晖. 我国众筹平台上的天使投资实践：现状与问题[J]. 金陵科技学院学报（社会科学版），2016（6）：23-28

得孵化器的扶持，使项目达到更高效的落地执行。相反，孵化器可将正在孵化的项目导入线上进行再融资或初创期融资。

除了国家级孵化器和市场化孵化器之外，还有一类孵化器是由专注股权投资分析以及效仿国外天使投资咖啡屋概念衍生出来的孵化器，如3W孵化器和氪空间。3W品牌本是一家咖啡屋，为创业者和投资人提供约谈的场地，久而久之衍生出了自己旗下的孵化器。而氪空间来自36氪，是一家科技新媒体网站，对科技类产品市场有深入认识。这类孵化器并不过分追求盈利，也没有很高的准入门槛。提供的服务也不及市场化专业孵化器全面，但是由于提供的投资人对接中介业务以及降低入孵门槛也吸引了大量的创业者进驻。

5.5 如何选择股权众筹平台

与传统线下融资渠道相对狭窄、时间成本也比较高不同，股权众筹平台通过互联网将创业项目与投资人连接起来，这种模式降低了参与的门槛，提高了投资效率，开创了移动互联网时代中创业企业融资的一种新模式。股权众筹的创新性在于多样性，以满足不同层次的融资需求。当然，这对平台与投资人的风控能力具有很高要求。股权众筹平台则通过促成交易提取相应的费用作为盈利。股权众筹平台初始会对成功融资的项目收取5%的佣金。但是实际中不同的项目会有不同的谈判，还有一些项目采用了现金加股份的形式。目前，中国大众富裕阶层主要集中于金融、贸易和制造业等三个行业。在现在通过互联网平台进行股权撮合的模式下，合格投资人的筛选成为关键，对投资人的风险承受能力有所要求。

2014年可以说是我国股权众筹的元年，除了原来专门针对机构投资者的创投圈和天使汇开始转型面向个人投资者外，众多的股权众筹平台也如雨后春笋般生长出来。但是，众筹平台审核不严格，加大了投资者的成本与风险。在众筹平台上从事天使投资所具有的积极意义均基于这样一种假设，即平台合规、不自融，而且担负了初步筛选项目与投资人的职责，保证项目及投资人的信息透明公正。在这一前提下，天使投资家（领投人）可以根据平台提供的项目信息选择意向投资对象，继而约访项目创始人。普通投资者可以根据平台提供的信息决定是否跟投某项目或跟进某天使投资家。项目创始人也可以根据平台提供的信息来决定是否接受某投资家的领投（基于获得资后增值管理的考虑）。由于缺乏制度监管，一些众筹平台为了增加流量，通过在其服务协议中设定审核的免责条款，即不对项目的信息真实性、可靠性负责来放任一些不符合资质的项目进入平台。这样，投资者为了避免后期无效的精力投入和降低合同欺诈风险，就需要花费大量的成本进行事前调查来验证项目信息。目前，大多数平台对投资人的资质不作限制或资质审核不严，这同样会带来许多隐患。天使投资是一种耐心投资，要求投资者具有较强的风险承受能力。如果平台上充斥着大量的不合格投资者，即使项目在当前筹资成功，公司组建后也会因难以承受不合格投资者要求撤资或转股的后果使企业陷入不稳定状态。负责项目审核及资后管理的领投人的资质不合格，则会给跟投人的投入资金带来极大的风险。

对于创业者融资而言，众筹平台信息披露不足，普通投资者权益难以得到保障。在辛迪加股权众筹模式中，普通投资者以跟投人身份让渡超额利润的15%~20%，委托天使投资家（领投人）负责跟踪管理投资项目，选择最佳时机与方式退出项目实现收益。由于目前尚无平台建立项目信息披露制度，投资后，普通投资人（跟投人）只能通过领投人来获得投资项目的信息。在这种情况下，领投人就有可能利用自己的信息优势做出利己而不利他的决策，损害跟投人的利益。如领投人在确知项目发展前景好、有较高估值的情况下，以低价向利益相关者转让共同股权，剥夺跟投人享受投资项目高增长收益的机会；或领投人与项目筹资者合伙谋取利益，进行资金转移或利益输送，损害跟投人的利益，即使不存在故意损害跟投人利益的现象，对于领投人能否持续对项目进行跟踪管理，普通投资人也很难获知。因此，在相关制度制定之前，投资者的权益很难得到保障。综上所述，我国股权众筹业的发展拓展了天使投资家的投资空间，使传统的天使投资活动具有了新的特点。但由于目前股权众筹行业处于发展初期，监管政策和行业规范均未有效建立，众筹行业仍处于无序竞争之中①。因此，创业者在选择股权众筹平台融资时，应把握好如下几点：

（一）安全性

创业企业在确定使用众筹方式融资时，首先要选择自己满意的模式进行，一般来说，奖励式众筹是比较优越的方式，既不会稀释公司的股权，也不会触及非法证券活动的法律边缘，但是此种方式融资的难度比股权式与债权式众筹要高，因为普通投资者不会放弃经济回报来投资有风险的项目。所以创业企业可以在亲朋好友圈，动用自己的人脉关系，以一些VIP资格，或新产品的折扣条件等作为奖励吸引朋友们进行投资，当人数比较多的时候，每个人只出资一点点资金，风险非常小，朋友们也乐于出一点闲钱来投资比较有创意的事情。这种朋友圈众筹方式可以在微信、微博、QQ等社交平台组织，快捷方便，又没有还款压力，融资者只需要全身心关注到产品的开发中去就行了。当然在众筹平台也可以发奖励式众筹的信息，不过创业者要清楚其关注程度远没有自己朋友圈来的多，而且还要冒被剽窃的风险，所以在这个互联网的时代，作为创业者，一方面自己的人脉圈子一定要经营好，另一方面产品的创新性要好，否则无法吸引眼球。可以从几方面来衡量安全性，一是有没有著名的机构或者投资人作为这个平台的股东或者顾问来对平台进行背书；二是通过网站的ICP备案号、公司名称、办公地址和联系电话等信息对公司的真伪和可靠性进行调查，能够到平台办公地点进行实地考察就最好；三是平台对于注册用户的审核条件是否合理，最好通过电话咨询的方式和平台工作人员进行沟通，了解他们是否专业；四是平台设定的投资或融资规则是否合理，是否把投资者的资金安全放在很重要的位置，并且为此做了相应的风险控制措施，如将投资资金托管在第三方（银行）。

（二）投融资规则

创业者可以选择债权式众筹或股权式众筹。相对股权式融资，债权式融资因为有比

---

① 李朝晖.我国众筹平台上的天使投资实践：现状与问题[J].金陵科技学院学报（社会科学版），2016（6）：23-28

较高的还款率,所以该方式的融资成本比较大,但是相应的还款额以外的额外收益都是自己的净收益;而股权式融资的融资成本比较小,但是相应的收益也会被稀释很多。正如上一章所说的,如果创业者本身资金比较雄厚,只是现金流出现问题的话,完全可以选择债权式众筹,如果可以抵押相应资产的话,资金很容易就会筹集到。如果创业者本身实力很弱,但是商业模式或产品非常具有竞争力,那么股权式众筹不失为一个比较好的选择。此时,创业者也是应该首选朋友圈,与比较熟悉的人一起经营新的项目风险可控度更高,项目不是很大的话,众筹的朋友人数也不会很多,这样也可以避免非法集资的法律规定,如果朋友圈无法筹集资金的话,还可以选择一个比较优质的平台,当然要采取一定的措施避免创意被轻易地剽窃。投融资规则是一个平台能否做到公平、公正、公开的最好体现。所以必须认真了解清楚股权众筹平台的投融资规则,平台是否有充分地站在投资者的角度制定规则。如是否考虑到一般投资者没有判断项目的专业能力而设定相应的规则(如领投+跟投)来进行帮助等。

(三)客户的反馈

股权众筹平台的客户是投资者和创业者,因此这些客户是如何评价平台的十分重要。这些信息可以通过多种渠道了解到,可以通过到百度搜索相应的评价;可以看各种专业的股权众筹或者互联网金融媒体;可以通过投资的沙龙或论坛;可以在该股权众筹平台自建的论坛或者点评区查看;可以参与到某些融资项目的投资意向群了解。

(四)平台定位

股权众筹平台由于各自的优势的方向而有不同的定位,如天使汇就是主要针对专业的创业投资机构或者高净值的天使投资人设立平台;大家投则是针对大众投资者的股权众筹平台;人人投的投资标的是实体店投资等。因此,投资者需要根据自己的知识面和能力选择适合自己的股权众筹平台。

(五)投后管理

投后管理是指当一个项目股权众筹成功后,众筹投资者和股权众筹平台对该项目的跟进与管理。由于众筹的项目通常都是初创型企业,这类企业除了需要资金的投入外,其实更加需要有经验的投资者或者成功创业者给他们指导和帮助,包括但不限于经验的传承、资源的对接、商业模式的打磨等。因此,一个初创型企业能否成功,投后管理是十分重要的。要了解一个股权众筹平台的投后管理水平有几种方式,一是仔细阅读该股权众筹平台常见问题问答或者直接与股权众筹平台进行沟通了解;二是和准备领投项目的领投方进行交流,了解他们的投后管理工作事宜;三是和其他已经在该股权众筹平台投资过项目的投资者进行交流;四是与在该平台上成功进行了众筹的项目融资方相关人员进行交流;五是可以到股权众筹平台办公所在地对其投后管理进行现场的观察与咨询。

第 6 章　与天使投资人的合作

6.1　天使投资人的运作流程

从天使投资企业角度来看，天使投资业与其他投资业不同，它具有高附加值、高参与性。即天使投资家不仅仅提供资金，同时还提供增值服务。目前，天使投资从个体行为演化成集体行动，并逐步衍生为系统性的生态网络。基于网络内的合作信任以及良性互动的投融资环境，天使投资各类参与者按照特定的天使培育机制、投资运作机制、原创挖掘机制以及循环反哺机制等，以人脉链接为核心，将整个网络区域所积淀下来的专业技术、管理经验和创业企业所需要的各种外部资源迅速聚集并充分调动起来，加速创业企业突破发展的瓶颈。天使投资运营的过程一般分为四步：选项目、投资决策、投资后管理、获利退出。小米科技董事长雷军谈及自己的投资理念时，认为做天使投资就像买六合彩，90%都会失败。雷军说主要坚持三条原则：第一条不熟不投；第二条只投人；第三条就是帮忙不添乱①。

在整个投资过程中，筛选评估和投后管理是投资过程的重点，国外研究表明，天使投资人在筛选中更关注有据可查的企业家能力和信用记录。在投后管理中，部分创业者型天使投资者积极参与到创业企业的经营管理活动中，主要基于三点考虑：一是为谋求获得更多收益回报；二是为获得充分信息，克服信息不对称风险；三是为寻求乐趣和精神满足。在尽职调查中，天使投资人主要评估创业者，而不是商业计划书。天使投资人认为影响其决策的最重要的五个因素中，有四个与创业者自身相关，分别是创业者的热情、创业者的可信赖度、创业者的专业性和投资人对创业者的第一印象，再就是影响创业企业成长和收益的三个因素：产品质量管理、成长潜力和进入壁垒。天使投资人通常采用多阶段的决策过程，至少包括两个阶段：初始筛选阶段和尽职调查阶段。尽管在每一个阶段可能存在相同的评价标准，但是天使投资人在不同的阶段衡量这些标准时侧重点会有所改变。值得注意的是，投资收益并不是天使投资人的首要评价标准②。

（一）如何选择项目

选项目时基本会考察到项目是否具备潜力和市场竞争力，项目公司是否具有出色的

---

① 南苏. 创业潮助推天使投资一路狂飙——"天使"落入凡间 [N]. 人民政协报，2015-04-24 (6)
② 史建梁. 天使投资人的投资行为研究：一个理论综述 [J]. 经济与管理研究，2011 (8)：50-55

创始人团队和清晰明确的战略方向；项目是否具有出色独特的产品和拥有清晰的退出机制。天使投资 80% 都投在种子期或者初创期，因此天使投资的风险之大是显而易见的。投资前的尽职调查则是帮助投资人充分判别风险的重要环节。尽职调查通过对被投资企业进行财务和法律等方面的深入调查来全面了解企业的现状，并做出合理的发展预期，帮助投资人更好地投资决策，有效评估企业的风险水平并合理估价。因此，为了尽可能保障天使投资的利益，天使投资人需要对创业项目的风险效益进行有效预警，从而进一步提出切实有效的方法来规避风险。目前最直接有效的预警方法就是进行尽职调查，但是尽职调查对于天使投资而言显得较为"奢侈"，因为天使投资的金额一般不大，请专业机构对目标企业进行全面尽职调查似乎成本太高，很不划算。同时，大多数创业企业的财务数据和报表都不是很健全和规范，天使投资人一般没有办法按照常规的尽职调查方法真正深入了解创业企业。因此，天使投资人可以挑选最为必要的部分展开，采取重点调查的方法进行尽职调查，这也是天使投资人掌控风险、规避不必要损失的合理做法[1]。天使投资尽职调查的重点内容主要包括以下几方面：

1. 创业团队。

天使投资早期项目在于识人。前期尽职调查最重要的在于用最短的时间去判断这个创业者或者创业团队是否合适，一般是通过天使投资人的个人经验判断。调查内容包括：管理人员的学历和工作背景；以前所在公司的情况；离职原因；个人家庭情况；他人的评价等。天使投资与其说是投企业，不如说是投团队，因为只有好的团队才能带领企业做大做强。作为天使投资人，首先应该关注的是企业家的人品、能力、教育和工作背景、诚信，以及是否能够承受挫折和打击。其次，应该关注整个创业团队的素质，创业公司团队成员是如何凝聚在一起，有怎样的过往合作经历，尤其是是否有失败的合作经历都应该重点关注，一个曾经创业失败过的团队，其抗压能力往往较强，在今后企业发展中抵抗困难的能力也会强很多。

2. 商业模式。

好的商业模式能实现客户价值最大化，把能使企业运行的内外各要素整合起来，形成一个完整的高效率的具有独特核心竞争力的运行系统，并通过最优实现形式满足客户需求、实现客户价值，同时使系统达成持续赢利目标的整体解决方案。通俗点讲，商业模式就是公司通过什么途径或方式来赚钱。天使投资人如果能通过尽职调查发掘目标企业所构想的好的商业模式，其未来收益自然不可小觑。

3. 所处的行业。

天使投资承担的风险巨大，因此所要求的投资回报也相应很高，这就决定了天使投资选择的企业所处的必须是技术创新潜力巨大、市场发展前景广阔的行业。在判断一个小公司是否有成长空间时，往往不在于公司规模多大，而是在于是否能抓到成长潜力大的社会需求的"痛点"，并通过创业活动将其做成"爽点"。作为天使投资人，需要通过尽职调查来了解目标企业所处的行业具有什么样的发展趋势，是否存在刚性需求、业务趋势是不是已经非常明显、行业容量有多大、行业壁垒是什么情况、市场竞争情况如

---

[1] 刘洋, 肖阳. 论我国天使投资风险预警之尽职调查 [J]. 湖北工业大学学报, 2013 (6): 37-40

何等信息,从而帮助判断目标企业是否身处一个有发展空间的行业。

4. 核心竞争力。

无论多好的团队,处于多么理想的行业中,只要不是垄断地位,其面临的竞争不可回避。为了使公司在迅速发展的行业中保有一定的地位,企业必须拥有自己的核心竞争力。通过尽职调查,天使投资人可以充分了解企业的市场地位、自身的优势。通过行业的分析,天使投资人要确保被投资企业所具有的差异是独特的,在未来很长一段时间没有潜在竞争者,并且这种竞争优势能长时间保持下去[①]。

(二) 如何确定融资合作

1. 谈判与签约阶段。

天使投资者一旦遇到感兴趣的或者有把握的项目,他们就会开始准备与融资需求方进行谈判,以制定详细的合同条款。天使投资人与创业企业双方就企业估价与合约条款进行谈判时,天使投资人对创业企业包括企业创业者应有全面的了解,如果对创业企业发展有信心,愿意做出一定的投资,那就要进入签约阶段。签约阶段包括就天使投资合同条款的谈判和签订合同两个步骤。天使投资合同条款的谈判是签约阶段的核心工作。天使投资人与企业创业者签约谈判的要素包括:①天使投资人的投资金额;②天使投资人与创业企业家各自拥有的股权比例;③预防股权稀释条款;④创业企业者的竞业禁止义务、利益冲突与关联交易的处理;⑤对创业企业经理层的业绩激励机制;⑥天使投资人参与企业运营方式的选择;⑦天使投资人退出方式的选择;⑧争议的解决等方面。

对于谈判要素,天使投资人每一项都要争取对自己利益的合理化或最大化,争取的本身就是一种博弈。因为创业企业发展的高风险性需要有高收益来弥补,天使投资人不是要追求高风险,而是在风险一定时的收益最大化,企业创业者也是在发展和让利之间进行平衡。创业者通过事前了解投资者过往投资过的项目,来把握投资者心目中的"优质项目"是什么样子的,要选择正确的比较参照,避免项目的相对区分度过高[②]。因此,谈判的目的就是要寻求一种均衡的结果,否则,合同就难以达成。整体来讲,天使投资人与创业企业者订立的合同通常比较简单,不像创业投资机构那么复杂。天使投资人通常不控股创业企业,因为控股会降低企业创业者及经理层的积极性,天使投资人持股比例通常在 5%~25%。当然,不同的天使投资人对企业参与热情不同,可以因人而异。另外,分阶段投资能对创业投资者的利益提供有效的保护,天使投资人在资金允许的情况下可以做这方面的考虑。

2. 开始实施投资。

实际投资过程又包括对企业的评估定价、交易模式的确定、与创业者的面谈、实际投资这几个环节:

第一,对企业进行评估定价。早期的天使投资人,项目的评估定价并不是必需的,而且也不会引入专业的中介机构。但随着天使投资的发展成熟,越来越多的投资人开始引入中介机构帮助其对项目的评估定价,有经验的天使投资人也已经拥有了自己的项目

[①] 刘洋,肖阳. 论我国天使投资风险预警之尽职调查 [J]. 湖北工业大学学报,2013 (6):37-40
[②] 倪宁,魏峰. 创业项目阐释与天使投资意向研究 [J]. 中国软科学,2015 (12):164-175

评价模型，采用定量和定性的方式评估项目，提高项目的成功率。总体而言，天使投资阶段的项目评估操作还不是很规范，对项目的判断往往根据天使投资人的直觉和经验。

第二，交易模式的确定。设计良好的交易模式，能够有效保护天使投资人的利益。天使投资人在选择最优化的交易模式时应该从以下几个方面进行考虑：成功保护、失败保护、对利益损害活动的限制、对退出的影响、极端情况的防护。目前比较常用的三种交易模式包括：附有各项条款的可转债交易结构、普通股交易结构以及附有各种条款的优先股交易结构。由于在可转换优先股的交易结构中，天使投资者既可以获得股利，又可以获得一定的流动性，同时也可以参与企业的决策，在企业成功上市时还可以通过转化为普通股的方式进行套现，以上这些优点使得越来越多的天使投资人偏好于这种可转换优先股的交易模式。

第三，与创业者面谈。在完成前两步之后，天使投资者开始与创业者进行面谈，讨论确定投资的具体方案。与创业投资不同的是，这种谈判并不是必需的，而是非正式的，甚至谈判的时间、地点都是临时安排的。合同条款的设计和谈判是天使投资和运作机制中最重要的一环。整个天使投资过程中，天使投资的退出机制非常重要。天使投资通过及时、顺利的退出、变现才能实现将账面增值转换为实际收益。天使投资的退出包括退出时机的选择和退出方式的选择两个方面。天使投资在选择退出时机时要考虑产业的生命周期、创业企业自身的发展规划与实际发展情况等因素，其过早或过晚退出资金都不利于创业企业的发展，影响天使投资预期的投资回报[①]。创业过程充满艰辛和风险。创业团队一定要有一致的创业思路，成员个人的目标要与创业企业的发展愿景一致，即认同团队将要努力的目标和方向。缺乏共同的价值观就无法解决团队中的矛盾、争论和冲突，此时的团队就如同一盘散沙，失去了作为一个整体运作的基础。因此，创业团队成员需要拥有共同的价值观，把个人目标整合到组织目标当中，增强团队的凝聚力。在组建创业团队、选拔成员的时候要思考：团队是否有清晰、坚定的核心理念和充满感召力的宏伟目标，团队成员是否都明确了解并认可这些核心理念和宏伟目标，并愿意为此而奋斗。因为无论是技术、产品、市场还是管理，其最终的执行载体始终都是人。因为没有一个好的团队，企业的其他部分都变得不重要了。所以，天使投资人在投资决策时最关键的影响因素是人，即创业团队。创业者必须是一个诚信的人，必须要遵从商业规律，必须做到愿赌服输。创业活动及其结果可以从个人层面拥有的资源和制度环境两方面来解释。一方面，创业者拥有的个人资源决定了新创企业创立的可能性和成功的概率；另一方面，制度环境决定了各种资源交互的环境以及创业的边界。对于初创企业来说，由于资产、资源总量有限，所以其团队的核心竞争力、团队架构、执行力可以说是决定项目成败的根本因素。

在天使投资考察中，对于团队的考察也分为几个层面：一是顶层设计层面，考察公司股权结构是否合理，是否支撑企业的快速良性发展；二是经营管理层面，团队中技术、市场、管理人才是否搭配得当，无明显短板；三是执行力层面，会分别考察创业企业主要管理人员的技术水平、行业经验以及诚信等相关个人背景，并给出综合的评价。

---

① 魏继承. 我国天使投资业发展障碍及对策研究［D］. 西南财经大学，2011：10

团队的作用不仅体现在创业技能上的取长补短，相互支持，更体现在心理上的支持，因为创业者面临着孤独、紧张和其他各方面的压力。创业企业，尤其是那些想从创业投资者和私人投资者手中获得资金的企业，如果越早将创业团队组建起来，其价值就越大。优秀的创业团队不仅可以提高机会识别、开发和利用的能力，更重要的是能够提高新企业运作能力，发挥合成效应，还能促进团结合作，提高士气，提高决策的速度及团队和组织的绩效。新创企业不同发展阶段下影响创业团队成员信任的差异性要素，对于理解和管理成员信任关系、维持创业团队的均衡与协调有着重要意义。针对创新创业团队培育极其重要的一点，就是提高创新能力与成果转化率。在企业创业的过程中，优秀的创业团队所取得长期绩效所要求的能力、技能、知识等特质，并具备完全胜任创业任务的能力，就是创业团队胜任力。一般来说，团队胜任力应具备以下几点：对有效团队绩效进行鼓励的态度、对任务有效执行所需要的行为和技能，以及团队任务所必需的概念、原则与相关知识。而在学习、情绪控制、承诺能力、战略、关系协作能力、知识共享、创新思维、机会的把握等方面，都体现出了创业胜任力。

（三）投资完成后如何管理

一般而言，在天使投资人的投资过程中，投资人的时间和精力主要用于投资后管理阶段，他对创业企业的非财务贡献也集中体现在这个阶段。天使投资往往是一种参与性投资。天使投资人一般都有创业成功的经历及经验，拥有丰富的企业运作经验，他们的身份通常不只是投资人，他们还会直接参与到企业的运营中出谋划策，提供自己的专业知识和管理经验，动员自己的各种资源，亲自参与所投资企业的经营管理，已成为他们有别于创业资本家的显著特征。在投资后管理中，天使投资人主要关心两点：一是监督企业家，尽力减少源自企业家的代理人风险；二是提供金钱之外的增值服务。通过亲自参与企业的经营管理，天使投资人同时兼顾了这两点。比较极端的情况是，天使投资人和企业家之间的界限已经模糊，天使投资人几乎就是创业团队的一员，他们扮演着全职雇员或者兼职雇员的角色，相当于用投资给自己买了一份工作；还有另外一种极端情况，有的天使投资人不愿意过于频繁地参与到企业经营管理中，他们更愿意定期来与企业家交流，观察企业的运转情况，并在企业家的要求下提供自己力所能及的帮助。大多数天使投资人处于这两个极端之间。在投资后管理中，天使投资人参与创业企业经营的程度受三个方面的影响：①天使投资人实现自己的非财务目标。通过参与经营管理，天使投资人从中获得乐趣，或者他从帮助企业家的过程中实现自己的社会价值。②为了实现较高的财务收益，天使投资人需要参与经营管理。当他们觉得自己的参与能帮助企业获得更多的成功，从而为自己赢得更高的财务回报时，他们会倾向于更多地参与企业的经营管理。③创业企业中的不确定性过高，天使投资者不得不通过深度参与，以获得充分的信息来做出进一步的决策。

早期创业企业投资的难点就在于投资人与企业家存在着高度的信息不对称，天使投资人只能通过深度参与企业经营，才能获得充分的信息。但是天使投资人在投资后管理阶段中对代理人风险的关注可能并不是很强烈。在评估阶段，天使投资人常常将企业家是否可以信赖作为关键的决策标准。普遍的情况是，天使投资人只会投资自己信任的企业家。天使投资人更多地将自己视为向企业家提供帮助的合作者，而不是定期来检查企业家工作的监工。如果天使投资人觉得企业家不可信任,则他更倾向于选择退出,而不是进行严格的监控①。天使投资人对创业企业的参与模式主要有如下几种类型:

1. 参与创业企业的战略决策。

天使投资人直接作为公司的高层管理者或董事参与创业企业,对企业的战略决策提出自己的意见和建议。选择战略决策参与模式的天使投资人要具有丰富的创业经验,是成功的企业家或相关政府部门的管理者,对创业企业的战略发展有独到的见解。战略决策是企业运营成败的关键,它关系到企业生存和发展。在参与战略决策过程中,天使投资人要善于提出战略决策任务,要与企业业和可持续发展相协调;要发挥特长,注重信息的收集和加工;要及时反馈,适时提供战略方案修改意见;要尊重和及时沟通企业创业者,并与相关高层就战略决策及时达成共识,共谋发展。

2. 参与创业企业的生产经营管理。

选择参与创业企业生产经营管理的天使投资人通常对所投企业生产经营有相关的经历,且有专业技术特长,能够对操作细节、生产线、经营流程、产品方案的策划等提供有价值的意见。天使投资人的参与,能够规范公司规章制度、丰富公司文化、提升创业企业的生产经营水平等,对提高创业企业的产品质量提供一定帮助。

3. 帮助创业企业加大市场营销的开拓力度。

快速打开产品销路、提升产品市场知名度是创业企业的生存和快速发展的关键所在。企业创业者及其团队通常在市场中经历较少,商业关系匮乏,想使企业产品销量和知名度短时间内有大的飞跃,难度不小。而得益于天使投资人的丰富的人脉关系,天使投资人参与所投企业的市场营销开拓,除了能助力创业企业有效打开市场局面外,天使投资人参与所投企业的市场营销开拓本身也会增加创业企业的品牌影响力,能为所投的企业助一臂之力。

4. 帮助创业企业后续融资。

资金是创业企业发展的瓶颈,创业企业获得天使投资是幸运的。但是,企业的生命发展历程中需要多次融资,企业的整个融资过程表现为天使投资资金、创业投资资金、产业投资资金和上市募集资金的一个接力过程。天使投资人如果在银行、财政、商务、证券公司等部门有熟悉的关系可以帮助创业企业资金融通,这样能使创业企业增加在不同阶段向创业投资机构、政府、银行等获得融资的机会。天使投资人进驻企业较早,投资周期相对较长,能够在一定程度上缓解投资者为追求短期高回报而看重企业短期收益的短视行为,并更有可能促使企业重视技术创新的潜在和长期价值,能有效地与企业的技术生命周期相耦合,为技术创新的开展提供有力的金融和经验支持②。

(四)获利后退出

1. 首次公开发行上市(IPO)。

IPO方式是天使投资人退出的理想方式,但这也是难度最大的一种。企业要有规范

---

① 史建梁.天使投资人的投资行为研究:一个理论综述[J].经济与管理研究,2011(8):50-55
② 刘督,万迪昉,庄梦周,吴祖光,许昊,于玲.天使投资改善了中小企业创新活动吗?[J].科学学与科学技术管理,2016(5):96-104

的公司治理结构，发展前景要良好，财务状况需稳健等，这些条件的具备需要企业花上数年的时间。2014年5月16日，聚美优品在纽交所成功上市。徐小平前后总计投给聚美38万美元。IPO前，徐小平持有聚美8.8%的股份。聚美估值为30亿美元，依此推算，徐小平将把2.3亿美元收入囊中。4年间，38万美元的投入，获得了超过600倍回报①。根据清科集团旗下私募通统计，2016年早期投资全年共发生221起退出案例，其中新三板退出92起，股权转让96起，这两种退出方式占据早期退出市场的半壁江山。在经历了2015年的泡沫喧嚣之后，2016年新三板迈入"万家时代"，成为全球最大的资本市场；新三板的扩容为早期投资机构实现退出降低了难度。股权转让也撑起了早期退出市场的半边天，灵活的交易方式及较低的交易成本使之成为众多早期投资机构偏爱的退出方式之一。具体退出方式占比参见图6-1。

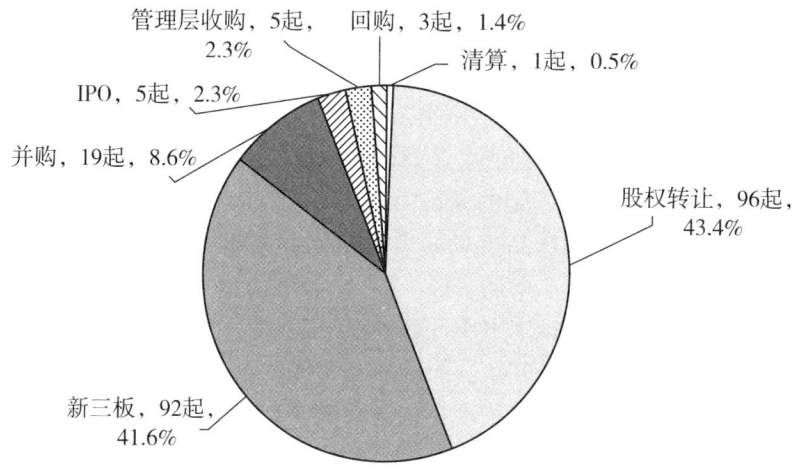

图6-1 2016年中国早期投资市场退出分布（起，占比）

资料来源：私募通，2017。

2. 股权转让。

目前，股权转让方式是天使投资人兑现投资收益的主要方式。天使投资人所投企业在经过一段时间的发展后，具有了一定的赢利规模，但因种种原因达不到上市要求和条件，或在几年内无望上市，天使投资人就可以采取股权转让的方式来退出投资变现。股权转让需要天使投资人和受让方协商并签订合同。为了防范受让方不履行支付股权转让的对价的风险，股权转让合同应明确约定定金罚则或违约赔偿的范围、违约赔偿的计算方法，天使投资人可要求受让方做出保证或提供担保。

3. 管理层收购。

管理层收购方式是企业的管理层非常看好企业，愿意回收企业的股份，以取得更大的控制权，天使投资人可以适时通过管理层收购来收回投资，但这就需要在最初的投资合同中写明。在这一退出方式中，天使投资人需要注意的是，签订投资合同时，管理层

---

① 殷鹏. 徐小平的天使投资法则：救急不救穷［N］. 中国证券报，2014-05-24（9）

收购应该作为天使投资人退出的选择方式之一，但是管理层不能强制收购天使投资人的股权。

4. 清算退出。

对于被投资的创业企业，如果遇到经营不善或管理团队发生重大变动、受到市场与环境的重大不利影响，难以存续下去，就会产生清算的结局。清算是天使投资人最不愿意看到的一种退出方式，因为这种退出方式意味着投资失败，而且，这种方式并不少见。梅森和哈里斯（Mason & Harrison, 2002）基于英国 127 个天使投资人的退出项目的数据研究表明，大约一半的天使投资亏钱或平衡，只有 10% 产生超过 100% 的回报。清算不可怕，重要的是防止重大损失甚至血本无归，需要在投资合同中对清算的条款进行准确描述和约定，最好能加上优先清算权条款，以掌握资金回收的主动性。另外，从清算的影响来看，分散投资是天使投资人规避重大损失的一个有效选择。天使投资平均回收期为 4 年左右，在理想状态下，天使投资可在第 1~3 年的时候，通过股权转让的方式退出一部分股权；到 4~6 年后企业发展到一定阶段，天使投资可能通过管理层回购或兼并收购的形式退出；持有 6 年以上，多为投资者的长期价值投资，等待企业以更好的发展方式获得投资回报[①]。

6.2 天使投资人的估值与融资决策

（一）天使投资阶段的估值特点

合理的公司估值应该是站在投融资双方的立场进行的一场估值博弈，最终的成交必须是双方意愿和博弈结果的最终反映。初创公司基本上没有或只有很少的资产，绝大部分价值来源于未来的预期增长。这类公司的财务报表里根本无法反映未来潜在的利润率或回报率，也没有历史数据可用来推导风险指标。更麻烦的是，很多公司无法闯过磨难走到平稳增长期，公司的成功通常取决于某个关键人物，不同股权投资人对现金流有不同的权利。因此，对初创公司的估值不得不依靠简单的手段，以"瞎猜"或经验去评估其价值[②]。但是在估值谈判中，最为重要的仍是企业的内在价值，即未来企业可为投资者带来的潜在收益，这个收益可以是来自企业自身实现的现金流回报，也可以是来自未来潜在的转让价值，只有在天使投资人认可了项目本身之后才有可能进入估值谈判，这是投资的基础所在。虽然，投资的成交价格可能受到天使机构议价能力、企业议价能力、投资市场行情等其他外部因素的影响，但投资机构要最终获取预期的回报，就必须将投资成本控制在围绕企业的内在价值的适当范围内。在与被投资企业进行估值谈判时，天使投资的资源优势往往会成为议价的有效筹码，如企业急需获得天使机构所能提供的这些资源，将可能在投资价格上进行适当让步。

---

① 刘昱洋. 提高天使投资成功率的措施研究[J]. 金融理论与实践, 2012 (9): 105-111
② [美] 埃斯瓦斯·达莫达兰. 估值：难点、解决方案及相关案例[M]. 李必龙, 等译. 机械工业出版社, 2015: 7

天使投资的最终达成是投融资方双向选择的结果，而创业企业特别是很大一批优质项目，在引入投资时往往也会接触多家不同背景的投资者，并进行综合择优选择。在这样的市场选择中，优质项目的市场价值可以较好地得到体现，但对于天使投资来说，投资估值以及谈判的难度就大大增加，且由于市场信息并不透明，所以更需要天使投资进行合理的估值区间判断，在适当的时候要对项目有所取舍。天使投资的目标企业跟其他所有类型和阶段的企业一样，发展中面临诸如技术风险、财务风险、竞争风险、市场风险、管理风险等各种类型的风险。在天使投资阶段，投资人的任务是帮助创业者更好地成长，让他们拥有更大的未来的发展空间，同时为创业者的下一轮融资创造更好的条件。在天使投资的阶段中，一般天使投资人是不会迫切需要你赚钱的，创业企业聚焦于清晰的商业模式，加快发展和丰富自己的产品。当决定投资时，天使投资人往往会和创业者就投资所占公司的股票份额进行协商，双方不仅从创业者的素质和对创业企业的先期投入、公司的技术水平等无形资产出发对公司的价值进行估值，在此基础上决定天使投资所占的股份，而且天使投资人本身能够给公司带来的利益也会考虑在内，当一批天使投资人当中有人能够为创业企业提供资金以外的支持，如技术指导、引入创投或其他上下游资源时，天使投资人也能以更优惠的价格获得股权。

天使投资人的投资获利方式是建立在以较低估值获得项目股权，在其后的孵化过程中持续寻求以合适的高估值卖出的投资逻辑基础之上，故天使投资人在投资估值中有主观打压价格的驱动力。对于初创期的项目，投资人将主要从技术产品、行业及市场和团队等方面进行重点考察，其后还需要关注其商业模式及实施细节，最后才是企业的财务现状。估值高或是低，其实是相对的，关键还要看公司的成长，是否迎合行业未来大的趋势，是否有进一步增长空间。实际上，在企业发展的早期，估值并不能够反映企业的真正价值，只能反映投资者愿意用多少投资交换公司多少股份。企业的估值越高，企业的初创者就可以用越少的股份换取越多的资金。因此，创业企业在融资前，应该考虑清楚希望得到的融资额与愿意出让的股份比例。来自美国天使投资协会的调研数据显示，美国天使投资实现回报的时间约为 2.6~3.5 年。天使投资不一定用经济回报来衡量投资的成功与否。对于天使投资人来说，成功往往取决于他们的个人利益和需要。这可能是一个非经济型的投资回报，比如帮助其他企业家获得的满足感和成就感，享受参与创业的乐趣等；天使联盟或天使网络更倾向于使用更为直接、可量化的工具进行度量投资回报，如创业企业的高管成员资格、投资收益率、目标完成以及成员满意度等[1]。天使投资人一般是根据创业企业的业绩表现再决定是否继续持有股权，但由于天使投资较创业投资在合同内容和形式上更为宽松，因此天使投资在资金的退出上也更为灵活，可以根据目前实际的盈利状况决定退出与否。在实际的投资活动中，基于多样化的天使投资实现形式，对于不同项目的定制化、个性化投资，其判断标准及估值方式也各不相同。目前国内较多采用的估值方式则包括：固定价值法、成本综合估值法、贴现法、横向比价法以及加权估值法等[2]。

---

[1] 王佳妮，刘曼红. 天使投资的行为、组织与政策研究综述 [J]. 经济问题探索，2014 (11)：168-117
[2] 吴迪柯. 天使投资的估值方法研究 [D]. 西南财经大学，2013：3

(二) 天使投资的估值难点

在创业企业处于发展的种子期阶段时，往往是企业的初创者拥有新技术专利或新产品发明等，但对新产品或新技术还需要投入资金做进一步的研究开发或者产品完善与测试等，而企业未来如何经营等很多方面没有规划或者仅仅在规划中，并没有实施。因此，这一时期企业的资金需求量可能不是很大，但投入资金的风险可能会很高，因为企业未来的不确定性很大。在这一时期，如果使用传统方法对企业进行估值，几乎是不可能的，因为企业还没有开始运营，没有财务指标可以做参考。天使投资估值的案例参照、历史数据参考以及核心理论极其有限，是一个名副其实的经验应用型行业。诸如第一芝加哥法、风险因素综合法、实际期权法、加权平均估值法等估值筛查方法。但是由于天使投资的特殊性，国内外对于早期天使投资估值并未有一套行业内通行且公允的成熟方法。一些天使投资人较多使用的是固定价值、成本定价、市盈率法、现金流折现法、加权平均法等估值模式。但基本的套路仍主要遵循两方面：一是，基于基础的资产定价模型，在早期项目中会加入更多的主观要素来估算企业价值，其实在实际操作中最终只是为了反映企业的市场价值，算法很难真实反映企业内在价值；二是，实际操作中演变而来的折中方法，为了便于投资执行而人为设定的估值框架模式，完全忽略了每个项目不同的内在价值与企业家估值诉求，只考虑投资组合风险，是一类在投资实务中实用高效的解决方案。在天使投资实务中，两种方法的综合解决方案将是未来的发展方向，一方面在估值中要尽量反映企业内在价值，而不是一味压价逐利，另一方面要提高天使投资的可操作性，达成投融资双方在议价博弈中的均衡，投资机构也会根据项目谈判的具体情况进行取舍，以满足投资业务执行的要求。天使投资在估值中存在以下困难[①]：

1. 对于创业企业的投入成本较难计量。

由于天使投资的主体由投资人与被投资企业组成。对于投资人来说，前期企业的估值越低，所获得的股份比例越高，未来在企业盈利的情况下能够获得更大比例的分配，确保投资的安全性与有效性；而对于被投资企业来说，前期自身投入的不仅仅只是大量的启动资金，往往还需要投入更多资源与精力在创业项目中，所以在进行项目整体估值时，被投资企业的实际控制人往往会将这部分不可计量的成本考虑其中，心理上难以忽略此成本投入，也很难接受低于此心理预期的估值。由于创业者的机会成本、人力资源成本等很难得到较公允的计量，投资人往往需站在相对客观的角度对企业的未来进行评判，而被投资企业却往往会更看重过往的投入，故投资人与被投资企业双方经常就估值的计量方式产生分歧，影响投资的最后执行。

2. 天使投资估值的主观性要素过多。

初创企业没有或较少保有历史财务数据，且即使有财务数据很多情况下初创企业也尚处在亏损阶段，故无法根据过往情况作为目前的估值依据。而基于未来潜在的现金流或利润进行折现的估值方法存在较多主观判断因素，包括如针对企业未来利润及现金流情况所做出的市场判断、成本预期、回款周期等要素，以及针对投资回报及风险判断的折现率、投资年限等要素。虽然，基于企业未来经营业绩折现的判断理论上相对于固定

---

① 吴迪柯. 天使投资的估值方法研究 [D]. 西南财经大学, 2013: 34

估值法、成本测算法更可以客观地反映企业的内在价值,但由于进行测算的变量中仍然含有主观的因素,故在实际操作中,此估值的最终确定仍将面对投资博弈双方的多轮考量与拉锯,最终得出的结论实际与其他方法出入不大,失去了其客观评估企业价值的意义。

3. 天使投资的风险控制较难实现量化。

由于天使投资的投资阶段集中于种子期至初创阶段的企业,这一时间段并不算长,但对于初创期的企业,在这个时期基本面的变化或差异将是巨大的,故在对于天使投资组合进行风险评估时,很难采用统一的标准进行计量,风险控制的量化较难实行。

4. 核心技术的确认和评价。

对于天使投资人来说,在考察创新技术项目时,将首先把该创业企业的核心技术能否被其他企业轻易抄袭作为首要的考察重点之一,并在投资估值中作为议价的重要筹码。站在创业企业的角度来讲,对于项目的技术、创意沉淀都付出了极高的成本,但除极少数的拥有绝对技术壁垒的高端人才创业,确实很难防止其创意、技术或理念被其他竞争对手抄袭,这就造成了在与天使投资人的估值谈判中仅以技术作为核心的企业处于弱势地位,知识产权的价值很难得到投资人的认可。对于技术知识产权所站角度的不同认识,也使得天使投资人与项目方在进行估值博弈时相互之间产生较大的心理落差,不利于最终达成投资协议。

(三) 天使投资的估值模型[①]

1. 博克斯法。

该方法是由美国人博克斯首创的,具体是将企业取得的各种成果数量化,也就是把各种有形和无形的资产数量化,特别是无形资产。因为初创企业的有形资产较少,无形资产相对较多,而且无形资产比有形资产更影响企业未来的发展和价值,所以此估值方法更多地强调对无形资产的估值,如:具有市场前景产品估值100万元、好的盈利模式估值100万元、有经验的管理团队估值100万元、出色的董事会估值100万元等,通过对企业现有取得的各种成果分别估值并相加,即可得到企业的价值。该方法的一种特殊情况是分别对企业的创业者、管理层和投资者进行估值,这三者价值的和就是企业的价值,也称之为"三分法"。使用这种方法对企业进行估值,没有太多的客观数据做依据,仅凭估值者对企业各种因素的分析判断。

2. 类比法。

进入创建期的企业经营模式、产品和管理团队等初具规模,因此在市场上有可能找到可以类比的公司,同时企业未来收益的数据也可以进行预估。第一种情况是参考与初创企业同一行业被并购或投资的非上市公司。如:A 公司与初创企业是同一行业,它在被投资时估值1 000万元,而初创企业未来预计的收入将是A 公司的3 倍,按照此方法初创企业将被估值3 000万元。第二种情况是可以找与初创企业同一行业的上市公司,计算出这些上市公司或这一行业历史上平均的市盈率,参考这个市盈率预测初创企业未来的市盈率。由于未来的不确定性,要考虑到风险因素,因此初创企业未来的市盈率要在历史的市盈率基础上打折扣。如:某一行业历史上平均市盈率为40,预测未来的市

---

① 吴迪柯. 天使投资的估值方法研究 [D]. 西南财经大学,2013:35

盈率则为30，另外考虑到企业初创期竞争力不强，且非上市公司规模较小等因素，预测初创企业的市盈率可能仅为7～10左右。在确定市盈率的基础上，预估初创企业未来的利润，利润乘以市盈率即为企业价值。

3. 对赌法。

在对初创企业估值中，最大的问题是其未来经营的不确定性，因此有可能初创企业的创始人高估了企业未来价值，也可能投资人低估了企业未来价值。为了尽可能地保证投融资交易的合理和公平，采用一种企业估值的动态调整机制是必要的，而投融资双方签订对赌协议是动态调整企业价值的一种有效方法。对赌协议主要是约定在企业未来可能出现的不同情况下投融资双方应享受的权利和履行的义务。如果融资方在约定的时间达到了约定的标准，则投资方会给其一定的奖励，相当于调高企业的估值；相反，融资方则要给予投资方一定的补偿，相当于调低企业的估值。在估值谈判中，最为重要的仍是企业的内在价值，即未来企业可为投资者带来的潜在收益，这个收益可以是来自企业自身实现的现金流回报，也可以是来自未来潜在的转让价值，只有在天使投资人认可了项目本身之后才有可能进入估值谈判，这是投资的基础所在。虽然，投资的成交价格可能受到天使机构议价能力、企业议价能力、投资市场行情等其他外部因素的影响，但投资机构要最终获取预期的回报，就必须将投资成本控制在围绕企业的内在价值的适当范围内[①]。

4. 固定价值估值方式研究。

固定价值估值法严格意义上来说，并不是一套探寻被投资项目内在价值的估值方法，而更像是一种投资议价方式。总的来说是天使投资人确定自己的一套基础投资方案，包括单笔投资的额度范围、单个项目最高估值、项目所处行业、项目阶段、团队状况、产品技术、投资回报等，当遇到符合这些自己基础投资判断的项目时，首先会向创业者报出较低的基础报价，再由创业者还价，此后数轮，如果项目报价仍在投融资双方的心理范围之内，则交易最终可达成。一般这样的估值模式都相对死板，更多适用于个人天使群体中，其核心是由天使投资人设定的单笔投资额度以及最高项目估值。比如，一般使用这样估值方法的投资人，其综合投资能力有限，单笔投资额度在20万～50万元之间居多，能够接受的单个项目最高估值在300万～500万元。此估值模式的优点是投资谈判的效率较高，对于受自身条件局限的天使投资人，此方法可避免其投入过多的精力在超出投资能力范围的项目上，可充分为天使投资人争取更低的价格，且便于对整体投资组合进行量化风险控制。但是其缺点也是非常明显的，如缺乏估值基础，无法反映项目的内在价值，其成交价反映的仅仅是谈判当时心理博弈的结果，可能在未来造成投资方与项目方的矛盾。

5. 成本定价估值方式研究。

成本定价估值法顾名思义，是按照初创企业前期投入的项目成本，进行双方公允的综合核算，并在最终成本估值的基础上进行一定的溢价计算。该方法的优点在于，充分肯定了创业团队的前期投入，并进行相应的估值溢价，为创业团队算了本总账，可以很

[①] 吴辉，魏月红. 初创企业的估值与融资问题探讨 [J]. 财务与会计，2016（11）：53 - 55

好地照顾创业者的情绪，较适合处于刚刚创业起步阶段的企业。但该方法也存在明显的问题，即对于创业团队前期投入的，仅仅是对公司过往建设的肯定，不能反映公司未来所能创造的价值。从操作的角度来说，这样的估值方法也存在明显的短板，一般创业者较认可的前期投入企业的成本包括：资金成本、技术成本、团队成本，甚至机会成本等。对于创业企业来说，前期的资金投入成本较容易计量。但考虑到大多数科技型企业均为轻资产运作，即项目方认可的成本尚需充分地考虑到技术产品成果的无形资产，企业的主要高管的人力资源成本等因素。如，对于创业企业，其企业高管往往就是创业者本身，往往具备很强的行业经验，但不会给自己开出很高的工资。所以在进行成本核算时应充分进行市场化计量，计算创业者们投入的人力资源成本，这样才能更符合创业者心理预期。对于创业企业的投入有效性要进行充分评估，在成本计算中扣减无效的投资。如，一些与主营业务无关的业务投入、与主营业务无关的技术研发费用、冗余的人员支出等成本。在对无形资产及人力资源成本进行评估时，因为受制于客观因素，无法对人员相关投入与机会成本进行精确估值，在实际计量时，仅能按照团队心理判定进行估值博弈。

6. 市场比价法估值方式。

基于市场参照物的倍数法，例如参照收益、收入或每股净资产再进行倍数的溢价，即市盈率倍数、收入销售倍数和市净率倍数法。倍数的确定一般参照上市企业或行业内标杆企业，再根据被投企业对比情况进行打折或溢价。投资人应意识到倍数并不代表估值这个简单事实，倍数往往是随投资市场变化而变化，只是行业估值程序的简单体现。目前较公允的倍数区间如下：市盈率倍数（PE），对于未上市的企业其市盈率倍数通常都在5~30倍之间。对于高科技初创企业，其估值主要基于未来3~5年的预测平均利润，市盈率倍数一般在6~10倍之间。收入或销售倍数，使用收入倍数估值法一般得出的估值是类似业务总收益的0.5~4倍。如企业想要获得不低于10倍的投资回报，这其中的逻辑即是，在创业投资的世界里，投资时间一般比较短，要求的回报较高，因此不管一项投资在3年内或5年内退出对投资者而言并无重大区别，这也反映出了一个现实问题，也就是预测出一个企业退出时间是很难的，企业往往在有买方的时候才能被出售，而不是以企业自身获得某阶段成就的时候被售出。对于低收入者或者对于发展初期的企业，这个乘数可能会是销售乘数。在创业企业早期，或许收入并不理想，但却拥有大量且不断增长的用户群。这个方法同其他方法的最大不同点是，它所计算的是该业务当前的价值，而不是创业投资者退出时的期望值。所有的乘数方法应该且可以得出一个估值范围。这有助于了解市场是如何看待企业可能估值的范围，因此，考虑所有可能的估值是非常有益的，至少当其他人也在做同样的评估时是有益的，然而，行家会花很多时间计算并调整比率和数字。例如，作为基准的销售乘数来源于两家企业，一家是位于印度的拥有数百万美元收入的非上市企业，另一家是拥有数十亿美元收入的美国上市企业，这时候你需要根据规模、所处国家以及上市和未上市等情况进行加权比较[①]。

---

① 周森枝，刘云昊，黄洁珊，刘春梅. 创业企业估值方法及其估值过程分析［J］. 技术与市场，2014（11）：161-162

7. 曲棍球法。

创始期企业经过种子期进入创始期后,创业团队和创业创意已经经过了初步的考验,但企业未来的不确定性依然很强,这一阶段创业投资来源主要是天使投资。对企业的估值,仍延续了一部分种子期投资估值的主观统计判断,但已经有投资人根据企业成长曲线的预期对企业进行定量的估值。在企业成长曲线中,创始期企业正处于谷底,其财务状况的预测图因看上去像曲棍球棒而得名,也可以看做是一个曲棍球棒形状曲线的底部区域,此时常用的估值方法也就称为曲棍球棒法。

曲棍球棒法的核心假设是:创业企业当前处于曲棍球棒的底部,但如果筹集到一定的资金,企业在可预期的几年内会到达球棒的顶端平台。曲棍球棒定价的核心要件是:投资回报倍数 R、企业在 N 年后的预期价值 V_n、创业投资金额 I。创业投资要求的股份比例 S 可用公式表示为

$$S = I \times R/V_n$$

创始期企业处于低谷期的特点,决定了此时的创业投资估值依然有很大的主观成分,但对于未来几年成长性可以预期的企业来说,创业投资已经能够对投资进行数量化的估值。比如,创业企业的融资额为 80 万元,投资期 3 年,投资人希望 3 年期满后获得 5 倍的投资回报,预测企业第三年的税后利润可达 100 万元,对比市场上的可比公司的市盈率为 12,则投资者的所有权比例为:$80 \times 5/100 \times 12 = 33\%$。[①]

6.3 防范向天使投资人融资的异化行为

(一) 天使投资人的异化行为

1. 理念错位。

天使投资人多是创业成功人士,面对广泛投资领域的产品、技术、市场,专业知识不足,特别是对投资项目认识不足(加之多数天使投资人没有专业投资分析员提供投资可行性报告,只凭自己已有的投资经验和直觉来判断),易形成错误的投资决策,最终投资失败。投资的失败产生了连锁反应,导致三种投资异化行为:一些投资人在争取稳健投资的理念下,重点转移投资于房地产等投机性强的行业;另一些投资人则关注企业成长的中后期,导致天使投资创投化;还有投资人把种子期投资变为普通商业贷款。坚守于天使投资领域的一些投资人在尽职调查完成后走向两个极端:一种是风险识别过度,对投资过于谨慎,失去了商机;一种对投资领域认识不够,把资金投至貌似有前景的行业,也有直接遭受虚构的商业计划书欺骗造成巨额损失。

2. 掠食主义。

在投融资中的强势地位使一些天使投资人在与创业者融资协商中忽视了自己只是投资人的基点,无视创业者的合作意愿,把自己定位为创业者,对弱势中的创业者实施掠食。比如,想尽办法扩大自己在企业中的持股比例,以求形成事实控制;在企业经营中

---

① 徐绪松,郑海滨,熊保平. 投资项目的评审 [M]. 民主与建设出版社,2002:394

反客为主，在业务上越俎代庖；在利益方面倾力攫取，甚至阻挠其他天使投资人对自己投资的创新企业融资等。创业者由合作人变为下属，甚至被逐出创业团队。因为对于创业企业而言，客户是否喜欢企业的服务，会不会推荐给其他人，这才是企业经营状况的真正指标，也是创造长期价值的基础。短期的利润可能会取悦投资人，但是有可能会让企业的长期可持续发展及价值创造能力受损①。

3. 道德危机。

创业者在融资过程中处于弱势位置，创新（发明、技术、品牌等）与商业计划对投资人来说不再是秘密，一些投资人利用尽职调查名义获取创业者核心资料，然后取消对创业者的投资计划，自己借鉴乃至于窃取其技术或商业计划进行商业活动。另一些投资人则用隐性的不平等协议，设置天使陷阱来欺骗创业者，故意模糊出资方投资行为的性质（如确定个人行为还是企业行为）、合作双方的公司性质（如确定新设独立的有限责任公司还是其他），用隐蔽的手段侵蚀创业者的利益。

（二）被投资人的异化行为表现

1. 融资策略失当。

天使投资人的投资不是必然投资，这与常规的必须通过投资而获益的各种基金、投资机构、银行经营方式不同。在寻找投资人之前，多数创业者没有充分掌握天使投资人的特点（如区分主动型天使投资人、被动型天使投资人，天使投资人对商业计划的设计结构与陈述方式的偏好等），缺乏系统的针对性强的融资营销策略，商业计划说服力不强，丧失了机会。

2. 融资欲求过度。

在争取投资的谈判过程中，被投资人由于急于获取投资，为符合投资标准忽视了对自己的技术、专利、发明、商业计划等适当的保护，无原则退让，接受苛刻要求，造成商业秘密泄露，计划、技术失窃。

3. 经营与管理失衡。

初期的创业者在企业发展方面没有成熟的经营管理体系，多存在强势的经营与弱势的管理；或者相反。有经营无管理的恶果固然明显，但是管理过度（过于重视企业内流程再造、结构调整、人力资源管理、期权激励、企业文化等方法），经营不足（手段单一的降价促销），同样产生不良后果，经营管理不善就是将争取到的融资及创业机会白白浪费。如果创业者在创新过程中过度关注融资，在满足投资人的同时没有把握好新业务对市场和渠道的取舍，那么这些推动创业探索起步的筹资流程，实际上却成了扼杀破坏性创新的绞索②。

（三）中介组织的异化行为

在天使投资领域服务的中介组织一般分为公证性中介机构、代理性中介机构、信息技术服务性中介机构三种，但以信息技术服务型为多，这些中介机构也出现了行为异化

---

① [美] 戴夫·格雷，等. 互联网思维的企业 [M]. 张玳，译. 人民邮电出版社，2015：92
② [美] 克莱顿·克里斯坦森，[加] 迈克尔·雷纳. 创新者的解答（全新修订版）[M]. 李瑜偲，林伟，郑欢，译. 中信出版社，2013：187

现象，主要表现为竞争无序、缺乏中介专业手段、管理混乱。中介机构在理念上把中介定位于简单的信息提供和咨询，不重视自身的社会职能；在业务中把服务理解为收费，更有甚者以项目评估等手段收取创业融资人的巨额评估费用，然后对融资事项不了了之，形成事实诈骗，这些行为严重影响了中介机构的形象并使之失去了公信力[①]。

（四）警惕团队建设中存在的陷阱

1. 创业准备不足。

创业团队都是由两个或两个以上成员组成，对企业战略决策产生直接影响，并从某种程度上享有或占有企业所有权。创业团队可以让新创业者有更多渠道获取大量有价值的资源，以更好地应对动态复杂的创业环境要求，但这也增加了成员间的协调难度。一个创业团队常常缺少处理此类棘手的创业问题的技巧和经验：谁拥有多少股权；谁将承诺奉献出多少时间、资金或其他资源；如何解决分歧；一个团队成员如何才能离开和怎样离开等。协调和融合方面的困难对团队凝聚力有着严重的负面影响，可能导致成员间摩擦升级甚至成员退出，进而影响新创企业绩效。创业团队在新创企业的发展和成长中扮演着重要角色，成员间高质量的社会交换关系是实现创业团队积极影响力的根本保证。因此，成员间信任关系的发展就变得格外重要。创业的核心过程可以通过特定的胜任力来推进，而这些胜任力是可以通过学习获得的，即创业胜任力具有动态发展性。创业团队随着时间发展不断变化，一般初创期是很均衡的，随着企业发展可能变得不均衡。一个新创业团队战略的选择与实施，不仅仅是依赖于创办者或者领导者个人的特质、性格、才能等条件，更多的是决定于整个创业团队的特质、经验甚至整个团队中各成员之间的合作默契程度及合作质量，创业团队之所以被认为是创业成功的关键与核心元素，主要是由于创业团队这一组织形式能够克服单个创业者在创业过程中所遇到的各种经验、能力、资源、资金等许多方面的障碍。但是创业团队能否取得成功，团队成员之间能否做到优势互补，这就主要取决于团队成员的挑选与组合。

2. 忽视了团队成员间的目标差异。

团队合作的基础是有凝聚人心的愿景和经营理念，并在客观环境中培养共同愿景，确立创业企业发展的明确目标，为团队和企业的发展指明方向，提供核心动力。目标一致，才能实现团队人力资源整合后的优势。创业企业一开始就要明确自己的经营目标，但在企业实际经营过程中，受外界因素的影响或者是初始目标设定的过高、过低、不贴切实际情况等原因，从而需要适当调整经营目标。经营目标的修正具有客观现实性。但这可能导致成员个人目标与团队目标有可能出现差异，如果不能很好地调整个人目标，那么分歧将会越来越大，团队的稳定性难以保持，创业能否成功就成为未知。在创业过程中，创业团队共同商量、探讨问题、集思广益，利用集体的力量做出正确的决策当然很好。但如果无论大事小情，都集体作决策，需要采集大量的成员意见和进行烦琐的沟通讨论，会使整个团队运作效率低下，进而错失商机，造成不必要的损失；甚至会使某些团队成员的野心过度膨胀，形成多人领导的局面，当意见不一致的时候容易产生争

---

① 宋书彬，战宇. 天使投资市场中异化行为及对策——基于科技创新创业角度的研究 [J]. 石家庄经济学院学报，2010（4）：20-23

执，不利于团队的和谐与稳定。因此，团队中没有明显的核心与领导人物来凝聚所有成员共识，并以此来激发团队热情和团队创造力，极容易造成团队散掉的局面。

3. 创业者和团队成员自高自大。

创业企业认为自己无所不能，不愿接受优秀人才加盟进来，或者过于迷恋和相信一个产品创意，结果会发现是创业企业的一条死路。初始创业团队一般是由一些私人关系很好的伙伴组成，例如亲戚、朋友、同事、同学、校友等。成员彼此比较熟悉，相互之间信任度比较高，形成的团队凝聚力强，管理成本低，所有成员都能全心全力投入工作。但随着企业规模的不断扩大，对于人才的种类和数量都有新的需求，势必要接纳新成员，通常新成员由于自身理念、工作风格、年龄、个人经历等原因，需要一定的时间融入创业团队。此时，如果团队领导者不能够很好地解决这个问题，整个团队将受到影响，新员工不能够及时融入团队，老员工排斥新人的加入，结果只会使团队工作效率低下，甚至分崩离析。

4. 在投资者、团队成员、核心创业者中的破坏性动机。

如果对这种潜在的破坏性动机缺乏警惕，例如对一个团队成员早早地就十分关注权力、金钱和控制的行为不引起重视，将使团队变质，成为一个争权夺利、损公肥私的场所。有效的激励是企业能够长期保持士气的关键，其重点在于能够给予团队成员合理的个人利益补偿。只有低层次的需要得到满足，才会追求高层次的需要，形成系列性的递进的激励体系。在企业的初创期，条件比较艰难，通常企业没有利润，甚至负债累累，这个时候，利润分配无从谈起。但随着企业的发展，利润的增加，必须要有一个明确的利润分配方案，否则当初靠义气、感情维系的团队此时可能因利润而出现纠纷，导致创业团队解体。

5. 盲目的过度信任。

新创业团队可能认为团队成员间的相互信任是理所当然的。在长期的创业过程中，诚信确实是十分重要的，一个创业者没有信任不能成功。但盲目地信任别人只能是吃亏上当，遭受损失。信任通常是通过长期的考察获得的，需要极大的耐心和不断的试验。因此，与新组建的相互陌生的团队相比，投资者更看重长期紧密合作的团队，因为后者已经经受了考验，取得了相互之间的信任。

第 7 章　如何向创业投资机构融资

7.1　创业投资的内涵

（一）创业投资的发展概况和特殊性

对于创业投资（venture capital）的概念，目前并没有形成统一的看法，各个经济体对于创业投资的定义各有不同。根据全美创业投资协会的定义，创业投资是由职业金融家投入到新兴的、迅速发展的、有巨大竞争潜力的企业中的一种股权资本。而根据欧洲创业投资协会的定义，创业投资是一种由专门的投资公司向具有巨大发展潜力的成长型、扩张型或重组型的未上市企业提供资金支持并辅之以管理参与的投资行为。联合国、经济合作和发展组织（OECD）对创业投资的定义又有所不同，有三种不同的表述：①创业投资是以高科技和知识为基础，生产与经营技术密集型的创新产品和服务的投资；②创业投资是专门购买在新思想和新技术方面独具特色的创业企业股份，并促进这些创业企业形成和创立的投资；③创业投资是一种向极具发展潜力的新建企业或创业企业提供股权资本的投资行为。以上三大组织给出的官方解释，欧洲创业投资协会的定义相对比较广义且具体。在当前创业资本市场中，创业资本不再仅仅投资于具有高风险性质的高科技的企业或创业企业，凡是新兴的、具有发展潜力的、未来发展不明确的、能带来高收益（同时也包含高风险）的项目或是创业企业都成为创业资本追逐的对象。因此，广义的创业投资概念可以定义为：金融创业资本将资金投资于新兴的、具有发展潜力的、能带来高收益（同时也包含高风险）的项目或创业企业，并在时机成熟时就退出的一种权益投资行为。从商业模式上看，创业投资的投资过程非常复杂，它具有双重代理的特征。创业投资机构在融资时，投资者作为委托人，而创业投资家则扮演了代理人的角色。而当创业投资机构向企业投资时，代理人变成了企业的所有人，创业投资家在此时又成了委托人的角色。在金融运作程序上来讲，这种双重代理的关系使得创业投资的法律程序相当复杂。

创业投资家们的积极参与演绎并创造了美国在 20 世纪末互联网产业发展的奇迹。创业投资作为一种新型的投资机制，能够对那些传统信贷缺乏兴趣，而确有发展潜力的发明创新提供资助，支持中小型高技术风险项目或企业的创业和发展。通常他们在企业自主创新后期、早期成长、加速成长阶段这些融资困难时期提供所需的资金，在企业进入稳定成长或者成熟阶段后，创业投资者以高价转让其所持有的股份获得资本增值，然后再将获得的收入投入到新的项目中。同时，成熟的创业投资者往往与其他创业投资者、中介机构、金融机构和政府部门保持良好的关系，从而凭借自己庞大的社会关系网络为企业带来优质的专业服务和企业发展信息。美国学者高坡斯和勒纳（Gompers & Lerner, 1998）提出了创业资本循环模型，将创业资本运作分为了筹资（即创业资本募集）、投资和撤资（即退出）三个阶段①。1984年，管理学家德鲁克提出了"创业型经济"，认为美国经济的主要推力以及工作机会主要来自中小创业企业的贡献，同时创业投资也是高新技术产业的发展的助推器。现代创业投资行业诞生于美国，1946年美国研究与发展公司的创立被公认为世界上第一家真正意义上的创业投资企业，后来美国政府对创业投资行业进行规范化整理。1957年的《创业企业投资法》及1978年的《雇员退休收入保障法案》相继出台，使得美国创业投资行业实现了爆炸式的增长，并且于2000年达到顶峰。20世纪高科技领域的许多重要科技成果，包括半导体硅材料、微型计算机、生物技术以及IT高新技术等，都是在创业投资的作用下，从实验室的大胆构想转变为商品，并创造出巨大的经济效益和社会效益的。科技发展对经济增长起着决定性作用，创业投资已经成为科技开发与科技成果产业化最重要的依赖之一。在美国创业投资行业疯狂发展的阶段，创业投资对国家经济的推动作用，对创业企业融资问题的减弱效应以及对就业、科技创新的推动都得到淋漓尽致的体现。

因此，利用创业投资有助于缩短科学研究到工业生产的周期，加快科技成果商品化，实现高技术产业的繁荣发展，有利于自主创新企业科技成果转化为经济效益。创业投资能为自主创新分散风险，企业自主创新过程中充满了各种风险，具体表现在技术、市场、管理等方面。创业投资这种很强的融资渠道，既能更好地满足自主创新企业的资金需求，也能在一定程度上有效分散自主创新风险。创业投资作为一种权益资本，虽被认为是一种昂贵的资本，但对于高科技创新企业来说，它被认定为是一种可行的资金来源。创业投资的偏好高风险项目、弱流动性、放眼未来的收益和高成长性、不要抵押、不要担保等特点，使得其对于自主创新企业来说，是一种可行的融资方式。创业投资一般青睐于天使资本投资过的创业企业，通常是接过天使投资的接力棒，对创业企业继续投资。创业投资是自主创新的发动机，大大提高了企业自主创新成功的机会，提高了企业的竞争力。创业投资能促进资本和技术的融合，即企业自主创新的过程是知识和资本的融合，需要大量资金的支持。创业投资偏好高风险、高投入、高收益的投资项目，其本身也是集知识与金融于一体的专业投资行为。创业公司向创投公司融资的流程见表7-1。

表7-1　　　　　　　　　　创投公司的融资流程

步骤	事项	时间周期
1	确定目标创投机构	4周
2	准备融资文件	6周（可与步骤1同步）
3	与不同的创投机构联系	6周

---

① 窦佼. 我国创业资本退出机制研究［D］. 上海社会科学院，2013：3

续表

步骤	事项	时间周期
4	给创投机构作融资演示	0.5~1 小时左右
5	后续会谈和尽职调查	10 周
6	合伙人演示及出具 Term Sheet（投资协议条款清单）	4 周
7	Term Sheet（投资协议条款清单）谈判	2 周
8	准备法律文件	4~12 周
9	资金到账	1 天

资料来源：桂曙光．创业之初你不可不知的融资知识［M］．机械工业出版社，2013：90。

从发展状况上看，我国创业投资正处在初级阶段，大部分创业投资由政府组建或政府控股，投资十分谨慎。创业投资投入的领域也较为狭窄，服务的对象也主要是已经具备一定规模，产生一定效益的企业。因此我国目前的创业投资更多的是"锦上添花"的作用，很少能够为创业企业和创业者"雪中送炭"。我国创业投资行业起步相对较晚，直至1985年，中国新技术创业投资有限公司的建立才标志着创业投资行业在我国出现了最初的萌芽。中国创业投资公司是中国第一家创业投资公司，它成立于1985年，其主要股东是国家科委、财政部等国家机关。中创成立后发展迅速，资产规模一度达到100亿元，但中创于1998年因高息揽存及不能偿还到期债务被人民银行以行政手段关闭。根据不同的发展特征，我国创业投资行业发展可以分为三个不同的阶段：①萌芽阶段，1995~2000年，1998年中央的"一号提案"提出尽快发展我国的创业投资事业，由于我国资本市场仍处在封闭状态因此这一时期仍处于萌芽阶段；②跌宕发展期，2001~2005年，我国陆续放开资本市场，但是银行融资仍然是绝大多数企业的融资渠道，创业投资处于缓慢发展阶段；③2006年后，我国资本市场逐渐开放，外资创投机构纷纷在我国境内设立办事处，我国创业投资行业得以借鉴优秀经验得到快速发展。2005年11月15日，国家发改委、科技部、财政部等十部委联合发布《创业投资企业管理暂行办法》，对创业投资做出了明确的界定："创业投资，系指向创业企业进行股权投资，以期所投资创业企业发育成熟或相对成熟后主要通过股权转让获得资本增值收益的投资方式"。其中，"创业企业是指在中华人民共和国境内注册设立的处于创建或重建过程中的成长性企业，但不含已经在公开市场上市的企业。"近年来，创业投资行业不断发展壮大，已成为促进科技创新成果转化的重要资本力量，需要进一步规范、监管、完善。2016年9月20日国务院正式印发《关于促进创业投资持续健康发展的若干意见》，强调了创业投资对于当前我国经济社会发展的重要意义和作用，明确了促进创业投资发展的政策举措，在我国创业投资体制建设史上具有里程碑意义。本次《意见》的出台，则将吹响中国创投迈上更高水平、更新阶段的号角。清科研究中心发布的数据显示：2016年中国创业投资市场基金募资十分活跃，募资总金额再创历史新高，超大金额募资事件频频发生，平均募集金额达到历史最高点。清科集团旗下私募通统计，募资方面，2016年中外创投机构共新募集636只可投资于中国境内的基金，披露募集金额的545只基金新增可投资于境内的资本量为3 581.94亿元人民币,单只基金平均募集规模高达6.74亿元人民币;投资方面,2016年中国创业投资市场共发生3 683起投资案例,同比微升6.9%,其中披露金额的3 419起投资交易共计涉及金额1 312.57亿元人民币,仅比2015年多19.23亿元人民币,平均投资规模达3 839.04万元人民币。过去10年我国创业投资资本规模以年均近20%的速度增长。截至2016年7月末,在全国创业投资备案管理系统备案的创业投资企业共1 778家,备案创业投资企业总资产规模4 340亿元;累计投资案例1.78万个,累计投资金额4 558亿元。退出方面,2016年共发生2 001笔创投机构退出交易,其中新三板挂牌是最主要的退出方式,期间共计发生1 230笔,占比高达61.5%;IPO和股权转让退出分别排名第二和第三,分别发生277笔和223笔。2016年中国创业投资市场基金募资处于较高水平,基金募资数和募集金额均创历史新高。2016年中国创业投资募资市场也十分活跃,大额基金频频设立,如中国国新控股有限责任公司、中国邮政储蓄银行股份有限公司、中国建设银行股份有限公司、深圳市投资控股有限公司共同出资设立了中国国有资本风险投资基金,基金目标总规模高达2 000亿元。我国创业投资发展的具体情况见图7-1。

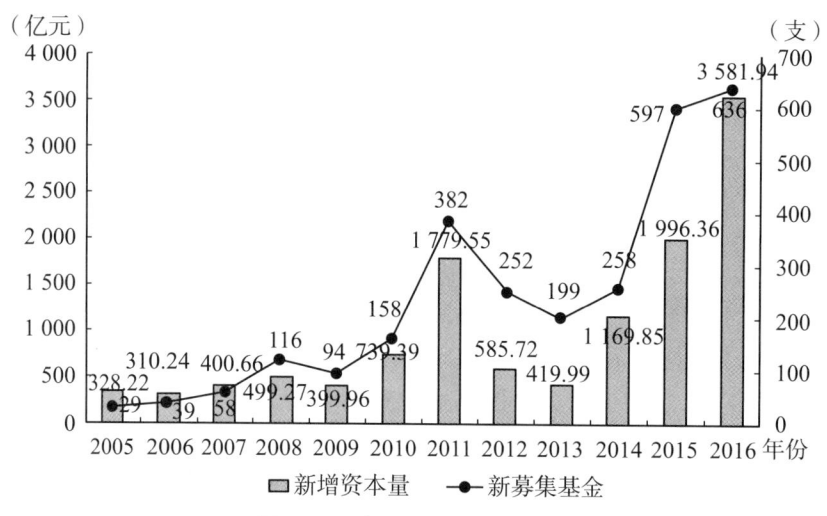

图7-1 我国创投机构的概况

资料来源:私募通,2017。

创业投资行业的发展壮大,已成为促进科技创新成果转化的重要资本力量。但与此同时,我国创业投资发展仍不充分,面临着法律法规不健全、监管体制不适应、行业信用体系建设滞后、政策环境不完善以及机构投资者投资渠道狭窄、退出渠道不畅等问题,也存在投资估值虚高、投资泡沫化现象以及非法集资风险隐患。构建了从行业到政府部门、从行业协会组织到各类服务机构的立体化政策服务体系,覆盖了创业投资企业运营中"募、投、管、退"各环节,首次明确提出促进创业投资持续健康发展的基本原则,即坚持服务实体、坚持专业运作、坚持信用为本、坚持社会责任,鼓励创投机构长期投资和价值投资,不断提高创业投资专业化运作和管理水平。对于创业投资而言,缺乏长期资金和愿意承担风险的资金是存在的主要问题，加强政府引导和政策支持成为关键。国外的理论研究表明，创业投资后创业投资机构的信任对创业过程的重要性已经得到了的认同，被视为新创企业成功的必要条件，是竞争优势的来源。其重要性主要体现在：创业投资家与创业企业家之间的关系以高度信任而不是机会主义为特征，信任与合作才能实现双赢。信任促使创业投资保持对企业运营的敏感，促进企业接受创业投资机构的监控和服务①。然而，我国中小板公司的实证研究表明，在我国的本土创投并没有在小企业上市过程中增加价值，他们只是试图搭 IPO 机会的便车。由于创投融资对企业家而言成本很大，因此在企业家的观念中，只有创业投资能够提供高价值输入时，创业投资才是有意义的。如果创业投资除了提供资金外不能增加价值，债务融资应该是首选。然而，如果创业投资只是搭便车，尤其是当他们没有把使用创业投资作为债务的替代，为什么我国的企业家愿意放弃部分所有权？研究表明了他们这样做是为了改善公司的财务状况。创业投资在帮助企业家更早或更快上市方面增加了价值。也就是说，与上市准入机关打通了关系。因此，创业投资带给我国企业家的真正价值是什么以及是什么让企业家选择了创业投资，是一个有前景的未来研究领域②。

2016 年中国创业投资市场活跃度维持在较高水平，但平均投资金额有所下降，2016 年中国创业投资机构更加注重价值投资，同时中国的创业者也更加理性、成熟，更加关注企业内部发展，因此大部分项目的估值维持在一个合理区间。具体参见图 7-2。

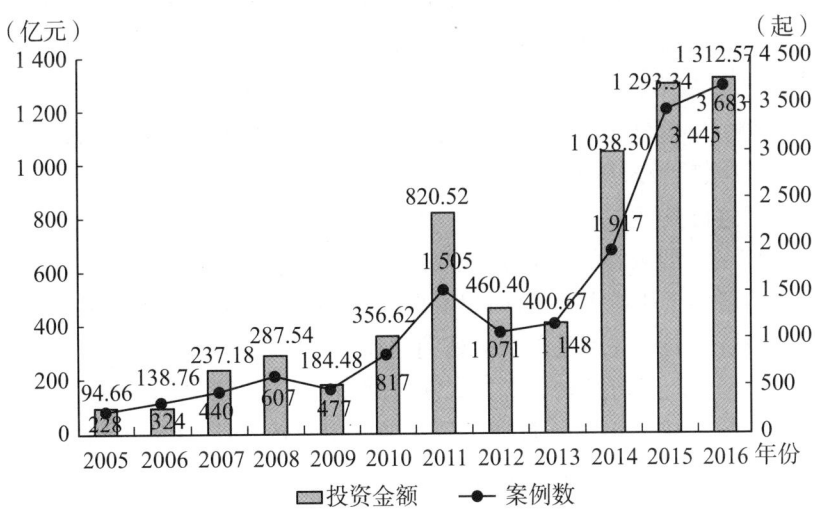

图 7-2　我国最近几年的创投投资概况

资料来源：私募通，2017。

---

① 叶瑛，姜彦福. 创业投资机构的信任影响新创企业绩效的跨案例研究 [J]. 管理世界，2009 (10)：152-163

② 孙晶. 创业投资对企业价值和运营的影响研究——基于 2004~2015 年中小板企业数据 [J]. 技术经济与管理研究，2016 (8)：31-39

（二）创业投资的特征

1. 创业投资着眼于投资对象的高成长性。

创业投资所投资的对象通常是在创建期或起步期的成长性企业，尤其是对高成长性的中小型高科技企业，其投资的目的在于被投资企业未来的收益以及在成长壮大中所带来的高额利润。而相对于普通的股权投资，其投资对象一般是成熟性企业，投资时主要考虑被投资企业的现状，以及是否能够带来稳定持续的现金流或投资回报。

2. 创业投资主要为参股投资。

创业投资是一种权益投资，不以取得被投资企业的控制权为目的，一般所投资额不超过被投资企业总股份的40%（可视被投资企业发展情况分批投资）。同时，创业投资所投资金的用途灵活多变，可视具体情况由被投资企业的经营管理团队与投资者共同确定。在获取公司的股份后，创投机构通过参与制定创业企业发展战略、选择管理团队以及制定最优资本结构来帮助创业企业发展[1]。

3. 创业投资的期限较长。

由于创业投资主要投资于初创型或成长型的企业，就导致其不能像普通股权投资一样，在投资的当年就产生收益，一般要经过3~5年或者更长的时间才能通过股权退出的方式取得收益，因此具有相对较低的流动性和较长的周期。

4. 创业投资是一种高风险性的投资。

创业投资是一个国家或地区的企业家精神、技术进步和商业性投资运作综合作用的结果，客观上能够帮助一批高新技术企业迅速成长，因此被誉为经济增长的发动机。但创业投资不同于一般的股权性投资，其所投资的企业虽然具有较高的成长性和发展前景，能否适应市场尚不确定，投资的成功率较低。从发达国家的投资实践来看，一般10个创业投资项目，能够最终顺利退出获得高额投资回报的有2~3个，投资彻底失败的有2~3个，其余项目业绩普通。因此，典型的创投机构从所有融资申请人中只选取千分之一的项目进行投资[2]。

5. 创业投资的主要收益方式是资本的退出增值。

创业投资一般在企业最需要资金的时候进入，在企业成长壮大或成功时及时退出。其与一般股权投资不同，并不是追求短期利润和经常性收入，而是在投资较长一段时间后，通过资本市场的股权流通转让等方式获得高额的资本增值收益。在国际上，创业投资的退出通常有如下几个渠道：首次公开上市（IPO）、借壳上市、并购、股权转让、清算等，其中并购包括兼并、收购、企业回购、管理层收购（MBO）等。创业投资退出的首选渠道为IPO，因为IPO获得的回报最高[3]。

6. 投融资双方之间信息高度不对称。

创业资本市场是一个信息极其不对称的市场，投资者拥有富余的资金，创业投资家在面对众多的新创业企业的资金申请，也不能掌握每个创业企业的风险因素、发展

---

[1] 郑君君. 风险投资中的道德风险与逆向选择 [M]. 武汉大学出版社，2006：82
[2] 刘亚娟，孙静，徐弥榆. 创业融资 [M]. 中国劳动社会保障出版社，2011：49
[3] 初钊. JH创业投资公司尽职调查研究 [D]. 安徽大学，2014：7

前景以及资金需求量等的具体情况。企业家则知道较多关于企业的具体情况，对于创业投资家的专业知识、经验丰富程度以及资金等背景也了解的不如创业投资家自身清楚。因此创业资本市场中存在着高度的信息不对称程度，为创业投资带来了不小的风险性。

7. 企业难以从常规渠道融到资金。

由于创业投资机构所投资创业企业处于初创期，实体资产较少，较多的是无形资产，且项目或创业企业的发展前景不明确，具有高风险，创业企业缺乏有形资产的抵押，往往很难从正常融资渠道获得资金，而对创业投资机构而言，投资初创阶段的创业企业将承担极高的风险，这使得创业企业在初始阶段产生了资金断层。因此在没有过多的抵押资产的情况下企业是很难从银行或是其他常规的金融机构处贷到资金的。创业企业也就只能向非传统融资渠道也就是创业资本市场寻求所需资金，也恰恰是因为难以从传统融资渠道融得资金，才给予了创业资本市场发展壮大的机会。

8. 主动参与创业企业管理的专业投资。

创业投资不仅仅是资金的投入，寻求创业资本投入的企业家往往拥有项目、创业企业发展的前景规划或是专利技术，对企业的内部情况也比较了解，但是缺乏相关的企业管理能力、人脉关系、运营企业的经验以及必要的资金，而创业投资家具备一定的企业管理能力、社会人脉关系以及创业资本，在创业资本参与项目或是创业企业的过程中，为了降低风险，提高投资回报率，创业资本提供方不仅仅是将资金注入到企业的发展中去，更是将其自身拥有的企业管理能力、人脉关系、丰富的企业运营经验以及专业知识技能投入到企业的发展中去，而这些无形资本的投入是其他融资渠道所不具备的。创业资本提供方与企业家各自拥有资源的互补性将会给企业的发展提供极大地帮助。

7.2 与天使投资的差异

（一）投资动机比较

创业投资和天使投资在投资动机上的不同主要表现在：创业投资的投资者投资的唯一动机就是在投资中获得高额的投资回报。与创业投资不同的是，天使投资的投资动机除了获取高额的回报之外，还会追求很多非经济因素，比如传授创业经验的渴望、自我兴趣的追求、敏捷的商业思维能力得到保持、通过投资健康产业增加社会福利等，这些因素在一定的程度上会影响天使投资人的项目选择。由于非经济因素不同，天使投资者也会有不一致的经济追求。在对天使投资的一项研究中发现，被受访者认为追求自身的乐趣是主要原因，有的受访者认为支持新成立的公司是最重要的，除此之外，相对于创业投资中投资回报所占的高额比例，仅有少部分的天使投资者将获得高额的投资回报作为他们的首要目的。

（二）融资性质的比较

一般来说，一个公司从初创到稳定成长期，需要多轮投资，第一轮投资大多是来自个人的天使投资作为公司的启动资金；第二轮开始的投资往往会有创业投资机构进入，为产品的市场化注入资金。创业资本很多是采用了基金模式来募集资金，是一种以私募方式设立的创业类投资资金，有的以公司等组织形式设立，也有采用合伙制设立的投资基金，通过投资于未上市的新兴中小型企业来谋求高回报的资本形态。创业投资投资于企业，投资者直接参与企业的管理，但由于其资金来源于其他资金所有者而不是投资者本人，存在一种双重代理的关系，与原始意义上的直接金融不同。天使投资不是通过投资机构而是由私人将其自有资金投资于企业，为投资者的个人行为，属于直接融资。投资者不需要任何金融中介机构为其服务，其代理关系简单清晰，因此天使投资能够有效解决创业投资产生的委托代理问题。从职能上讲，创业投资管理资金，是资金的管理者，而天使投资者既是管理者也是所有者。从收益上讲，创业投资者通过帮助别人管理资金获得一定的管理费用作为收益，并在此基础上获得一部分投资利润；天使投资者则获得全部的投资利润。

（三）投资规模的比较

机构投资者是创业投资资金的主要来源，因此创业投资基金数额一般较大，更偏向投资于成熟的企业。而天使投资是私人直接的权益投资，所以规模相对偏小。创业资本是为创业提供知识、技术、人力资本、法律支持、制度支持等相关机构之间构成的一种相互联系的社会网络，决定着区域产生创业能力的一种特殊资本形态。创业资本水平的高低不仅反映着区域创业能力的高低，还反映着区域内知识流动和知识向经济绩效转化效率的高低，决定着高技术、高增长创业活动的发展，并通过新创企业集聚了更多的要素，成为经济增长的新要素，即创业资本通过加速知识溢出，提高区域创新水平，产生集聚效应作用于经济绩效。一般的，创业投资只将总额的四分之一投入"种子期"或早期项目，而天使投资的投资总额中则有超过1/3的投入"种子期"或早期创业项目中，在较小型的投资交易中，天使投资起着主导地位。托马斯（Thomas）研究发现，创业机构投资者的介入可以促进企业研发（R&D）投资，创业投资在一定程度上影响着企业研发投入。一般说来，创业投资更偏好投资于高技术创业企业，非常重视具有市场潜力的核心技术，极大程度上激发了创业企业不断地进行研发活动。从创业投资机制来看，创业资本的价值是以科技产业创业的成功为标志的。创业投资的使命就是要与创业者一起拓展项目的技术潜力，并与创业者共享创业成长的经济价值。因此，投资人与创业者都非常重视对研发的投资，并积极推动企业的自主创新。有创业投资介入的创业企业里，由于其他权益资本来源从比例上就少，所以创业投资机构对创业企业的持股比例一般都比较高。创业投资对创业企业的控制力也较强，创业投资会利用控制权将更多的资源投资于企业的研发活动[①]。

（四）运作方式比较

创业投资与天使投资的运作方式在调查方式、投资范围、项目投资合同、退出时机等四个方面存在差异。

---

① 买忆媛，李江涛，熊婵. 创业投资与天使投资对创业企业创新活动的影响[J]. 研究与发展管理, 2012 (4): 79-84

1. 调查方式比较。

创业投资者常常以联盟的形式对将要投资的项目或企业进行长时间的考察，需要大量的精力评估和分析项目的可行性和投资回报，以至于投资的速度较慢。天使投资人更多是凭借自身的兴趣和经验，结合市场趋势进行决策。其不可能像创业投资者那样有时间和精力对创业企业展开调查和评估。

2. 投资范围比较。

从投资的地域范围来看创业投资者的范围较为广泛，可以分布在不同的国家或者不同的地区。对于天使投资者而言，为了便于他们监管和参与企业活动，其大多数项目是在居住地附近进行。从投资的行业范围来看，创业投资者主要涉足于健康医疗、无线通信、计算机、生物医药等高技术企业。而天使投资者的行业背景十分广泛，他们的投资范围不拘泥于投资领域的选择，只要存在较高的成长潜能就能将天使投资者吸引。这种特性给创业企业解决资金缺乏的问题提供了很大的帮助。满足了不同领域的创业企业的融资要求，弥补了创业投资的不足。

3. 项目投资合同的比较。

由于在调查方式上的不同，创业投资的投资速度慢，投资者对合同的正规化、合规化要求非常高，合同变动的灵活性较小，合同签订以后，双方的协商空间非常小。而天使投资的合同形式和内容具有很大的灵活性，因此投资速度相对较快，即便合同签订了，在执行的过程中如果遇到问题，双方还可以通过协商更改合同的条款来解决。天使投资的合同具有更多的调整和协商的空间。

4. 退出时机比较。

创业投资在投资期限上有着比较严格的时间约束，投资基金一般以 5～7 年为一个固定的投资期限，创业投资家必须在这个周期内退出投资，这也导致其投资行为的获利动机更为强烈。与此形成对比的是，天使投资人对投资期限的要求更加灵活，可以选择对双方更有利的时机退出，因此在退出时机的选择上天使投资更有优势。

（五）风险防范和收益预期的比较

创业投资，其主体是创业企业和投资者，客体是资金融通。创业是创业者对自己所拥有的或者通过努力能够拥有的资源进行整合，从而创造出更大社会价值和经济价值的过程。创业是市场经济的出发点和归宿，没有自主创业，就没有活跃的经济市场；没有自主创业，社会资源就无法被有效地发掘和利用；没有自主创业，国民物质需求就没办法得到提高和满足。创业企业组织形式十分重要，只有一个能够适应一国经济体制和投资习惯的企业组织形式，才能更好地发挥企业的运转效率，促进创业投资市场的发展。由于创业投资者与企业家通过制定严格的契约来保护自己和出资人的权益，他们更加重视市场风险，而不太重视第二层代理风险。而天使投资人往往以个人的形式参与投资，其获得的关于项目的信息是有限的，因此天使投资人更加重视代理风险的防范，至于项目存在的市场风险，天使投资人一般是通过寻找优秀的企业家的方法来加以限制。在对收益率的期望上，创业投资与天使投资者也是不同的，创业投资者由于是代替他人管理资金，其对项目的预期收益率有较大的压力，如果不能给出资人带来较大的资产增值，其投资的项目就是失败的；与此不同的是，天使投资者是用自己的资金进行投资，压力相对较小，对项目表现出较大的耐心，只要不是亏钱的项目，投资人都是可以接受的①。

7.3 创业投资流程

整个创业投资过程可以分为融资、投资、运作以及退出这几个阶段。融资是整个创业投资过程的开始，创业投资机构首先需要从投资者处融集资金，也就是投资者将资金委托给创业投资机构，这就蕴含了创业投资的第一重委托代理。投资是创业投资机构将资金投到有关目标项目或是创业企业的过程，在这个过程中，资金从创业投资机构手中转移到了企业家手中，这就蕴含了第二重委托代理。运作阶段是整个创业投资过程中比较重要的一环，资金运作好了，企业得到了充足的发展，最后的收益就会提高，如果资金没有运作好，企业得不到良好的发展，这将不利于创业资本的退出，甚至有可能亏损。随着资金不断投入运作，创业投资家往往还将以丰富的经验、知识技术以及人脉关系投入到其他项目或是创业企业的发展中去，用最大的努力去支持项目或是创业企业的发展壮大，以达到共赢的目的。退出阶段是整个创业投资过程的最后阶段，这是创业投资参与方之间分享收益或承担亏损的阶段。在该阶段中，资金将从企业往创业投资方转移，投资方实现高收益并退出，在良性循环的过程中，创业资本投资方将资金继续投资于下一个新项目或是新创业企业，实现创业资本的不断循环，参见图7-3。

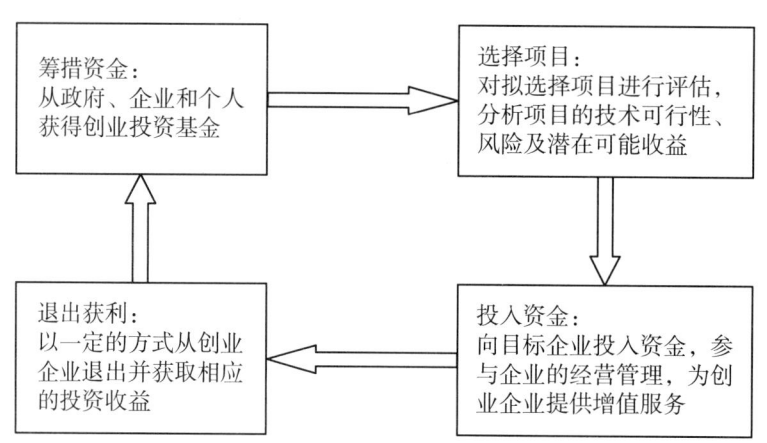

图7-3 创业投资运作流程

（一）募集资金：投资过程的起点和创业投资运作的前提

创业投资公司要想进行下一步的运作必须要有充足的资金。创业投资公司融资的难度是比较大的，因为创投机构投资的大都是具有高风险的高新企业，不能和普通企业那

---

① 魏继承. 我国天使投资业发展障碍及对策研究［D］. 西南财经大学，2011：14-16

样从银行获得贷款,筹措资金的途径也只有通过政府、企业和比较富有的个人那里筹措资金。创业投资机构融资的资金来源不同,资本结构也会不同,对于创业投资的运作也会产生影响。在西方发达国家,主要是以民间的方式筹集资金,这样就会使创业投资的运作越来越统一,这种资金结构对于创业投资的运作起到一定的市场化规范作用。在我国,创业投资以政府投入的引导基金为主,这样就使得创业投资基金具有趋向于政府的特点,对资金运用可能会产生消极的影响。

(二)筛选项目:创业投资活动将起到决定性的作用

项目的好坏不仅关系到创投机构的盈利多少,更关系到创投机构能否长期发展下去。如果创业企业家的努力水平与监督的敏感度较高,创业企业家就会提高努力水平,因此创业投资公司的监督与管理可以减少创业企业家的道德风险,从而扩大投资范围。如果创业企业家的技能水平事前不可观察,通过创业投资公司的多阶段决策程序可以遴选一些可行方案,创业投资公司的评估水平越高,可供选择的范围也就越大。

对于私人创业投资机构来说,项目主要来源于以下几个渠道:与创业企业家的直接联系、其他创业机构、金融中介、律师和会计师。对于子公司型的创业投资企业来说,还有另外一个重要的项目来源,那就是母公司的其他部门。一般情况下,创业投资机构收到的项目建议书要比它能够或愿意接受的多得多,因此创业投资机构要对他们先进行一次迅速而粗略的筛选,以便选出值得作进一步详细考察的投资申请。筛选的标准因不同的创业投资机构而异,但都包括以下四个方面:

1. 投资规模。

考虑到管理每个创业投资项目要花费的时间和成本,创业投资机构可能不愿意把投资分配到大量的小额交易中去。但是,多少创业投资家敢于铤而走险将所有投资孤注一掷,即使是分散于少数几个项目的情况也很少见。因此,大多数创业投资机构都规定了对创业项目的最高和最低投资额,每个创业投资机构理想的投资规模都与其创业资金的规模有关。一般创业投资机构的政策都把对单个被投资企业或企业集团的投资限制在可供投出资本总额的10%左右。也就是说,平均每个创业资金投资于10个创业企业。这样一来,如果创业资金的规模较大,那么其每项投资的规模就会相应的高于投资规模较小的创业资金。对于超过最大值的项目,创业投资机构将与同业联合投资。

2. 创业企业的技术和市场定位。

实际上,许多创业投资机构会选择他们所专长的领域进行投资,因为这不但会减轻进一步评估的难度,而且也便于投资以后实施监督和向被投资企业提供有效的帮助。此外,为了达到预期的高额投资回报,创业投资家们偏好于技术密集行业,特别是生产新技术产品或开发现有技术新用途的制造行业。

3. 发展阶段。

创业投资发展阶段可以细分为:①种子资金阶段的投资。是向发明家或创业企业家提供一笔数额很小的资本,用于证明某一想法或概念是否值得进一步开发和投资。这里所说的想法可以是一项技术,也可以是一种新的营销方式。这一阶段可以包括建立产品模型,但不包括生产和销售。一般而言,创业机构很少对此投资,这一阶段的投资主要是由天使投资家或创业企业家自己完成的。②导入阶段的投资。通常是向正在组建或成立时间不到一年的企业提供，用于产品开发、产品原型测试和市场检验的投资。在这一阶段，创业企业将进一步研究市场潜力、完善管理队伍和修改经营计划。③成长阶段的投资。此时，产品原型测试已经完成、技术风险不足为虑，同时从小批量的制造过程转向商业化生产和销售。开始着手于进一步占领市场，此时企业还没有赢利，可能刚刚达到盈亏平衡。④成熟期的投资。该投资是向销售量迅速增长，且已经实现了净利润，市场不利变动的风险大为降低，但内部资金不能满足营运资金扩张需要的企业提供的，用于购买生产设备、扩展营销范围或进行产品改进。在这一阶段，银行等传统金融机构可能愿意在有固定资产或担保的情况下提供部分贷款。⑤接近清算阶段的投资。这个阶段的企业为了保持增长仍需要外部资金的帮助。企业已经相当成功和稳定，使外部投资者的风险大为降低。企业可能更愿意使用债务融资，以防止权益过分稀释，因此商业银行信贷将起重要作用。尽管创业投资者的投资有望在几年之内变现，但变现的形式和时机还不确定。

4. 被投资企业的地理位置。

这一条之所以被用作筛选的标准，是因为创业投资家要经常地参与被投资企业的经营和管理。如果被投资企业的地理位置远离创业投资机构，将会给创业投资家的参与造成极大的不便和很高的成本；而且，即使创业投资家并不刻意追求地理上的集中，它们的投资组合也会自然而然地表现出这一特点来。另一方面，我们还认为声誉在创业投资行业中非常重要。对于创业投资机构而言，在一定地域范围内声誉才能够起作用，这一点也可以用来解释硅谷的创业投资的积聚效应①。创投机构在筛选项目时，选择那些科技含量高，具有很好的发展潜力，能够为企业带来巨大收益的企业，并且适合创投机构自身的发展理念和特点，结合目前的经济发展情况，选择合适的目标进行投资。创业投资提供给受资企业的增值服务内容是丰富的，大体上可分为两类，一类是通过自有资源帮助受资企业成长，如自身的声誉与智力资源；一类是通过自身的外部网络帮助受资企业成长。企业的资本增值服务分为两类，一是战略性管理支持，包括计划/战略决策和财务决策；二是专业性管理，包括生产决策、人事决策、研发决策、市场决策。创业投资能够在企业战略制定、商业资源获取、市场开拓、人力资源等方面提供智力支持。创业投资拥有庞大的外部网络资源，能够为企业发展提供多方面的支持，如募集基金、寻找上下游合作伙伴、招聘关键员工、发展客户关系。此外，创业投资在注资前会对各个备选的项目进行严格筛选，取得创业投资支持的企业往往会被认为是质量高的企业，这种企业正面形象的传递对企业发展有很大益处，利于企业与业务关联方开展合作，吸引潜在顾客。这一阶段是考量投资家的素质和眼光的关键环节，也是创业投资与其他形式投资所不同的地方。在以后的发展过程中，创业投资家可能会遇到投资项目的技术研发和市场开拓的风险，为了避免这些风险，创投机构在选择他们所要投资的目标时是非常谨慎的。他们要考虑各种因素来衡量自己的投资是否可行，比如目标企业的发展潜力、发展规模等。经过创投机构认真的考核之后，确定被投资企业，然后做出一个完备的投资计划，使投资组合结构更加趋于合理，为了明确双方的责任和权力而与创业企业签订

---

① 米旭明. 创业投资生命周期决策方法及应用研究 [D]. 重庆大学，2003：28

投资协议，使存在的投资风险尽量减少。

（三）投入资金

1. 构造投融资交易的结构。

交易构造，是指创业企业家与创业投资家之间经过协商达成的一系列协议，目的是为了协调双方在特定创业投资交易中的不同需求。在这个阶段要解决的问题是使用金融工具的种类和组合（即资本结构）、交易的定价、协议的其他条款。在对交易结构进行协商时，创业投资家的主要考虑是：

（1）相对于交易的风险水平赚取合理的回报；
（2）对创业企业的发展施加足够的影响，通常要求出任创业企业的董事；
（3）使交易产生的现金流的纳税最小化；
（4）不管未来出现何种情况都要保证投资能够撤出；
（5）享有投票控制权，以便在企业业绩恶化的情况下能够更换管理者。

另一方面，创业投资家还应了解创业企业家在交易构造中想要谋求保护的利益，这因各国创业文化的不同而不同。例如，美国创业企业家会有如下考虑：能够领导他们创建的企业、从他们的创新中收获合理的财务回报、使他们的税负最小化。

在构造交易时，还有一些问题是创业投资家和创业企业家所共同关心的，如交易结构应具有一定的灵活性，以便于随着企业的成长进行后续融资和激励管理者及雇员。此外，最终的财务结构还应对其他资金供应者有足够的吸引力。

创投机构为了使创业企业能够更好更快的发展，按照投资协议，为创业企业提供资金，并在创业企业成长的过程中，创投机构为创业企业提供一些管理经验方面的服务。创投机构对于企业的管理方面具有丰富的经验，对于市场具有敏锐的观察能力，而创业企业大多是一些具备先进技术知识的创新型人才，他们对于企业的经营还缺少一定的经验，对市场的变化他们也缺少一定的判断力，创投机构对创业企业的服务，可以更好地帮助创业企业管理和经营。创投机构与创业企业的合作，将先进的知识技术与资金优势相结合，使创业企业在高科技产品方面大大加快了发展的进程，他们将彼此的优势和劣势互补，达到共赢的目的[①]。

2. 投融资交易的定价。

创业投资交易中的定价是在协商中最易引起争议的一个方面。定价实际反映了创业投资家在投资寿命期内期望的收益率水平，它既包括当期收入，也包括资本利得。只有当期望收益率能够补偿他们所预见的风险时，创业投资家才会接受这一定价。创业投资家对每个投资阶段要求的最低收益率水平不同，对导入期一般要求平均每年50%以上的收益率。创业投资家对企业价值的评价是建立在交易的内部和外部因素基础上的。外部因素与一般宏观环境、股票市场形势和创业投资行业及创业氛围有关。因此，它们对特定交易来说是外生变量。内部因素有以下几种：

（1）企业的潜力，包括对生产收益的时间进行量化估计得出企业上升与下降潜力。这种估计将建立在对同行业类似企业的比较分析基础上。

---

① 米旭明. 创业投资生命周期决策方法及应用研究［D］. 重庆大学，2003：29

(2) 企业经营计划中给出的财务预测所隐含的假设的可靠性。
(3) 预期后续融资将造成的权益稀释。
(4) 投资退出的难易程度。企业能否公开上市或能否出售。
(5) 到目前为止的业绩。知道企业是否已经完成它到目前为止的计划对未来投资者及价格的确定都是至关重要的。
(6) 产品种类和市场类型。
(7) 管理队伍的经验和成就。

3. 签订投融资合作协议。

与创业投资家的投资谈判，这往往需要若干次会议才能完成。大部分会议上，双方将对商业计划书展开探讨、论证和分析。在初次双方会晤时，往往需要企业家演示商业计划书，这时正是体现创业者个人素质、说服创业投资家能力的大好机会，这就需要在熟悉商业计划书的同时掌握一些必要的演示技巧：演示时，应带动投资者的参与积极性，实现双方的交流与互动；应做到条理清晰，突出市场前景，刺激投资者的兴奋点；产品介绍应通俗易懂，不要过分强调技术因素或故意使技术环节复杂化；适当引用业内专家或行业期刊的评论，其观点明显支持产品和市场定位，等等。最后，在与创业投资家的会谈过程中，除了要注意紧紧围绕商业计划书展开讨论外，企业家还应明了"该做什么"和"不该做什么"，要对本企业和本企业的产品或服务持肯定态度并充满热情；要明了自己的交易底线，在必要时可以放弃会谈；要记住争取和创业投资家建立一种长期合作关系；要对尚能接受的交易进行协商和讨价还价；不要回避创业投资家所提的问题；不要急于让对方立即做决定，要有耐心；不要把交易的价格定死，要有灵活性；不要在细节上过多纠缠。从正确判断自己企业所处的时期到与创业投资家面谈，每一步都对成功获得创业投资起着至关重要的作用。一个具有投资价值的项目，一位优秀的创业者经过适当的运作，最终将成功获得创业投资。当创业投资家与创业企业家就证券类型与价格达成一致意见之后，就开始讨论投资协议的全部条款。创业投资协议的条款包括的主要内容有：①投资额；②作为融资工具使用的证券类型和构成；③管理层的声明和保证，即创业企业家需要为经营计划中包含的财务报告提供证据；④肯定誓约，即创业企业家同意在创业投资期内不从事的活动。

4. 确定对创业企业的投资工具。

创业投资家在选择金融工具时，取决于被资助的企业的类型、创业投资机构的资金来源、创业投资家的经营哲学和其他考虑。从创业投资家的角度来看，选择金融工具最关键的问题是投资的变现、对投资者的保护和对企业的控制。

纯粹债务融资的优点是有固定的利息收入、在清算时有优先权、在破产时处于控制地位。其不利之处在于创业投资家不能分享企业未来的增长潜力。此外，如果使用债务融资工具，则创业企业在一开始就呈负债资本结构，这将障碍企业以后再发行债券的能力，并限制了其他传统金融机构的参与。金融工具序列的另一个极端是普通股。它的优点是股东能够享受企业价值上升的好处；但当企业破产时，普通股对资产只具有最低级别的剩余求偿权。另外，拥有创业企业的多数一般不是创业投资家的目标；但少数股权会导致创业投资家对企业控制能力的减弱。普通股的这些特点将会促使创业投资家要求创业企业家放弃更多的权益份额来换取资金,这一要求将反映在交易价格的提高上。由于纯债务融资和普通股融资有以上种种缺点,因此创业投资家经常使用被称为混合工具的投资方式,它们综合了直接债权和直接股权的特点,并隐含了选择权在内。最常见的几种是优先股、可转换债和附认股权债。

(1) 优先股(referred stock)。优先股显然是权益的一种,而且只有当企业有净利润时才支付股利;但它能在企业破产时给股东以更多的保护,因为优先股的偿还次序先于普通股。可转换优先股还具有在任何时候,包括公开上市时,按特定的条件转换成普通股的权利。

(2) 可转换债(convertible debt)。可转换债是有权在一定时期内转换成预定股数普通股的债券。可转换债是债务和权益混合体。当股票的价格较低,使债券的直接价格(等于债券收益现金流现值)高于转换价值(等于股票价格乘以转换率)时,可转换债被认为是一个债权等价物;而当股票价格高到使转换价值大于债券直接价值时,可转换债就被看成是一个权益等价物。其优点是当企业经营不景气使股票价值下降时,可转换债的价值损失要小于股票;其缺点是转换成本一般高于直接购股成本。

(3) 附认股权债(debt with warrants)。附认股权债是由债务和认股权组合而成的。认股权允许债权人分享企业增长带来的好处,因为在企业前景看好时,债权人有权按一个比较低的价格购买普通股。认股权的潜在价值将使债权人同意接受一个较低的利率和较宽松的贷款限制。附认股权债和可转换债券或优先股的区别在于认股权的执行为被投资企业带来额外的资本,而可转换工具只会使资产负债表上的一种负债和权益被另一种负债和权益所替代。

从上述对创业投资金融工具的分析中不难发现,创业投资家尽力拥有比普通股级别高的证券,即创业投资家掌握的证券应比创业企业家的证券优先级高,以便以一种可靠的方式监视被投资企业。没有这样的证券就难以保持创业投资家在被投资企业董事会中的特权。高级证券可以使创业投资家要求创业企业家与他们保持密切联系,并保证一定的当期投资收益和对企业未来投资收益的参与。但是,也不难发现,金融工具本身更多的是代表所有权和收益权,它们所反映出的监督和控制功能是有限的,即金融工具的选择只能在一定程度上保护投资者,因此在构造交易时,创业投资家还会加入其他条件,如要求创业企业家也投入一定比例的资金等。

(四) 创业资本的退出

这是创业投资的最后一个环节,是创投机构参与创业企业发展的最直接的宗旨,创投机构进行创业投资,就是为了获得更多的收益,获得收益正是通过创业资本的退出实现的。创业投资过程的最后阶段是投资退出。创业投资家的目标是在5~10年内以可观的收益售出投资。退出条件通常列于投资协议,目的是避免创业投资家脱手时资金被"锁住"(这种情况通常发生在几年以后创业企业家反对出售他的企业时)。创业投资家的退出权利实际上是一个随时可以执行的期权。它的时间跨度越长,价值就越高。这一价值还取决于以下两个方面:①创业投资机构的投资组合;②创业投资机构的融资来源。例如,当某个创业投资机构只投资于一两个项目时,就有可能被迫提前执行期权。另一方面,具有充分的、长期的和多样化的资金来源的创业投资机构,在行使退出选择权价值最大化方面会比资金紧张的同行有更大的灵活性。退出时，创业投资的结算条件和价格将决定创业投资机构的业绩。这个阶段的影响因素有两个方面，即创业企业的内部情况和外部情况。内部情况与被投资企业的管理和业绩有关，外部情况与宏观环境和股票市场交易走势有关。创业投资几个最基本的退出方式包括公开上市、出售清算和破产。其中出售又分为公司间的收购和兼并、创投机构的收购以及创业企业的管理层回购等几种不同的情形。

第 8 章 投融资合作：尽职调查

8.1 尽职调查的必要性

尽职调查，又称为审慎性调查，是指投资方为达到某项目标前，对其投资的目标公司或项目所潜在的经营风险的详细调查，针对投资前对创业企业进行财务、法律、资源（包括技术、材料、生产、人力等）以及其他影响投资风险和价格的方面进行一系列的综合分析。在创业企业与创投机构合作过程中，尽职调查的必要性表现在如下几个方面：

（1）创业投资的尽职调查可以合理评估股权投资活动存在的各项风险。在进行创业投资时，投资机构面临的来自被投资公司的风险是多方面的。首先，会面临来自被投资公司的道德风险，被投资公司为了私利会夸大企业经营成果、提供虚假的经营业绩数据；其次，会面临来自被投资公司的财务风险，比如高风险的资产负债率、不良资产、资产抵押；再次，投资机构会面临来自被投资公司的经营风险，不健全的销售渠道、恶劣的服务态度、落后的生产技术；最后，投资机构还会面临一系列潜在的法律风险，创业投资业务的开展本身受到许多现行法规的监管约束，可能在创业投资中还存在着其他许多难以预见和评估的各种风险。通过尽职调查，投资机构可以对产生的各种问题早作准备、提前把握。

（2）可以确定股权转让的合理价格和股权转让的条件。创业投资机构应对被投资公司历史的生产经营业绩与市场开发情况、目前的财务情况、潜在的运营前景等各因素进行全面的调查，这些调查可以帮助投资机构确定合理的股权转让价格和股权转让条件。经过调查使投资机构可以更深入地了解被投资公司的过去、现在和将来的发展状况，极大地减少了创业投资机构在投资过程中所面临的信息不对称的问题。同时，一系列的尽职调查可以明确交易中可能存在的潜在风险和法律问题，交易双方根据调查结果就相关的风险和义务可以展开谈判，可以更好地进行投资决策。

（3）可以合理设计投资方案。创业投资活动本身是一项复杂的系统性工程，当股权转让的工作结束，这也仅仅是整个投资项目的一小步，股权转让之后双方的整合重组才是决定投资成败的关键因素。通过开展全面的尽职调查，可以确定在股权转让完成之后的重组方案，对于是否设立新的管理层、投资机构是否直接参与企业的经营管理、被投资企业重组后的下一步发展目标、对一系列妨碍目标企业发展问题的解决早做安排。

因此，股权投资过程中开展尽职调查是必不可少的环节。

8.2 尽职调查的主要原则

（一）全面性原则

在尽职调查中调查的内容要注重全面，包括对管理层、产品、市场、财务数据、法律等信息的调查。首先，调查内容要全面。就企业组织而言，尽职调查涉及企业的沿革、合法性、股东的构成与变更、内部治理结构、下属机构以及关联企业等；就企业权利而言，其涉及企业的所有权、用益物权、担保物权、知识产权及债权等；就企业义务而言，涉及银行贷款、借款、或有负债、正在进行或者面临的诉讼、仲裁或行政处罚以及税收等；就劳动人事而言，涉及所有关键雇员的劳动合同的年限、竞业禁止、是否存在与原单位未了的纠纷；就股东而言，涉及是否从事与被投资企业的类似业务、是否涉及重大的诉讼、仲裁或者行政处罚、其股权是否被质押等。其次，材料要全。调查者必须调集所有材料，单就拟投资对象的股权结构而言，除了查阅拟投资对象当前的工商执照等法律证明之外，还要查阅公司章程、股东出资证明书、出资协议、验资报告、股份转让协议、股权变更登记等一系列文件。

（二）独立性原则

在进行尽职调查的过程中，尽职调查者应当保持中立的态度，不与目标企业发生不正当的经济利益关系。在发表自身看法时，不受外界的影响，公正公平地对目标企业做出专业的分析与判断。

（三）谨慎性原则

主要是针对尽职调查者而言，要求调查者在调查过程中，必须保持专业严谨的态度，不乱抬高目标企业实质资产与存在的投资价值，也不压低目标企业的负债或费用情况以及存在的投资风险。

（四）重要性原则

尽职调查者在调查中能够充分地揭示出目标企业的经营发展状况以及其影响要素的前提下，根据创业投资机构决策的影响程度来确定重点。一旦发现对投资者的决策产生重大影响的事宜，必须要简化调查程序和方法，并对其进行简单或者合并反映。针对不对的企业，尽职调查应该有所侧重。首先是处于不同发展期的企业的调查重点不同。众所周知，创业资本的投资对象可以分为种子期、创业期、成长期和成熟期，因此不同时期的投资对象的尽职调查应该不同。就种子期的企业而言，因为其法律关系十分简单，所以重点应集中于其创业团队、知识产权等领域；而对于比较成熟的企业，尤其是 Pre-IPO 项目，因为其成立时间相对较长，其牵涉的法律关系更加复杂，隐藏的风险点也就更多，因此就应该全面调查，但重点是应比照拟上市地的上市规则开展调查。行业不同也决定了创业投资法律尽职调查的不同。在高科技领域，知识产权是决定企业发展的核心问题。若知识产权归属不清或者存在权属争议，则可能导致整个企业的核心竞争力缺失，甚至连企业存在的基础也将丧失。企业背景不同同样要求调查的重点不同。企业设立之初即为股份制企业的，其股权结构相对清晰，因此其重点应集中于公司治理结构；对于那些改制为股份公司的企业，改制是否规范、改制文件是否齐全、相关利益主体的利益是否已经妥善解决则是必须关注的；而对于民营企业，则要重点关注其内部制度的规范性、公司的股权架构、公司与自然人之间的借贷、关联交易等因素。

（五）目标导向原则

尽职调查工作开展应当以创业投资机构的角度按照调查目的对目标企业的财务状况、经营状况和有关风险进行披露，根据目标制订切实可行的调查方案、确定调查重点和实施调查程序。在撰写尽职调查报告时，应当以与投资目标企业紧密相关的内容为核心进行全面翔实报告。以专利为例，投资者不仅需要了解其是否拥有专利权，还要了解其是专利权还是专利申请权、是否存在权属上的纠纷、有效期间、专利权的地域范围以及专利许可情况等内容。再以应收账款为例，投资者不仅需要了解其应收账款的数额，还要调查应收账款的性质、产生原因、账龄、债务人资产负债情况以及债权人已经采取的措施等。调查者不仅要对有关的文件资料进行详尽的审核，还要求调查者与相关当事人、政府机构和中介机构等进行调查和沟通。如关键员工属于从同行业其他单位跳槽过来，则需要了解其与原单位合同关系是否已经了结，是否与原单位有竞业禁止的约定等。单凭员工个人提供的信息显然不能确保真实，因此还有必要向原单位进行调查和了解[①]。

8.3 尽职调查的主要方法

（一）问答清单调查法

问答清单调查法又称作书面调查法，是指调查者以书面的形式获得目标企业相关书面材料与信息的方法。在采用问答清单调查法时，尽职调查者遵循客观性、必要性和可能性的原则：第一，根据调查目的和对被调查的企业进行初步探讨，设计一份有较强针对性的调查问卷；第二，设计与发放调查问卷；第三，回收调查问卷，结合调查问卷的填充内容，仔细判定有无漏填或错填情况，并及时采取措施补填或进行其他替代的程序；第四，为了让问卷答案更客观，调查者还应对调查中的重要内容进行后续核实。

（二）审阅搜集法

审阅搜集法是指通过尽职调查人员对目标企业的一些基础资料，如企业的基本情况、企业内外部环境的资源、财务相关资料等进行合法性的检查，以及对目标企业的财务指标进行复核分析，判断目标企业是否存在违反会计准则及国家其他相关法律法规的经济行为。此方法能够客观全面地查阅所收集到的各种资料，为数据分析做好准备。

---

① 肖和保. 风险投资尽职调查四原则［N］. 21世纪经济报道，2007-11-23（27）

(三) 数据分析法

尽职调查者在调查过程中，对从目标企业收取回来的财务信息、法律信息以及目标企业的内外部环境信息等各种资料，运用分析法对其进行分类、汇总和总结预测，为创业投资机构提供更加客观与合理的分析，降低其投资风险。此方法是尽职调查中比较重要的调查方法，被广泛应用在尽职调查中的各个阶段。

(四) 关联审核法

尽职调查者对目标企业的相关文件，如企业的某些重要交易记录、法律文件、企业间的交易合同等进行审查核对，以得出较为准确可信的调查结果。关联审核法是尽职调查中的重要手段，通过对目标企业的内外审核，可以及时地发现目标企业在投资前是否出现过一些问题，让创业投资机构更清楚目标企业的发展状况。

(五) 访谈沟通法

尽职调查者通过与目标企业各层次管理人员面谈来搜集获取信息资料。此方法可以让尽职调查人员快速取得目标企业最直接的经营信息，因此在实务操作过程中也被广泛应用于尽职调查的各个阶段。

在尽职调查的实务过程中，没有明确要用哪几种调查方法或者是固定的只用某种方法，而是要根据尽职调查者所面临的实际情况来做出适当的选择，其最终目的是在于更全面地收集目标企业的相关资料，并依据自身的专业经验来判断所得数据的真伪性及实用性，以此得出更具有价值的调查结果。

8.4 尽职调查的组织安排

(一) 成立项目小组

创业投资的尽职调查涉及财务、法律、会计、市场经营等多方面的综合知识，因此需要具有相关专业知识的人员共同开展尽职调查工作，必要时也可外聘专业的调查机构。一般而言，调查团队由两部分组成，一部分由公司内部人员构成，这一部分包括投资、财务、法律等相关人员；另一部分来自公司外部，主要由律师、审计师、会计师等专业中介机构人员组成。两部分人员要相互协调、团结合作、信息共享，只有这样才能保证尽职调查结果的真实、准确、全面。从尽职调查开始，创业投资机构应该按照公司的内部控制、公司治理、主营业务、财务管理、会计制度、合法合规内容进行分类，指派专人分别负责，按照尽职调查的要求，进行全面、完整的调查。在调查中及时与企业和其他中介机构进行沟通交流，做到不遗漏任何内容，不放过任何疑点；初步调查完成后，在制作材料阶段，创业投资机构应该根据取得的公司资料和第三方佐证材料做进一步的复核、重新计算，并在参考会计师事务所和律师事务所意见的基础上，对有疑问的事项通过交谈、电话、电邮、微信等方式积极沟通，让公司补充资料和出具书面说明或承诺函等方式进行补充调查。具体项目小组的人员组成和分工见表8-1。

表 8−1　　　　　　　　　　　　人员组成及分工

组成人员	主要职责
小组负责人	尽职调查的总协调人，负责总体规划和协调相关内外部机构
	审阅中介机构的尽职调查专业报告
	牵头形成尽职调查整体报告
	负责向上级决策机构汇报
财务顾问	负责创业企业的财务尽职调查
	为尽职调查工作提供财务信息和数据
	结合其他中介机构的专业报告，对目标企业估值
法律顾问	审阅尽职调查中的法律文件
	为尽职调查工作提供法规和政策
	负责创业企业的法律尽职调查
创业公司的内部成员	提供企业的基本信息，包括相关文件和数据
	配合财务尽职调查工作，提供基础的会计报表、数据、各种凭证和税务记录
	配合法律尽职调查工作，提供相关的原始文件和证明文件
	业务人员配合提供创业公司的生产、技术、市场、采购、顾客等相关信息和资料
	文档的归集、整理和提供等基础性支持工作

（二）明确工作流程

创业投资尽职调查小组成立后，首要任务在于制订工作计划，明确尽职调查工作流程以及时间安排，以便于有序的开展工作。本书将创业投资尽职调查工作流程分为企业背景调查、初步尽职调查、全面尽职调查、形成完整的尽职调查报告四个主要部分，参见表 8−2。

表 8−2　　　　　　　　　　　　尽职调查计划

主要流程	信息来源	负责人员	工作成果
企业背景调查	公开介绍企业的网站、媒体报道以及管理团队的资料	小组负责人、内外部相关人员和中介机构	企业总体情况分析报告
	行业协会及行业内的报刊媒体等		
	企业权属关系证明的相关文件和证明		
	企业竞争对手的比较分析		
	招股说明书、会议报告、专题报告等		
初步尽职调查	创业企业提供的相关资料	财务顾问、法律顾问	提出各自专业领域的尽职调查问题清单
	与创业企业内部人员访谈形成的资料		
	与外部有关机构和人员访谈形成的资料		
	与尽职调查有关的企业外部环境信息和资料		

续表

主要流程	信息来源	负责人员	工作成果
全面的尽职调查	创业企业提供书面的正式文件、证明、合同、报告等资料	财务顾问、法律顾问	形成各自专业的尽职调查报告，完成初步价值评估和交易报价的建议
	针对尽职调查清单，系统访谈管理团队、内部员工、外部机构、合作伙伴和顾客等		
	对创业企业内外部进行系统、深入地现场调查		
	按照尽职调查清单，完整提供企业内部的财务、技术、市场、管理、生产、采购、仓储、运输、顾客等资料		
	按照尽职调查清单，完整提供企业外部的宏观环境、金融市场、价值链、生产联合体、银行、供销链、竞争者和税务部门等资料		
形成完整的尽职调查报告	在上述工作基础上，补充、更新和修改相关信息	尽调小组全体成员	形成全面的尽职调查报告，提出正式的估值参考数据以及商务合作建议
	对不同专业内容的调查报告进行统一和整合		

8.5 尽职调查的主要内容

（一）企业概况及法律关系

创业投资机构投资前一般是委托独立的律师或者律师事务所对被投资企业进行法律尽职调查。其主要目的是发现潜在的法律风险，帮助交易双方了解投资活动本身的法律障碍和风险，以及帮助创业投资机构了解被投资公司未了结的或潜在的诉讼。对被投资公司法律方面尽职调查的主要内容包括：被投资公司设立、存续的合法性；发展历史沿革；规章制度、章程；股权结构、股权结构演变过程，考察股权结构是否清晰；诉讼、仲裁、行政处罚情况，是否承担或有负债；与员工签订的劳动合同是否存在法律问题等，参见表8-3。

表8-3　　　　　　　　　　　基本情况调查

内容	分解	注意事项
历史沿革	出资问题	出资是否到位
		出资比例和方式
		出资凭证和相关证明
	改制问题	是否涉及国资

续表

内容	分解	注意事项
股权结构	实际出资人的情况	最终控制权的自然人和机构
	股权结构及合理性	现有股份比例及合理性
		公司控制权与公司治理
		关联交易和利益输送
		投资前后的股份比例变化
主营业务	既有业务	真实性、发展历程、内部结构、外部合作、内外部各种资源的匹配性等
	新增业务	预测的合理性、增长速度、竞争新优势、盈利新预期

（二）行业分析及经营活动

创业投资对被投资企业在经营方面的尽职调查通常由创业投资机构委托给独立的商业尽职调查机构来进行，但是经营方面的尽职调查并不是必需的，一般只在验证此前对被投资企业所在行业及其市场地位的判断时才需要。从事经营尽职调查首先要了解交易的性质、创业投资后的经营计划，再利用各种信息分析来制订投资战略计划。经营方面的尽职调查可以使创业投资机构了解被投资公司业务和运营的各方面情况，认识被投资公司在经营方面的优势、不足和发展战略的有效性，对创业投资机构股权投资后所付出的成本和所带来的收益等多方面进行评估。经营活动的尽职调查可用材料主要包括：被投资公司提供的内部资料；被投资公司网站、管理层报告、公告、定期报告及招股说明书；分析人员、评估部门对目标公司做出的评估报告。

创业投资经营尽职调查主要内容有：被投资企业市场环境、竞争环境及盈利模式分析；企业核心竞争优势和市场地位等，战略规划分析；全面预算管理体系分析；全面风险管理体系分析；是否有安全生产、环保方面的诉讼和规划等。经营尽职调查的重点问题主要有：董事会决议、会议记录等文件中对过去取得的成就和所犯错误的分析结果以及对企业未来发展的规划和指导意见；过往新产品的推出记录；供应商的集中度和依赖度是否过高；生产制造是否存在安全隐患；与分销商和供应商在价值链中所处的谈判地位是否降低；对某些特殊方面，如技术的先进性、原材料储备能力等需要依靠专业人员的指导意见。无论多好的团队，处于多么理想的行业中，只要不是垄断地位，其面临的竞争不可回避。为了使公司在迅速发展的行业中保有一定的地位，企业必须拥有自己的核心竞争力。通过尽职调查，天使投资人可以充分了解企业的市场地位、自身的优势。通过行业的分析，天使投资人要确保被投资企业所持有的差异是独特的，在未来很长一段时间没有潜在竞争者，并且这种竞争优势能长时间保持下去[①]。运营情况的尽调问题见表8-4。

---

① 刘洋，肖阳．论我国天使投资风险预警之尽职调查［J］．湖北工业大学学报，2013（6）：37-40

表 8-4　　　　　　　　　　　　运营情况调查

内容	分解	注意事项
行业整体分析	国内外的行业特点、发展阶段、总体情况和未来趋势	数据来源的权威性和可靠性
	增长速度和规模	增长率的可持续性
	相关的政策法规	与其有无变化
	系统性的风险因素	从风险管理角度提前制定对策
产业链分析	上下游的业务结构	稳定性和创新点
	企业占位和价值贡献	稳定性、不利条件
	进入和退出的条件	有无机会和威胁
市场分析	市场容量及预测	数据来源的权威性和可靠性
	市场结构	数据来源的权威性和可靠性
	市场集中度	数据来源的权威性和可靠性
	市场竞争	竞争优劣势以及未来趋势
	目标顾客	稳定性、需求变化趋势
公司团队	创业者	创业背景、个人能力、追求和抱负
	高管团队	专业能力、有无股权激励、稳定性
	骨干和中层	专业能力、有无股权激励、稳定性
	普通员工的数量和结构	招聘难易程度、基本人工成本
技术分析	国内外的技术发展现状	资料的可靠性
	国内外的技术壁垒	
	创业企业的核心技术	关注有无非专利技术、对员工的特殊要求
	创业企业的研发团队和经费	研发成果产业化的前景和难点
	知识产权保护措施	有无权属的纠纷
生产和采购	生产设施和场地要求	有无特殊要求
	生产能力和技术水平	有无扩大产能的余地和相应条件
	产品的生产工艺水平	
	采购渠道和稳定性	价格变化的轨迹和预测
	供销合作模式	
	主要供应商的结构	是否会过度集中

(三) 财务信息调查

现实投资中很多被投资公司提供的财务报表基本都不能准确反映公司的经营情况,

所以投资机构在投资前要对被投资企业进行财务方面的尽职调查,以确定被投资企业的经营情况和与之相关的风险,以了解被投资公司的税收环境和税负水平,揭示被投资企业存在的税收风险和潜在问题,考虑交易结构和创业投资以后的税收结构重组。财务方面的尽职调查是全部创业投资前尽职调查体系的基础,是对被投资公司投资活动有关的财务活动进行的审查和分析。通过对财务方面的尽职调查来确定对被投资公司资产估值的合理性和对未来收益的可实现性。财务方面尽职调查可用资料一般包括:过往的财务报表;未来 5~10 年的财务预测数据;过去 3 年的按季度财务报表和今后 3 年的财务预测;过去的财务预测值与实际财务数据之间的偏离等。

对被投资公司财务方面尽职调查的主要内容包括:被投资企业管理制度、内部控制、现行会计报表的合并原则;利润表分析:销售收入、成本、毛利、净利变动趋势;人工成本、折旧的变化;经常性损益;未来损益影响因素的判断;资产负债表分析:货币资金分析、应收账款分析、存货分析、无形资产分析;现金流量表分析;对外担保、资产抵押等;企业所得税、增值税、营业税、个人所得税、房产税、印花税、关税等;与关联企业的业务往来情况、所得税申报表、转让定价方法政策。见表 8-5。

表 8-5 财务情况调查

内容	分解	注意事项
历史财务数据	财务状况	风险分析
		资产运营效率
	盈利能力	收入结构、毛利率
		产品单价,单位变动成本
		销售利润率、净资产利润率
	现金流分析	经营、投资、融资三类现金流的正负号变化情况
		经营活动现金流量的结构
		投资活动现金流量的规模
		融资现金流的来源、成本和可持续性
关联交易	关联方分析	三公原则
	关联交易分析	频率、利益输送
	关联交易的影响	
盈利预测	预测的假设条件	合理性和可靠性
	预测的基础数据和模型	合理性和可靠性
财务体系分析	财务体系的健全、有效性	内控结果
	内部管理机构的设置和工作职责	流程的合理性和合规性
	内部制度建设和执行情况	完整性
	财务管理系统的团队建设	人员结构和能力是否胜任

续表

内容	分解	注意事项
财务体系分析	财务信息化程度	有无专业软件和平台系统
	基础财务数据的可靠性	
重大专项资产	专业设备	
	房产和土地	
	专利技术	

对创业投资进行财务尽职调查的常见问题包括：首先，会计准则的应用。其次，财务信息质量，国内很多公司存在财务报表信息不规范、不完整、不可靠等现象，公司账目经常出现错误或者自相矛盾的地方。企业档案管理混乱，存档文件经常与管理类账目的内容不符。再次，对财务承担能力进行全面的考察评估，考虑投资完成后可能出现的磨合问题并做好充分准备。最后是现金流危机，被投资公司如果是出现经营困境的企业，投资者一方面需要支付大量资金完成对被投资企业的市场收购，另一方面也要承担被收购企业的外债、企业运营成本、员工变化的补贴等。这些都对资金的获得能力提出了高要求，一旦出现问题，便可能导致企业现金流危机，创业投资机构也陷入现金黑洞中。

财务尽职调查重点是在调查中了解目标企业的负债情况、内部控制、资产质量、经营管理；谨慎地预测目标企业的未来前景，以减小公司在投资活动中的失败可能性，也可以节约成本。在现有的会计记账准则下，财务报表不可能反映企业的全部财务活动。对或有事项，要知其所以然，以避免今后的财务风险。了解与财务有关联的内控机制、管理机制和工作流程与分配。了解目标企业在期末时的收入情况，固定资产是否与账面相符，无形资产是否有抵押、可使用年限等相关情况。查看目标企业的收入与支出、或有事项等来解析目标企业的发展。主要了解被投资企业的债龄和债务，或有负债需要多加注意。调查目标企业在纳税方面是否做到规范、合法且完整。将这一系列问题了解清楚，才会便于拿出合理有效的投资方案。具体而言，财务报表分析过程中应关注如下内容：

（1）收益质量关注点。首先，要注意的是企业近3年销售量、毛利率及成本数据，产品在市场的分布和主要的销售客户群，并查看其利润的稳定性与持久性。其次，调查小组人员应分析有关费用近3年的趋势走向，并了解其形成的原因；同时还要查看企业的营业成本，如有上升或下降，调查组要探究其原因。

（2）负债关注点。负债方面的调查和资产一样重要，如果调查人员未及时发现漏洞，不仅会虚增并购成本还会增加投资完成交易后的负担，甚至引发财务风险。这里无疑是财务陷阱频繁发生的地方。调查人员应该取得目标公司的明细表，清楚应付账款的周期和供应商的情况。还应查看贷款合同，确认是否已经足额提取，并已经入账。最主要还应查看企业是否有未入账的负债情况，通常目标企业为了自身利益考虑，不会主动披露。税金的申报也是调查的一项，少报、漏报、虚报等情况也会为并购后的企业产生不必要的麻烦。

（3）现金流量关注点。目标企业的现金流量越正常、稳定，目标企业的财务风险就会越小，资信水平就会越高。相反，会加大企业在财务方面的风险，甚至还会发生因不能偿还到期债务而迫使企业"黑字破产"。现金流量的良好与企业发展的收入利润相匹配。调查目标企业的现金流量情况，应对近三个年度的现金流量净额进行编制，对比测算，判断出企业的资产流动性、偿债能力、盈利能力和潜在风险。因此现金流量的高低可以体现出一个企业财务管理的实力和持续经营的水平。

（4）资产质量关注点。财务尽职调查要从资产的质量方面进行深层次探究，分出优资产与劣资产，使投资估价更贴切，为投资的合理方案提供真实依据。

8.6 尽职调查的注意事项

尽职调查作为创业投资活动的关键环节之一，通过对被投资企业进行全面翔实、有针对性的调查分析，有助于降低投融资双方的信息不对称，帮助创业投资者全面了解被投资企业的真实状况，合理进行估值并制订最佳的投资方案。创业投资尽职调查的根本原因在于投融资双方的信息不对称，对被投资企业来说，为了能尽可能地获得资金注入，往往会通过各种手段和方式掩盖可能的风险并提高发展预期。而对于创业投资机构（投资方）来说，必须要通过全面而翔实的尽职调查来了解被投资企业真实情况，以便于其作出正确的投资决策，并最终实现预期的投资收益。因此，创业投资尽职调查的首要目的就在于尽可能地降低双方的信息不对称，其调查要注意以下几个方面的问题：

（一）信息的真伪

注意被投资企业财务报表存在的信息缺陷，包括会计政策的可选择性，需要关注被投资企业的无形资产评估、资产减值、企业盈余等方面的会计政策，并重点了解被投资企业的会计处理方式。如发现存在历史财务处理与实际会计政策不符合的，应向被投资企业寻求具体解释。期后事项是指财务报表截止时点后和实施投资前这段时间内，被投资企业发生的相关事项。期后事项可能对被投资企业的发展产生重要作用并影响投资决策，因此在创业投资尽职调查中需重点了解，并评估其对被投资企业在财务、经营、盈收等方面的实际影响。重点可关注被投资企业在股权变更、公司章程、资产等方面的期后事项。表外融资是指无须列入资产负债表的融资方式，其对被投资企业的资产或负债也具有一定影响，具体内容包括被投资企业是否存在应收账款抵借、售后回租、融资租赁等情况，应在创业投资尽职调查中予以关注。

（二）财务报表及其来龙去脉

注意被投资企业对财务报表的扭曲，在创业投资尽职调查中，对被投资企业的财务报表扭曲情况往往难以全面了解掌握。因此，需要与被投资企业的管理层、财务负责人以及具体财务人员有全面的沟通了解，尽可能获得被投资企业财务报表的真实情况。同时，创业投资尽职调查人员还应从被投资企业的上下游、存贷银行、关联交易方等方面，侧面了解被投资企业相关财务信息。创业投资机构可外聘专业的会计师事务所进行专业化、有针对性的调查处理，并提供相应财务报告以供决策。

（三）无形资产的确认

注意无形资产造成的信息不对称，由于创业投资所投多为初创期或成长期的创业企业，看中的是企业的高成长性和未来广阔的发展空间，因此被投资企业的无形资产往往是其主要卖点，应在创业投资的尽职调查中予以重点体现。首先，应调查被投资企业无形资产的取得情况，如企业的专利情况；商标和商誉的计价标准；商标是否存在纠纷；专利使用期限；产品是否存在法律纠纷等。其次，应观察被投资企业在历史会计处理中重大无形资产摊销情况，是否依据现行的会计政策，摊销的合规性等事项。最后，应判断目标公司无形资产的独立性，是否存在共用的现象，是否被其他关联企业占用等。

（四）或有事项的影响

注意或有事项所造成的信息不对称，企业的或有事项具有不确定性并且难以预估。为最大限度降低被投资企业的或有事项对企业未来发展的影响，创业投资尽职调查应重点关注以下几个方面：一是获取被投资企业产品销售和售后服务的具体情况，分析研判产品质量纠纷对销售和企业信誉的影响，以及可能导致的或有负债；二是获取被投资企业的相关担保情况资料，调查企业的担保行为是否符合法律法规和公司章程的规定，调查企业是否具备履行担保义务的能力，预判由于担保造成的损失对被投资企业未来经营发展产生的影响；三是调查被投资企业是否存在诉讼、仲裁等法律方面的重大或有事项，分析对企业产生的直接或间接影响；四是调查被投资企业的或有资产情况，重点关注企业或有资产取得的可能性以及对企业产生的影响。

（五）关联交易的合理性

注意关联交易造成的信息不对称，关联交易是企业最为复杂和隐蔽的情况之一，因此应作为创业投资尽职调查关注的重点。在对被投资企业关联交易的尽职调查中，可以重点关注以下主要内容：是否符合相关法律法规和公司规章的规定；关联交易的手续是否完备，交易合同履行情况；定价是否公平公允，如与市场价格有较大差异，是否存在合理的原因，是否导致单方获得较大利益；关联交易产生的销售收入或采购额占企业主营业务收入或采购总额的比例，产生的利润占企业总利润的比例，分析是否影响被投资企业经营的独立性；重点关注是否存在大股东通过关联交易占用企业资金或资产的情况；分析关联交易的发生频率；对于经常性的关联交易，关注其交易合同条款是否具体且具有可操作性，分析对企业财务状况产生的影响；对于偶尔发生的关联交易，关注交易价格、交易目的，分析其对创业企业主营业务的影响。

第 9 章 投融资合作：创业企业估值

9.1 创投机构如何合理估值

（一）企业价值口径以及估值焦点

创业企业的价值估价伴随创业投资的每一投资阶段，它决定投资双方的股权比例，进而影响投资决策的制定[①]。一般而言，企业价值具有如下特点：①企业价值是企业拥有或控制的全部资源的价值总和；②企业价值取决于其潜在的未来获利能力；③企业价值体现了时间价值和风险价值；④企业价值是市场评估的结果；⑤企业价值极富动态性。从国内外学者对创业企业的价值估价方法的研究来看，其主流方法是将传统企业价值估价向创业投资领域的移植或变通应用。风险调整折现率法应是创业企业价值估价的基本方法，它将企业未来价值按依风险调整后的折现率折算出企业的现值而进行估价，以折现率的调整弥补风险损失。这种方法的优点是简单易行，只要估算出折现率和企业未来价值，就可对企业的现值进行估价；其不足是难以找到合理的调整基准，过高的折现率使创业者难以接受。针对创业企业的特点，可分步估价，即首先在不考虑企业资本结构变化的情况下对现金流进行折现，然后考虑加入债务因素引起的税收优惠的影响，最后考虑企业弥补亏损带来的税收优惠。很显然，该方法适用于创立期和发展期的创业企业。创业公司融资前的市场估值，无论是对老股东还是对新股东而言，都非常重要。公司融资前的价值被高估，原有股东将从中受益；公司融资前的价值被低估，新股东将从中受益。对于能够创造现金流的资产而言，其价值取决于预期现金流的持续时间、金额大小及其预见性。但是，公司所处的生命周期不同，不同参数的选择会差异较大[②]。

美国纽约大学企业研究中心对 140 家专业创业投资公司投资评估决策所做的调查结果表明，在 24 个考虑因素中，首选因素是"企业家自身具有支撑其持续奋斗的享赋"，其次是"企业家非常熟悉企业自身的目标市场"，第三是"企业家以往领导能力的证

[①] 创业者在给自己的公司估值时，也有不同方法的差异。最保守的方法是成本法，最不可接受的方法是净资产法，最不靠谱的方法是现金流折现法，最常用的方法是市盈率法，最现实的方法是可比交易法。引自桂曙光．创业之初你不可不知的融资知识 [M]．机械工业出版社，2013：32

[②] [美] 埃斯瓦斯·达莫达兰．估值：难点、解决方案及相关案例 [M]．李必龙，等译．机械工业出版社，2015：1

明"和"在 5~10 年内至少能获得 10 倍回报",位列最后的是"创业企业将开发一个新的市场"和"我不会进行追加投资"。调查再次表明,管理素质、产品市场及投资回报等构成创业投资者进行投资评估决策的几项主要因素①。投资决策本身是优化问题,即以额定投入获取最大回报或以最小投入获取额定回报,其决策方法称为"优化分析"。基于不同的生命周期阶段以及投融资双方的合作初衷,确定企业价值的形式也迥异,具体而言包括如下几种价值形态:①账面价值;②内在价值;③市场价值;④投资价值;⑤清算价值;⑥重置价值。不同价值形态的含义见表 9-1。

表 9-1　　　　　　　　　　　不同价值形态的含义

账面价值	资产负债表所揭示的会计价值,用公司的账面价值来表现公司价值是基于这样一种假设,即一个公司的价值是所有投资人(包括债权人和股东)对于公司资产要求权的价值总和
内在价值	公司可预见的未来预期可以产生的现金流量的现值
市场价值	对于一家上市公司,股票的每股市价乘以公司发行在外的普通股股数,即可计算出公司股东权益的市场价值,再加上公司债务的市场价值,就可以得出公司的市场价值
投资价值	建立在 MM 理论基础上的公司价值概念,由于 MM 理论认为公司价值是由公司的投资决策及其所决定的获利能力和经营风险所决定的,因而,公司价值 = 现有项目投资价值 + 新项目投资价值
清算价值	公司终止经营时,其全部资产所能实现的价值
公允价值	买卖双方在完全了解有关信息的基础上,在没有任何压力的情况下愿意进行交易的价格

对创业投资信息不对称与信息需求进行研究,解释分段投资是制度安排的基本手段。分段投资可以减少信息不对称的程度,分段投资提高了投资双方对信息的满足程度,无形资产比例较高时,分段投资的轮次就较多。分段投资决策主要解决如何投资的问题,分段投资过程中的金融工具选择,可转换债券优于普通意义上的债券与普通股股票投资。由于创业企业发展具有高度的不确定性,创业投资一般具有较高的风险。创业投资的典型组织表现为由两层委托代理关系维系的组织架构。第一层为有限合伙人与创业投资公司(一般合伙人)之间的委托代理关系;第二层则为创业投资公司与创业企业之间的委托代理关系。有限合伙人与一般合伙人之间通过基于业绩的回报、监督权、经理人市场约束等手段实施风险基金的运作;一般合伙人与创业企业的创业者则通过管理参与、增值服务、特别合约条款、分段投资等制度安排,最大限度地消除资本运作风险,促进创业企业的成长。两种委托代理关系互相依存、互相制约,从总体上达到减少风险并实现资本回报的目的。第一层委托代理关系主要存在代

---

① 陈越.创业投资决策评价方法的研究 [D].辽宁工程技术大学,2006:5

理人风险，而第二层委托代理关系中则由于创业企业发展的诸多不确定性因素存在多方面的风险。例如，由于技术不确定性而引起的技术风险，由于产品需求不确定性而引起的市场风险，由于公司治理的不确定性而引起的代理人风险等。因此，创业资本的注入多采取分段投资的形式进行，也就是说，创业资本投资人一般并不将全额资本一次性投向创业企业，而是在企业发展的若干个阶段分批投入资本，并保留在任何一个阶段放弃投资和进行清算的权利。分段投资依赖于信息对称程度、信息需求满足程度、企业资产结构及其管理激励要求。创业者有典型的融资偏好，只要有人愿意投入资本，创业者绝不会放弃自己开创的事业，哪怕是他们已经感到事业即将失败。在投资之前，投资人有可能并不知道事业即将失败的信息，因而全额资本的一次性投资有可能承受较高的代理人风险。分段投资是创业企业的一种激励手段。根据上述分析可以看出，创业投资把分段投资作为一种治理手段，可以有效降低创业投资的运作风险，并通过以下两种途径实现：一是随着分段投资过程的深入，在一定程度上消除信息不对称和信息不足引发的代理人风险、技术风险与市场风险；二是新信息的不断暴露有利于提高投融资决策的科学性。也就是说，分段投资不仅仅是一种治理手段，而且更重要的是创业资本运作机制的内在反映，隐含着科学的决策原理，具有自身的运作规律性。首先，分段投资体现出一般的决策原理。由决策理论我们知道，未来不确定性因素越多，不确定性程度越大，决策的风险就越大。分段投资可以逐步获取信息，减少不确定性因素，降低不确定性程度，从而可以减少决策风险，提高投资决策的科学性。其次，分段投资是一般合伙人与创业者共同的理性选择。当一轮投资过后，一般合伙人经过对市场与创业企业运作的一段观察，可对市场与创业企业的成长潜力做出进一步判断，当市场潜力大、企业成长快时，继续追加投资；当其中之一或者两者均表现较差时，一般合伙人可以考虑提出清算的要求，退出投资。前者可以提高投资成功的可能性；后者可以最大限度地减少投资损失。从创业者的角度来看，分段投资对应分段融资。随着分段融资过程的深入，创业者也可以对企业的成长做出合理的判断。当企业成长潜力较小时，放弃此项事业能够降低创业者的机会成本。最后，分段投资为双方提供权变的应对措施。分段投资同时为创业者提供了讨价还价的机会，如投资数额确定、股权比例的分配、控制权分配等，使得创业资本的运作更具灵活性和细腻化。

一般而言，投资人信息需求的满足程度越高，创业资本投入的轮次就越少。创业者了解自己技术的优势，而投资人却可能更多地认识到其经济价值，投资人估价投资机会价值的信息是不完全的和高度不确定的，通过分段投资，可以阶段性获取企业内外部信息，减少投资的风险。此外，企业的资产结构也会影响分段投资。当创业企业的无形资产比例较高时，代理与监督成本高，分段投资的轮次就较多，分段投资的轮次与无形资产的比例成正比。虽然不同的评估人员对同一个企业选用的评价指标很可能是不相同的；同样的一个评估人员也许对不同的被评估企业其选用的评价指标也可能是不相同的。但是显而易见的一点是，他们都强调技术、市场、管理三方面对企业价值评估的重要影响。在创业投资中，由于创业资本家的管理参与，创业资本家与创业企业之间是利益一致情况下的合作关系，通过管理参与，可以有效消除创业资本家与创业企业家之间的信息不对称现象，但信息不对称依然存在。透过创业投资的资本注入过程，创业投资应着重解决三个基本问题：

第一，什么时候投资？它又派生出两类相关的问题：①首次投资在什么时候进行？②后续投资何时进行？首次投资是分段投资的起点，也是分段投资的关键，是在对大量商业计划进行评价与筛选，确定目标企业，再对目标企业进行全面而详细的调查后确立的。从实践上来看，一般合伙人对首次投资极为重视，花费的时间和精力也最多。对后续各轮的投资时间的确定，则依赖于创业企业突出经营状态标志的出现，如产品技术突破、第一次销售、首次出现利润等。

第二，是否进行投资？首轮或后续各轮是否进行投资，主要依赖于投资人与创业者对企业发展潜力的判断以及相关的制度安排是否取得一致的意见。从投资人的角度看，企业必须具有较强的成长能力，并取得尽可能多的股权与控制权。从创业者的角度来看，既希望得到创业资本又不愿失去太多的股权与控制权，最终投资的确定是双方讨价还价的结果。很显然，企业成长能力是合作的基础，对企业成长能力进行评价是十分必要的，即通过设计合理的评估指标体系对创业企业的成长能力做出综合评价。

第三，如何进行投资？即解决投资额是多少以及选择什么样的金融工具的问题，这是典型的决策问题。影响这一决策问题的因素主要包括：①投资人对创业企业价值的判断。事实上，分段投资过程中的每一次资本注入都伴随着对企业价值的评价，即对创业企业的权益资本价值或企业价值做出估价。从投资人的角度来看，不论在哪个投资阶段以及采取何种形式进行评估，其最终目的都是使企业权益资本价值达到最大化。②创业企业的现金需求。在大多数的情况下，创业企业的自有现金不能满足企业发展对现金的需要，须从外部融资寻求支持。在不同的发展阶段，创业企业对外部资本的需求程度是不同的。一般而言，企业发展的初期，由于企业投入较多，销售规模较小，净现金常常表现为负向现金流，从而对外部资本的需求较大；随着企业销售规模的扩大，现金流入相对增多，对外部资本的需求也就逐步降低。③公司治理制度安排。在权益资本投资的情况下，分段投资必然改变公司的股权结构，从而影响投资双方的利益分配。在不同的公司治理制度安排下，同等数额的权益资本投资享有的股权可能是不同的，再加上风险因素的考虑，双方就要在权益资本投资和债务资本投资之间进行权衡与选择。

上述问题对应创业投资的发现机会、评估机会和投资决策三个基本问题。在创业投资的过程中，这三项基本课题依次出现、动态相关，构成一个三位一体的分析框架。发现机会是评估机会的前提，评估机会是投资决策的依据，而当前的投资决策又必然对下一轮的发现机会与评估机会产生影响，三者在动态上相互联系、互相制约，构成一个不可分割的整体。发现机会即寻求投资的时机，依赖于投资人和创业者把握机会的能力，更主要的是对社会经济环境、产业发展趋势、市场成长能力、企业内在潜质与经营态势所做的全面分析，这种分析称作"机会分析"。评估机会包含两个方面：企业成长能力评价与企业价值估价。创业投资作为一种资本运作模式，重在培养企业的成长能力，成长能力越强，资本退出时的企业价值越大，创业资本得到的回报就越多。因此，评价投资机会应侧重创业企业的成长能力评价。企业价值估价则应选取合理的传统估价方法和创新的估价方法对创业企业价值做出科学评估。

创业投资的一个鲜明特点是管理参与，通过一系列制度安排形成有效治理机制，促进创业企业高效运作，以减少管理风险。管理激励是创业投资企业的基本治理手段。投资人拥有的在任何阶段可以放弃投资并进行清算的权利，既是对创业企业管理层的压力，又对管理层产生激励。因此，信息不能有效传递到投资人，致使投资人对创业者及其投资项目的辨别能力受到削弱，这种信息不对称不仅增强投资风险，也会提高创业者的融资成本，采取分段投资可以减少信息不对称的程度。投资人信息需求的满足程度从另一个方面决定了分段投资的基本状况。另外，对创业企业的价值评估还需要考虑如下几点：

首先，在确定企业价值的边界条件中，界定企业的物理边界和产权关系边界同等重要。企业产权主体自身拥有并投入经营的部分企业产权主体自身拥有未投入经营部分界定企业的产权边界。企业实际拥有但尚未办理产权的资产等虽不为企业产权主体自身占用及经营，但可以由企业产权主体控制的部分。如全资子公司、控股子公司，以及非控股公司中的投资部分，企业拥有的非法人资格的派出机构、分部等。其次，体现在价值评估中的科学性，即良好的理论基础。基于现值法的估值方法有系统的经济学、管理学、会计学、财务学和金融学的基础模型的建立遵循假设、演绎、归纳等严密的逻辑步骤。再次，需要结合实际情况把握价值评估的艺术性。因为在评估过程中存在大量的人为选择，需要不同的评估主体通过主观判断，选择和决策所选指标，但可能只是公司运营、发展的一个缩影，基于一定的预测基础上作出的假设是模型中艺术性最强的部分，比如某些变量会被有意识的调整以达到要求，反映风险水平的贴现率容易被调控，或者因为不同类别的投资者就有不同的贴现率，或者增长率和增长阶段的把握见仁见智，以及可比公司的选取等，都非常具有艺术性。最后，估值是客观地寻找"真实"价值，所有估值都是有偏差的，唯一的问题是误差的大小和方向，真相就在于估值误差的方向和大小有时与背后的利益倾向有关。一个好的估值模型提供了价值的精确计算，但是模型只是现实的缩影，不存在精确估价，只能无限接近。不能简单认为模型越数量化，估价越准确，有时简单估值模型比复杂模型要更好。只有在完全确定的条件下，才存在客观价值；在不确定的环境下，估值都依赖预期。不同评估主体的预期如果发生改变，则估值结果也会改变。评估是一种定量分析，但它并不是完全客观和科学的。一方面，它使用许多定量分析模型，具有一定科学性和客观性。另一方面，它又使用许多主观估计的数据，带有一定的主观估计性质。价值评估是一种"分析"方法，要通过符合逻辑的分析来完成。好的分析来源于好的理解，好的理解建立在正确的概念框架基础之上。企业价值评估涉及大量的信息，有了合理的概念框架，可以指导评估人正确选择模型和有效地利用信息。

（二）估值中创业公司的价值基础

随着以创新和创业为主要特征的经济增长模式的确立，创业企业成长对于经济发展的作用愈发重要。而在实践中，创业投资被看作激励创新、促进高新技术产业以及创业企业发展的主要推动力量，通过向企业提供财务支持，帮助企业招募重要管理人员，以及利用自身网络帮助企业获取资源和制定未来发展战略，极大地促进了创业企业的快速发展。早期创业公司，尤其是还没有成型的、没有现金流的公司的估值，实在是很难确定出一道公式的。无论是创业者还是创投机构，可以看好未来的发展潜力，相互谈判公司的估值和定价，应该客观、理性、适可而止，不要寸步不让，寸土必争。中国的创业者喜欢在融资时讨价还价，很多创业者在这个过程中因为过高地评估自己的项目而错过了投资，这也极有可能造成最终项目会因融资不利而走向失败。所以，能够为初创企业提供一个合理的估值，对创业者和创投机构来说，是一门艺术。通常开始为初创企业估值时，需要考虑以下几个因素见表9-2。

表9-2　　　　　　　　　初创企业估值的考虑因素比较

影响因素	具体影响方式
投资人之间的竞争	如果其他创投对某家公司也产生了兴趣，那么第一家创投就为认为这项投资有利可图。在创业公司的一轮融资中，投资人个数是有限的。因此公司越受欢迎，估值就会越高
早期客户	公司存在的重点是获得用户，吸引用户的速度越快，他们的价值就越大
成长潜力	创业公司最具决定性的因素就是成长。在融资阶段，活跃用户或付费顾客数量正在逐月增长，而且增长速度很快，为预测未来收入提供依据
收入	一旦创业公司开始有收入了，那么就有了许多可以使用的估值工具来对它进行估值
创始人	创始人曾经在哪里工作，承担什么样的项目，从哪个公司离职，都是影响估值的因素
员工	他们的技能、为业务技术进行的培训和知识是非常有价值
行业	每个行业都有自己独特的估值逻辑和方法。比如一家餐馆的估值应该在它各种资产的3~4倍；而一家互联网公司，如果流量很可观，那么估值应该在年营收的5~10倍
期权池	期权池是为未来的员工预留的股票，确保有足够的好处吸引高手到你的创业公司来工作。期权池越大，你的创业公司估值越低，因为期权池是你未来的员工的价值，是你现在还没有的东西。期权池的价值基本会被从估值中扣除
实物资产	公司拥有的每一件东西都算进去
知识产权	专利的价值应该加在公司估值里面
竞争和进入壁垒	市场的竞争力量对公司的估值有很大的影响。如果能显示出公司能大比分领先于竞争对手，应该要求增加估值

9.2　企业价值创造的途径

（一）估值的基本程序

创业企业具有不同于成熟企业的很多特征，包括以下方面：高成长性；具有较强的活力和适应性；自主创新能力强；人力资本的作用突出；对股权融资的依赖性较强；经营风险相对较高。其中，非线性成长规律是创业企业的突出特征。非线性，既意味着可能的爆发式增长，也意味着可能出现突然的衰退，甚至是彻底的失败。对于传统企业，特别是传统制造业而言，只要在市场供需不发生重大变化时，其利润都会维持在一个相对可以预期的线性变化范围内，而创业企业，特别是创新型企业则由于适应市场的新需求或改变原有市场结构，容易形成爆发式增长。比如在纳斯达克上市的百度，其搜索服务模式得到认同后，每年净利润以100%以上的速度在成长。很多企业才成立两年多，就完成了上市，比如空中网、完美时空等。有的创新企业成立当年，利润就超过了1亿元。当然，由于技术环境的变化和商业模式的变革，创业企业如果应对不及时，也可能出现突然的衰退，甚至是非常彻底的失败。比如数码照相技术的出现对传统照相技术和胶卷企业的颠覆；手机的迅速普及对原有寻呼企业的致命打击等。基于投融资双方的交易行为来看，企业的价值简言之就是企业作为商品，能够卖出的价格，它是企业所拥有或控制的货币的时间价值和风险价值的作用效应，企业价值取决于企业未来的财务状况及其盈利能力，是维系企业的内外部利益相关者的价值体系。创业企业价值的决定和构成见图9-1①。

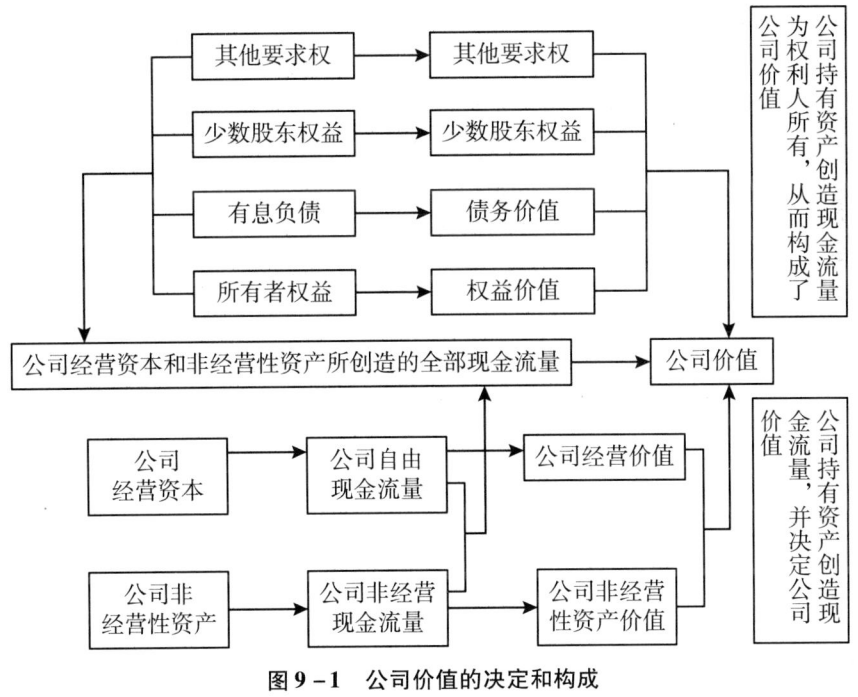

图9-1 公司价值的决定和构成

首先，创业企业的成长性应该是一个着眼于未来的概念，即企业成长性所要衡量的是企业在未来可能具有的增长潜力，而不是企业过去所取得的业绩。其次，同传统企业

---

① 戴书松. 公司价值评估 [M]. 清华大学出版社，2009：3

一样，对创业企业成长性的判断，主要从增长速度、增长质量、增长的内部驱动因素和外部环境等四个方面进行衡量。最后，对于创新型企业，要特别关注以下几点，从而综合判断其成长性：企业家的管理能力，这对于创业企业的成长至关重要；技术性人力资源，就是知识和人才；技术创新能力，就是创新投入的能力和研究开发的能力；技术商品化的能力，就是生产能力和市场推广能力。总之，由于创新型企业的成长往往具备非线性的特征，很难依照单一的评价体系得出确定的判断，对其成长性的把握需要较强的专业能力。

创新型企业估值的困难，给投融资双方的定价能力提出了新的挑战，由于对创新型企业的估值困难和投资者偏好的变化。创业企业往往创造了全新的企业盈利模式和企业生存法则，大多数情况下其定价也没有可用的参照系，对其进行准确估值非常困难。创新型企业的价值将更多取决于其所具有的核心竞争力，但这种判断需要更高的专业性要求，并更多地取决于投资者的偏好以及当时的市场形势。所以，对创新型企业的估值要特别注意准确、全面把握创新型企业高投入、高风险、高收益的特点；投资者需要有"动态"的思维；企业的发展历史相对较短，往往缺乏历史数据，并且技术千差万别，很难找到行业、技术、规模等相近的可比企业，使得对业绩的预测和推断非常困难；很难根据企业现在的盈利来计算盈利增长率，如果仅仅使用传统的市盈率估值方法显然是远远不够的。在涉及具体的评估技术和方法应用时，信息很重要，包括如下几个方面：①评估对象相关权益状况及有关法律文件、评估对象涉及的主要权属证明资料；②企业的历史沿革、主要股东及持股比例、主要的产权和经营管理结构资料；③企业的资产、财务、经营管理状况资料；④企业的经营计划、发展规划和未来收益预测资料；⑤评估对象、被评估企业以往的评估及交易资料；⑥影响企业经营的宏观、区域经济因素的资料；⑦企业所在行业现状与发展前景的资料；⑧证券市场、产权交易市场等市场的有关资料；⑨可比企业的财务信息、股票价格或者股权交易价格等资料。而这些，就需要通过尽职调查来实现。在获取相关信息后，具体的估值过程和方法也需要考虑相关的因素，见图9-2。

图9-2 估值中影响因素

（二）创业企业的价值在于通过产业经营活动来创造

创业企业的价值表现为企业的成长，一般意味着市场份额的增加。谋求企业成长的动力来自经济原因和个人原因。经济原因包括规模经济、市场能力、市场地位、资源优势以及运营效率。个人对企业成长的企图心是限制企业发展的主要因素。企业成长的结果就是企业价值的增加[①]。价值创造要通过企业制定正确合理的战略和实施科学精细的经营计划才能实现，而这些都依赖于企业资源的投入。关于企业价值创造的途径，第一，在实物市场，企业创造的价值是通过获取高于资本成本的投资收益实现的；高于资本成本的投资收益越多，企业所创造的价值就越大；第二，企业管理者应当选择能使预期现金流量现值或 EVA 现值最大化的战略，而且无论选择这两个中的哪一个，结果都相同；第三，在资本市场中，企业股票的价值等于其内在价值，内在价值以市场对企业未来经营业绩的期望为基础；第四，有时，期望的变化对股票收益的决定作用甚至超过了企业的实际经营业绩所起到的作用，因此适当关注资本市场投资者的期望是必要的。企业价值驱动因素，指能够影响和推动企业价值创造的因素。关键价值驱动因素在所有企业价值驱动因素中，能最大限度地增加整个企业价值的价值驱动因素。企业在建立新成长业务过程中，经历三个不同创新特点的阶段：延续性创新、低端市场创新以及新市场破坏性创新。三个阶段的目标产品、目标客户以及创新策略均不同，企业在价值管理的过程中采取有针对性的策略来塑造竞争优势[②]。企业价值发现和创造的途径见图 9-3。

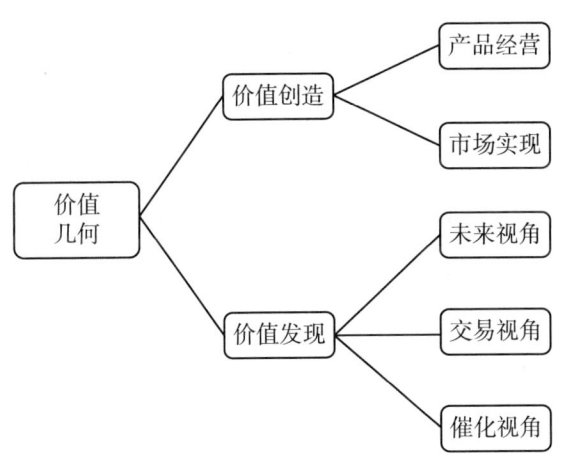

图 9-3 企业价值发现和创造途径

每个创业者都希望自己业务的出售是战略性出售，所谓战略性出售是企业合并消除重叠业务和产品来降低成本，或者表现为产品和销售协同效应，即通过分享技术或者产品以及通过互相向对方客户销售产品来提高销售收入。一般来讲，影响收购价格的因素有以下几点：①企业业绩：企业绩效评价的基本特征是以企业法人作为具体评价对象，评价内容重点在盈利能力、资产质量、债务风险和经营增长等方面，以能准确反映上述

---

① ［美］吉姆·斯坦塞. 创业融资［M］. 邹琪，译. 复旦大学出版社，2008：76-77
② ［美］克莱顿·克里斯坦森，［加］迈克尔·雷纳. 创新者的解答（全新修订版）［M］. 李瑜偲，林伟，郑欢，译. 中信出版社，2013：40

内容的各项定量和定性指标作为主要评价依据，并将各项指标与同行业和规模以上的平均水平对比，以期求得某一企业公正、客观的评价结果、财务结果以及现金流的质量和持续性、企业预计现金流量及同业的可比指标。②环境：企业的环境是指企业周围所存在的条件，总是相对于某一中心事物而言包括企业外部以及内部环境，包括自然环境和社会环境两种。其中主要影响因素包括企业前景、整体经济前景、监管形势、本国传统文化、管理团队素质。③时机选择：企业时机的选择主要是对外部环境中有利优势的把握，其中主要是股票市场和并购市场的趋势、企业发展阶段、行业周期。④动机：投资者的目标和时机、管理层目标、各方所承受的压力（包括竞争和个人压力）、策略性和金融性买家目标。

从企业财务价值模型来看，价值因素包括销售增长率、营业毛利率、所得税税率、营运资本投资、固定资产投资、资本成本和价值增长期等因素，其中前三个价值驱动因素又具体反映了产品生产、定价、促销、广告、分销等客户选择模式、产品提供模式这些盈利模式的主体特征；而营运资本和固定资产投资这两个驱动因素反映了资源投入模式及其经营杠杆水平；融资方式和财务风险则决定了资源获取模式和资本成本水平；价值增长期是时间驱动因素即业务范围模式。这些价值驱动因素是企业层面的关键成功因素，将它们综合在一起，可以为企业盈利模式分析提供一个有效的分析平台。在盈利模式体系内，企业的关键资源和能力推动了企业的各类系统在盈利模式层面的重构与整合，而企业的关键资源能力、业务系统构成又决定了企业的整个盈利状况与结构①。因此，公司战略就是要对盈利模式进行抉择，而盈利模式反映的是已经付诸实施的战略，战略的价值则是对盈利模式做出选择和灵活配置。企业战略资源尤其是财务资源配置，一定是财务战略的基本任务，因为财务战略的任务就是以价值分析为基础，以促进企业现金长期均衡有效地流转和配置为标准，以维持企业长期盈利能力为目的战略性思维方式与决策活动，它影响和决定着财务体系建设和财务分析的产生与发展。财务战略是制定财务报表的重要前提，财务报表为财务分析提供了众多的基础性数据。

基于价值创造逻辑和路径，创业投资的投资估值的框架和步骤如下：第一步是判断目标企业所处的产业演进阶段和行业周期性，选择模型、运用合适的估值方法；第二步是运用该估值方法进行财务估值；第三步是依据企业所处的生命周期阶段，选择该阶段的主导竞争力因素，对财务估值结果进行调整。企业本身面临着各种风险，既包括现有技术路线被新技术路线替代的技术风险，又包括创业者个人或创业团队的管理风险，还面临着行业竞争的市场风险。企业生存前景面临诸多不确定性，所以要对财务估值结果进行调整。尤其是初创阶段的产业，被投资企业面临的技术风险非常高。企业的真实价值要能够综合反映企业的各种风险。企业的核心竞争力能反映企业应对各种风险的能力。因此，在财务估值的基础上，用企业核心竞争力因素对估值结果进行调整，就可以较为准确地反映企业的真实价值。企业的核心竞争力主要包括企业家才能、人力资本、

---

① 戴天婧，张茹，汤谷良. 财务战略驱动企业盈利模式——美国苹果公司轻资产模式案例研究 [J]. 会计研究，2012（11）：23-33

核心技术、市场占有、特有资源等。核心竞争力不仅决定着企业的成长性，更决定着企业的生存能力。对具有较强核心竞争力的企业，应当在基本财务估值基础上适度调高估值水平。对于核心竞争力较弱的企业，应当在基本财务估值基础上适度调低估值水平。在评价企业核心竞争力时，关键是看以下几项因素。

一是看企业家才能。投资阶段越靠前，创业者个人因素所占的分量就越大。对初创期企业的投资最能反映"投资就是投人"这条经验法则。因此，越靠前期的项目，越应当在财务估值的基础上加大企业家才能因素的调整力度。

二是看企业的人力资本。人力资本包括企业的管理团队、技术团队、营销团队等，是成长期企业最核心的资产。对于成长期的企业，评估企业的人力资本价值至关重要。在产业的规模化阶段，行业洗牌非常激烈，具有较强竞争力的企业会在这一阶段快速成长，而缺乏竞争力的企业会被残酷淘汰。这就是"好行业不等于好公司"这条经验法则的依据。所以对于成长期的企业，应当重点用人力资本因素进行估值调整。

三是看企业的核心技术。初创阶段和规模化阶段的行业，产业技术路线处于不稳定时期，缺乏技术创新能力的企业很有可能因产业技术路线变更被淘汰。越靠前期的投资，越应当看重企业的核心技术和技术的市场前景。财务估值普遍较难反映企业技术能力这一因素，所以对于初创期和成长期的企业，要在财务估值的基础上，用企业核心技术因素进行调整。

四是看市场占有。在产业的集聚阶段和平衡与联盟阶段，产业内的市场结构趋于稳定，各个企业的市场份额和行业地位也趋于稳定。所以对于成熟期的企业，更应当看重企业的市场占有率，看重企业的行业地位。

五是看企业的特有资源。企业的特有资源包括产业链优势、区位优势、人脉资源、股东背景等。产业链优势是企业竞争力的重要组成部分。例如企业拥有上游的资源、拥有下游的自有销售渠道、选址优势等，也是投资估值中要重点考虑的内容[①]。

9.3 创业投资的估值方法与模型

企业估值方法分为现金流贴现估值法、相对估价法、资产评估法、期权定价法四大类。现金流贴现估值法包括红利贴现法（DDM法）、股权自由现金流贴现法（FCFE法）、公司自由现金流贴现法（FCFF法）、经济增加值贴现法（EVA法）。相对估价法包括市盈率估值法（PE法）、市净率估值法（PB法）和市销率估值法（PS法）。期权定价法是理论上最为严密的方法，但该方法需要的各种参数极难准确获取和估算。由于该方法过于复杂，即使在西方发达国家实践中也较少应用[②]。估值方法概览见图9-4。

[①②] 陈一博. 风险投资中的企业估值问题研究［J］. 金融理论与实践，2010（1）：64-67

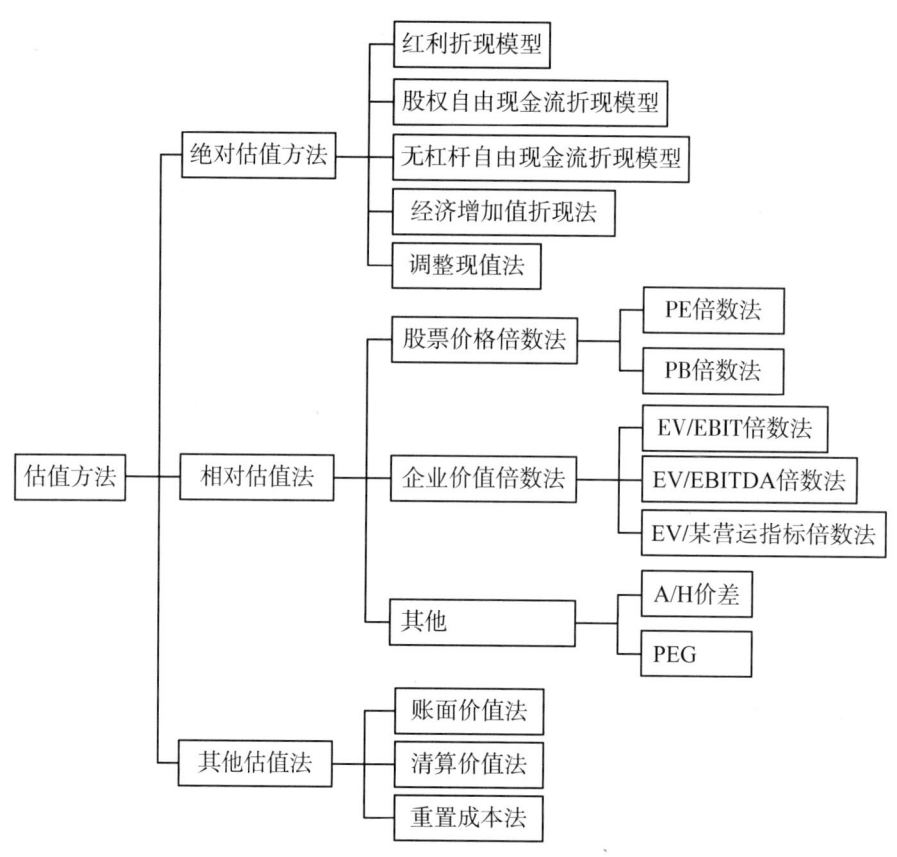

图 9-4 估值方法概览

（一）收益法或现值法

企业价值评估中的收益法，是指将预期收益资本化或者折现，确定评估对象价值的评估方法。收益法常用的具体方法包括股利折现法和现金流量折现法。股利折现法是将预期股利进行折现以确定评估对象价值的具体方法，通常适用于缺乏控制权的股东部分权益价值的评估。现金流量折现法通常包括企业自由现金流折现模型和股权自由现金流折现模型。通常，可以划分为两个阶段，即高速非稳定增长期（预测期）和稳定发展期（后续期）。第一阶段为高速非稳定增长期，一般为预期的前年。该阶段各年的增长率往往不同，因此，需要对各年进行详细的预测，并据此得出企业在预测期的价值。第二阶段为后续期，在该阶段企业进入稳定发展状态，增长率稳定，因此，可以用简便的方法对其后续价值进行估计。此时，企业的估值模型将被划分为两部分，即：

企业价值 = 预测期价值 + 后续期价值

后续期价值 = 后续期各年现金流 × 后续期折现系数

在计算得出企业价值后，通过以下公式可以计算得出企业的股权价值：

企业股权价值 = 企业实体价值 - 净债务价值

= 企业实体价值 - (债务价值 - 金融资产价值)

应用现金流量贴现法，先对企业未来的现金流量及其风险进行预期，然后选择合理的贴现率，将未来的现金流量折合成现值。使用此方法的关键确定：

第一，预期企业未来存续期各年度的现金流量；评估未来的现金流量有两种方法，第一种是自上而下的方法，从公司所售产品和服务的整体市场开始，一直推导到公司的收入和利润；另外一种是自下而上的方法，通过公司的销售入手，推导出收入、利润和现金流①。

第二，要找到一个合理的公允的贴现率，贴现率的大小取决于取得的未来现金流量的风险，风险越大，要求的贴现率就越高；反之亦然。

创业投资价值评估的含义实质上是通过对创业投资项目评价，对成百上千的创业投资项目做出选择，即回答投资或拒绝投资这样的问题，评估是一种方法或手段，选择出有潜力的项目是最终目的。从对创业投资运作的过程中可看到，创业投资决策评价是创业投资运作过程中的重要阶段。它起着承上启下的作用，是创业投资运作成功与否的关键一环。如果没有好的创业投资项目，创业投资基金将成为无米之炊；如果错选了风险项目，之后的投资和参与管理将成为无效付出，创业投资将无法实现预期增值，甚至血本无归。因此，创业投资评估的结果对创业投资机构的投资决策具有重要的价值，是判断一个创业投资最终能否成功的关键因素。创业投资项目评估是创业投资运作过程中的关键环节。在实际操作中现金流量主要使用企业现金流量和股权现金流量。企业现金流量，指企业全部投资人拥有的现金流量总和。企业现金流量通常用加权平均资本成本来贴现。股权现金流量，指实体现金流量扣除与债务相联系的现金流量。股权现金流量通常用权益资本成本来贴现，而权益资本成本可以通过资本资产定价模式来求得。收益法评估作为常见的评估方法，应用时需具备以下三个前提条件：一是投资者在投资某个企业时所支付的价格不会超过该企业（或与该企业相当且具有同等风险程度的同类企业）未来预期收益折算成的现值；二是能够对企业未来收益进行合理预测；三是能够对与企业未来收益的风险程度相对应的收益率进行合理估算。

运用该方法应当充分分析被评估企业的资本结构、经营状况、历史业绩、发展前景，考虑宏观和区域经济因素、所在行业现状与发展前景对企业价值的影响，对企业未来收益预测进行必要的分析、判断和调整，在考虑未来各种可能性及其影响的基础上合理确定评估假设，形成未来收益预测。应当关注未来收益预测中主营业务收入、毛利率、营运资金、资本性支出等主要参数与评估假设的一致性。当预测趋势与企业历史业绩和现实经营状况存在重大差异时，对产生差异的原因及其合理性进行分析。应当知晓企业经营达到相对稳定前的时间区间是确定预测期的主要因素。考虑资本市场相关信息和所在行业、被评估企业的特定风险等相关因素，合理确定折现率。因此，现金流估值有如下几个方面的局限性：

（1）没有反映现金流量的动态变化。由于企业的现金流量时刻处于变化之中，而且现金流量是时间、销售收入等参数的变化函数，必然导致依赖于现金流量的企业价值也处于动态变化之中。但是在前面的评估模型中，忽视了现金流量的动态变化，单单依

---

① ［美］埃斯瓦斯·达莫达兰. 估值：难点、解决方案及相关案例［M］. 李必龙，等译. 机械工业出版社，2015：179

靠线性关系来确定现金流量,使评估结果更多地表现为静态结论。

(2) 不能反映企业财务杠杆的动态变化。由于企业在经营中会根据环境的变化而改变企业的举债数额和负债比率,引起财务杠杆的波动,从而使企业的风险发生波动。一般情况下,这种风险的变化要在现金流量或者贴现率中得到反映。但是目前的评估模型只是从静止的观点进行价值评估,忽视了这种财务杠杆和财务风险的变化。

(3) 现金流量的预测问题。目前的现金流量预测是将现金流量与销售收入和净利润的增长联系起来,虽然从表面上看两者具有相关性,但是在实际中,净利润与现金流量是相关的,这其中主要是企业对会计政策的调整以及避税等手段的运用,出现净利润、销售收入与现金流量不配比的现象。现金流量的波动与企业的经营活动、战略投资计划和筹资活动中,影响现金流量的是付现销售收入和付现销售成本。因此,在具体预测现金流量时,应该以付现的收入和成本为基础,而不应该以销售收入为基础。

(4) 贴现率的确定问题。目前的评估方法,对贴现率的选取一般是在企业资金成本的基础上,考虑财务风险因素选取的。在具体评估企业价值时,一般会以静止的方法确定折算率,以目前资本结构下的贴现率进行企业价值评估,即贴现率是固定的。但是在实际中,由于企业经营活动发生变化,企业的资本结构必然处于变化之中,导致企业风险出现变化,进而影响到资本结构中各项资金来源的权重,导致贴现率的波动,从而引起企业价值评估结果出现变化[①]。

(二) 市盈率估值法(PE 法)

在创业投资中,另一种常见的方法是采用可比公司法对企业进行估值。可比公司法是指挑选与非上市公司同行业的可比或可参照的上市公司,以同类公司的股价与财务数据为依据,计算出主要财务比率,然后用这些比率作为市场价格乘数来推断目标公司的价值,通常就是指我们所说的 PE 法,即市盈率法。

市盈率估值法是实践中常用的估值方法。目标企业价值:$P = E \times PE$,E 是净利润,PE 是市盈率倍数。市盈率法包括历史市盈率法和未来市盈率法。历史市盈率法,是指企业用上一年度或过去 12 个月的利润为基数对企业进行估值,其计算公式如下:

企业价值 = 企业上一年度或过去 12 个月的利润 × 市盈率倍数

未来市盈率法是指企业用下一年度或未来 12 个月的利润为基数对企业进行估值,其计算公式如下:

企业价值 = 企业下一年度或未来 12 个月的利润 × 市盈率倍数

市盈率倍数一般是在参照同行业的上市公司的市盈率的基础上进行确定的。比如,拟融资企业是一家餐饮行业的公司,假设当前餐饮行业的上市公司的市盈率平均为 20 倍,对于同行业且规模较小的初创企业,参考的预测市盈率需要打个折扣,也就是说,在私募中该企业合理的市盈率倍数应该为 10 倍左右[②]。当前,在国内市场上,创业投资基金能够给出的市盈率倍数一般也就是在 7~10 倍左右。假设一家创业投资基金同意以

---

① 戴书松. 公司价值评估 [M]. 清华大学出版社,2009:100 – 102
② [美] 洛伦佐·卡弗. 风险投资估值方法与案例 [M]. 陈溪,译. 机械工业出版社,2015:98

10 倍的市盈率对该企业进行估值，如果该企业上一年度的净利润为 1 000 万元人民币，预计下一年度的净利润为 1 500 万元人民币，那么，采用历史市盈率法，该企业的估值为 1 000 万元 × 10 = 1 亿元；采用未来市盈率法，该企业的估值为 1 500 万元 × 10 = 1.5 亿元。如果基金同意投资 3 000 万元，以历史市盈率法进行估值，基金能拿到 30% 的股份，若以未来市盈率法进行估值，基金只能拿到 20% 的股份。很显然，如果企业盈利持续高速增长，采用未来市盈率法对企业进行估值对企业更有利，因此，在与创业投资基金谈判的过程中，企业家要争取采用未来市盈率法对企业进行估值。因为未来市盈率法采用的盈利数额是建立在预测的基础上的，为降低风险，创业投资基金往往会要求在投资协议中增加一条"对赌"条款，对公司估值进行调整，按照公司实际做到的利润对公司价值和股份比例进行重新计算。投资后估值 = PE 倍数 × 下一年度实际利润。还是上面的例子，如果企业下一年度的实际利润只有 1 000 万元，企业的价值就只有 1 亿元，相应的，投资人应该分配的股份应该 30%（3 000 万元/1 亿元 = 30%），企业家需要拿出 10% 的股份出来补偿投资人。

当然，这种"对赌"情况是比较彻底的，有些投资人也会相对"友善"一些，给一个保底的企业估值。比如上面例子，假如投资人要求按照公式调整估值，但是承诺估值不低于 1.2 亿元，那么如果企业的实际利润只有 1 000 万元，企业的估值不是 1 亿元，而是 1.2 亿元，投资人应该获得的股份就是 25%（3 000 万元/1.2 亿元 = 25%）。

在对企业进行估值的过程中，企业家还要注意一个问题：该估值是投资后估值还是投资前估值。所谓投资后估值是指把投资基金新投入的资金作为企业价值的一部分。而投资前估值是指企业的价值不包括投资基金新投入的资金。举个例子：假设一家企业估值为 1 亿元，基金拟投入 4 000 万元，如果采用投资后估值法，基金所占的股份为 4 000 万元/（1 亿元 + 4 000 万元）= 28.57%；如果采用投资前估值法，基金所占的股份为 4 000 万元/1 亿元 = 40%。由此可以看出，采用投资前估值还是投资后估值对企业影响还是很大的。企业在首轮融资中，投资者往往会尽最大可能压低企业的估值。但是，在后续融资中，如果有新的投资者想介入，已介入基金就会帮助企业提高企业估值以免稀释自己的股份。如果企业在完成首轮融资后，没有新的投资者对公司感兴趣，已介入基金就会要求企业平价或降价融资，这样，已介入基金就会以同样的投资拿到更多的股份。还有，新基金在加入次轮融资时当然又会想尽办法压低企业的估值。因此，企业家在选择创业投资基金和与创业投资基金谈判的过程中，往往会遇到复杂而又矛盾的情形，但是最重要的一点是，时间和市场不等人，不要因为双方估值分歧而错过投资和被投资机会。

市盈率的优点在于其能够反映企业的盈利能力，能够把人力资本、企业家才能等各种生产要素的作用综合考虑进来。适用于有形资产较轻，主要依靠人才、技术和商业模式盈利的行业[1]。应用市盈率模型对企业估价的步骤：①检查企业最近的利润业绩，首先按照企业正常发展趋势预测其未来的业绩；②若企业已拟定重大变动，对企业收益进行再估计；③选择一个标准市盈率；④通过市盈率模型，计算出企业价值。

---

[1] 陈一博. 风险投资中的企业估值问题研究 [J]. 金融理论与实践，2010（1）：64-67

（三）市销率法（PS）

$$PS（价格营收比）=总市值/营业收入=（股价×总股数）/营收$$

PS 法的适用：营收不受公司折旧、存货、非经常性收支的影响，不易操控；营收最稳定，波动性小，避免（周期性行业）PE 波动较大；不会出现负值，不会出现没有意义的情况，净利润为负亦可用。

PS 法的悖论：公司成本控制能力无法反映（利润下降，营收不变）；PS 会随着公司营收规模扩大而下降；营收规模较大的公司 PS 较低。

（四）风险投资法[①]

风险投资法是希尔曼和谢利斯（Sahlman & Scherlis，1989）根据初创期企业的特征，提出的一种价值评估方法。该方法的基本思路是：首先根据对初创期企业的预测净利润和预计市盈率计算投资退出时初创期企业的市场价值，然后采用一定的折现率计算其在不同时点的企业价值现值，最后依据创业投资者投资额与对应时点的现值之比确定创业投资者应占的股份比例。

（1）评估未来年份的预期利润或收入，一般 2～5 年，具体时间根据未来的上市计划和卖出预期来反推确定。

（2）评估预测期末价值，采用同行业上市公司的市盈率，乘以未来年份的利润，即预测期末的股权价值 = 第 n 年的预期利润 × 预测市盈率；如果没有盈利，则利用销售收入来计算，即预测期末的企业价值 = 第 n 年的预期收入 × 预测市销率。

（3）采用目标回报率，将期末价值折现。考虑到创业企业发展的风险，应该采取较大的折现率。在确定折现率的时，除了要考虑财务因素以外，还需要综合考虑以下两个因素：其一，非财务因素。诸如：管理团队的能力、技术的先进性、市场竞争程度、目前的市场规模、公司潜在的市场份额、企业家的背景与以往业绩，以及创业投资者与初创期企业的谈判能力等。其二，创业投资者因素。创业投资者带给初创期企业的不仅仅是资金，还带来了更多的有价值东西。诸如：创业投资者的声誉资本、管理经验、网络关系、重要客户以及其他资源等。不同创业投资者的价值差异很大，相应要求的折现率也显著不同[②]。公司价值 = 预测期末的股权价值 /$(1+目标回报率)^n$。目标回报率见表 9 - 3。

表 9 - 3　　　　　　　　投资人在不同生命周期要求的回报率

发展阶段	典型目标回报	发展阶段	典型目标回报
创业阶段	50%～70%	第二阶段	35%～50%
第一阶段	40%～60%	过桥/IPO	25%～35%

资料来源：[美] 洛伦佐·卡弗. 风险投资估值方法与案例 [M]. 陈湲，译. 机械工业出版社，2015：176。

[①] [美] 洛伦佐·卡弗. 风险投资估值方法与案例 [M]. 陈湲，译. 机械工业出版社，2015：175 - 176
[②] 张卓昱. 创业投资法在初创期企业价值评估与创业投资决策中的应用 [J]. 现代商贸工业，2011（24）：343 - 344

(4) 投资者的投资比例＝新增加的投资额/投资交易后的估值。
　　投资交易后的估值＝上述第 3 步的公司价值＋新注入的投资额

(五) 实物期权评估方法的适用性

创业投资不以股权分红为投资回收和获利的手段，而是以一定时期后的股权变现的方式作为投资回收的手段。创业投资作为金融创新和投资创新的结合是追逐超额利润，其首要评价指标是与高风险相随的高额回报。创业投资绝大部分投资于中小高科技企业；传统的净现值（NPV）方法是从静态的角度来进行投资评估的，忽略了投资的不可逆性和延迟期权的价值。然而，创业投资恰恰是一动态的过程，所以，用这种方法来进行投资决策会产生很大误差。预期效用理论必须满足一系列公理才能成立。一般来说，投资者所掌握的信息都是不全面的，所以预期效用理论所需要的前提条件在现实中很少能得到满足。从理论上来说，运用期权定价方法来对具有选择权的投资项目进行评估，要比用传统的决策树方法得到更加精确的结果。因为创业投资项目的运作并非是静态的，尤其是大量多阶段的项目，在投资实施的不同阶段，其所面对的经济社会环境是不同的，而且投资项目本身也会随时间变化而变化，是一个需要动态调整的过程。特别是当某些不确定事件发生后，创业投资者可以拥有根据事件发生的状态进行相机抉择的权利。投资者这种相机抉择的权利使得投资机会就像一个购买期权。购买期权给予投资者一种权利：在某个给定的时间段内，支付一个事先确定的执行价格而得到的某种特定的资产。因此，可以用实物期权的定价方法去研究风险项目的管理弹性。创业投资中的实物期权可分为两类：灵活性期权和成长性期权。实物期权理论的应用主要体现在两个方面：一是投资者应当建立实物期权的思想，以新观点看待创业投资活动中的决策问题；二是用期权定价模型去估计投资决策中的期权价值。但是在我国目前阶段，要推广实物期权理论在创业投资决策评价中的应用还存在着一些问题。首先，实物期权方法不是适合所有的创业投资项目。具有以下特点的创业投资项目应用实物期权评价方法更有意义，即：创业投资可能带来的未来收入很大；创业投资比期初的 R&D 项目的投资高很多，但与未来可能收入相比并不算太大；具有可观的盈利空间；创业投资项目持续的时间较长，并可预期得到一些信息以减少项目的不确定性。其次，在利用相关计算模型时缺乏定价所需的价格信息。项目实物期权的非交易性必然导致价格信息的缺乏，计算时无法直接通过市场获得相应的模型所需的输入信息，如标的资产的价格及波动性等，而且不像金融期权那样可以用期权市场的实际价格信息检验定价结果的合理性。最后，实物期权不完全等同于标准的金融期权。它还有着自身的一引起特殊性，如项目本身的市场潜力、竞争者可能的反应和替代性问题指标的估计等，其估计的准确性也会直接影响决策的正确与否。另外，我国资本市场的市场结构和层次还有待于进一步完善①。

---

① 陈越. 创业投资决策评价方法的研究 [D]. 辽宁工程技术大学, 2006: 55 - 62

第 10 章　投融资合作：创投的进入与退出

10.1　创业投资的投资决策准则

（一）创业投资项目评价特点

不管创业企业的任何条件，创投机构只有看到投资之后有高额回报退出的机会，才会最终决定投资。创业者必须审视和分析自己是否能够提供给投资人这样的机会[1]。创业投资者的投资策略和创业投资者的专业化程度因素对于创业投资回报的影响，大致的影响因素有投入资金量的大小、创业资金进入企业的阶段、创业资金投向行业不同、创业资金所占股份的大小、创业投资机构的投资业绩和投资经验等[2]。为保证项目评价的有效性，创业投资机构需要花大量的时间和精力，通过各种途径对创业企业在市场、产品、技术、管理、财务、竞争对手等方面的情况进行详细的调查论证，这些环节可以通过尽职调查来完成。尽职调查的目的一方面是为了对创业企业商业计划书的内容进行核实，另一方面也会收集一些商业计划书之外的内容，为项目评价做准备。尽职调查是创业投资项目评价中的一项重要活动，创业投资的项目评价是建立在尽职调查所取得的数据的基础之上的，是对尽职调查所得到的各种信息所做的一种综合分析，尽职调查所获得的信息的真实性、全面性、创业投资者自身的经验和素质，以及创业投资机构的评价制度共同决定了评价结果的准确性[3]。创业投资项目评价具有如下特点：

1. 与传统的产业投资项目评价的差别。

创业投资的项目评价过程相当于传统产业投资项目的可行性分析过程，所不同的是传统投资项目方案全部由投资者自己策划和设计，而创业投资中项目（即创业企业）的这些工作由创业者完成；因此创业投资项目评估除了评价创业企业本身的情况以外，还需要对创业者的有关情况进行评价，包括创业投资者的素质、创业者与创业投资者之间的可合作性等，因为这也会影响到投资收益和风险。

2. 权益性投资的特殊性。

作为一种权益性投资，与其他类型的权益性投资相比，创业投资面向的是新创企

---

[1] 桂曙光. 创业之初你不可不知的融资知识[M]. 机械工业出版社，2013：27
[2] 王明晖. 创业投资退出回报的影响因素研究——基于中国创业板数据[D]. 江西财经大学，2014：20
[3] 企业家总是在未来基本情况还不明朗时就做出决策，杰克·韦尔奇认为在投资决策中最重要的是直觉而不是分析，以此说明投资决策中的不确定性，强调取得成功的投资决策与创造未来的愿景密切联系。引自：[美]乔治·阿克洛夫，罗伯特·席勒. 动物精神[M]. 黄志强，徐卫宇，金岚，译. 中信出版社，2016：216

业,投资具有更大的不确定性。传统的权益性投资通常能够找到相应的参照物,企业经营状况比较稳定,相对容易预测和评价;而创业投资项目通常难以做出精确的、定量的预测,只能做一些定性的判断。基于这一点,在将传统的项目评价方法运用于创业投资项目评价时,必须考虑这样几个问题:该评价方法的假设条件是否满足?该评价方法所需要的数据是否能够经济地获得?该评价方法如何处理创业投资中的高风险性?创业投资项目评价指标体系是一个系统化的工作,评价工作中要考虑众多因素,如果对每一个要考虑的因素都要精确确定其在项目评价时的重要性是一件很困难的事情。因而在指标体系设计过程中,在能够反映项目评价特点的前提下,按照一定的设计原则,尽量使指标体系简单明了,抓住主要因素,忽略次要因素,使其在实际操作中具有良好的可操作性。

3. 评价视角。

创业投资项目评价是创业资本家对其拟投资的创业企业的价值所做的评价,其价值是相对于创业资本家的价值,即创业投资家投资于该项目(创业企业)所能带来的增量现金流量。它与创业企业价值评价紧密相关,但却不完全等同于创业企业的价值评价。其评价结果不仅受到创业企业本身内在因素的影响,而且受到创业投资公司诸多因素如投资组合、创业投资机构现有的资源等的影响。创业投资家提供给创业企业的不仅仅是资金,还有管理、技术上的支持,以及客户、供应商等资源,因此,同样一家创业企业,其对不同的创业投资公司来说价值是不一样的。大型企业的战略性投资机构只投资与本企业相关的行业,甚至即使在该项目投资亏损也在所不惜,因为这种投资对整个大企业的发展来说是有价值的。大多数创业投资机构都制定了自己投资的行业标准,如 IDG 技术创业投资基金的行业标准是:集中投资 IT 产业,特别是软件、信息服务、网络与系统集成、通讯等领域。这不仅是因为它们熟悉这些行业,而且也是为了更好地发挥它们的资源优势[①]。

(二)创业投资的评价指标

创业投资评价与决策分析的研究内容应主要包括:①创业投资的机会分析方法。具体包括法律、经济政策等宏观因素分析;产业演变与市场趋势分析;创业企业商业计划与企业经营状态研究等。②创业企业成长能力评价方法。主要从企业可利用资源及其资源的整合能力两个方面,设计由若干指标构成的指标体系,综合反映创业企业的成长能力。③创业企业的价值估价方法。分析传统企业价值估价方法(折现现金流方法、相对估价法、期权估价法)在创业投资中的应用,重点研究适用于创业企业的估价方法。④基于企业价值估价的分段投资决策。以创业企业价值估价为基础,构建投资决策的序列决策模型。⑤基于现金流的分段投资决策。构建创业企业现金流盈亏平衡分析模型,研究创业投资过程中企业现金流的变化,预测企业现金需求,在此基础上形成投资决策的基本方法[②]。创业投资评价指标的研究早在 20 世纪 60 年代就已引起学者们的兴趣。其起点是梅耶斯(Myers)和马秋斯(Marquis)所做的大规模实证研究。麦瑞梯(Moriarty)和考斯尼克(Kosnik)对高新技术项目评价指标分为两大类:市场指标和技术指标。桑德(Souder)和贝赛(Bethay)认为应分为商业、市场和技术三大类指标。而比利(Beley)则将指标

---

① 周楠.创业投资项目综合评价与决策方法研究 [D]. 天津商业大学,2007:20-21
② 刘正林.创业投资决策分析系统研究 [J]. 山东财政学院学报,2004 (5):64-68

分为六类：技术、资金、设计、支持体系、成本与进度和外部因素。格拉斯（Glasser）认为技术风险是高新技术市场风险的一个重要组成部分，罗伯特（Robert）等人设计了一个有58个变量的指标体系，通过对406个工业新产品的成功案例和失败案例的统计研究发现：单独进行技术风险评价对预测高新技术产品的成败非常重要。梯碧姬（Tyebjee）和布鲁诺（Bruno）运用问卷调查和因素分析法得出了美国得创业项目评价模型，并将评价基本指标划分为五个范畴：市场吸引力、产品差异度、管理能力、抵御环境威胁能力和变现能力，具体见图10-1。巴古瑞（Bygrave）提出评价创业企业是否具有较高的发展潜力，管理团队的素质是普遍适用的指标，而对于市场、技术及财务等指标则应结合企业所属产业及产业的生命周期，选择不同的评价目标。实际上，创业投资家希望投资于具有良好发展前景的产业，然后再挑选合格的管理人员来满足企业发展的需要①。

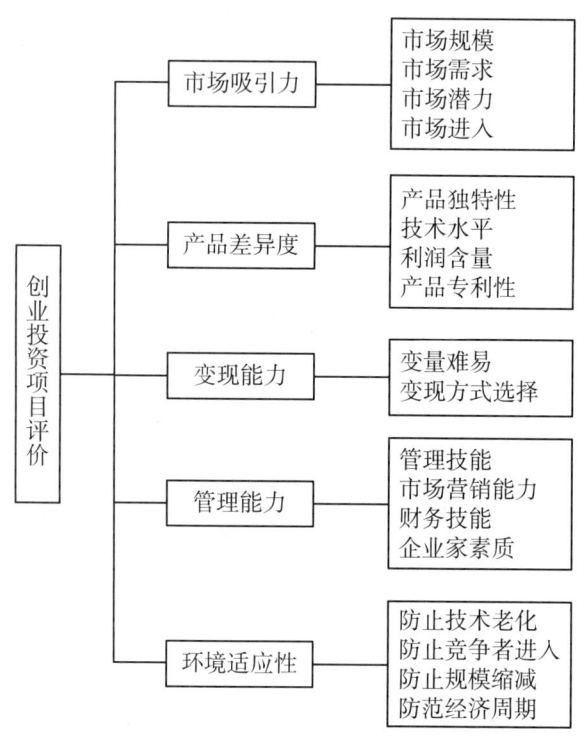

图10-1 T&B评价指标体系

资料来源：米旭明．创业投资生命周期决策方法及应用研究［D］．重庆大学，2003：36。

在创业投资过程中，创业投资者采用一定评价指标来判定投资的收益和风险。对此许多研究机构做了大量深入细致的研究。关于投资决策评价指标选择的调查结果表明，管理层素质构成创业投资决策的首选指标，其次是产品市场增长和投资回报率。创业投资家把管理能力、产品或技术的独特性、产品市场大小、回报率都放在前几位，另外财务管理、权益比例、企业发展阶段也在考虑重点之中。这些构成了评价指标体系的主要

---

① 米旭明．创业投资生命周期决策方法及应用研究［D］．重庆大学，2003：13

组成部分,具体见表 10-1。

表 10-1　　　　　　　　　　　评价指标比较表

Wells (1974)		Poindexter (1976)	Tyebjee 和 Bruno (1984)	
因素	平均权重	按重要性顺序排列的投资指标	因素	频数(%)
管理者的承诺	10.0	1. 管理者的素质	1. 管理者的技能和历史	89
产品	8.8	2. 期望收益率	2. 市场规模/增长	50
市场	8.3	3. 期望风险	3. 回报率	46
营销技能	8.2	4. 权益比例	4. 市场位置	20
工程技能	7.4	5. 管理层在企业中的利害关系	5. 财务历史	11
营销计划	7.2	6. 保护投资者权利的财务条款	6. 企业所在地	11
财务技能	6.4	7. 企业发展阶段	7. 增长潜力	11
制造技能	6.2	8. 限制性内容	8. 进入壁垒	11
参考	5.9	9. 利率或红利率	9. 投资规模	9
其他交易参与者	5.0	10. 现有资本	10. 行业/经验	7
行业/技术	4.2	11. 投资者的控制	11. 企业阶段	4
变现方法	2.3	12. 税收考虑	12. 企业家利害关系	4

资料来源:米旭明. 创业投资生命周期决策方法及应用研究 [D]. 重庆大学,2003:34。

迪克(Dirk,1998)从贝叶斯后验估计的角度,提出了一个动态创业投资模型。他认为创业投资项目的收益由于不确定,创业投资家和创业企业家之间存在着不对称信息,即创业企业家有可能单方面掌握有关项目的信息以及资金的分配,从而使事后的道德风险成为可能。随着时间的推移,有关项目的上述信息逐步被揭示,因而创业投资家可以修正原先对项目前景的估计,并决定是否继续投资。也即学习过程本身是个内生的基于贝叶斯估计的动态模型,最优合同的设想应该是当项目成功时,创业企业家才可以获得回报,而纯粹的股权合同不能满足这个条件,从而削弱了激励。因此,最优融资合同应该是债券和股权的混合,也可以理解为可转换优先股[①]。达斯(Das,2003)等认为投资于不同的行业,成功退出资本的概率有较大的差异,其中投资于网络服务和生物科技等新兴领域的成功概率较高。具体来说,通信行业、半导体行业和网络服务行业成功退出的概率最大,其次是计算机软件行业和硬件行业。格特斯尔格(Gottschalg,2004)等认为创业企业中创业投资基金的持有股份越多,创业投资的回报越高;且创业投资基金持有的期限越长,效益越差,这一结论在欧洲创业投资市场上尤为明显。另外,管理水平高、投资经验更为丰富的创业投资基金可以获得更高的投资回报。菲茨(Fitza,2009)通过研究创业投资机构所占企业股权对于回报的影响,发现初创企业对于回报的影响乘数为 0.263,创业投资机构持股比例对于回报的影响乘数为 0.112,而投资期长对于回报的影响乘数为 0.37。另外,他发现资金投入阶段的不同和所投行业

---

① 米旭明. 创业投资生命周期决策方法及应用研究 [D]. 重庆大学,2003:12

的不同不会对回报产生影响①。

　　创业投资项目评价不是一个简单的数据处理过程,而是一个集信息收集、方案策划、利润预测、数据处理和可行性分析于一体的综合性的决策活动。其意义不仅在于为投资决策提供合理的依据,而且在于通过这个过程,深入分析拟投资项目,加深对投资项目的认识,把握影响项目成败的关键因素,从而在投资后的管理工作中对这些因素密切关注,采取有针对性的措施,以提高项目成功的概率,并尽可能地获取最大利润。在创业投资领域中,高收益与高风险是相伴而行的。高收益激励着投资行为,而高风险则制约着投资决策。于是,投资者自然希望在能够承受的风险水平下谋求尽可能高的收益,或将一定收益的风险程度降为最低,但是,由于创业投资机构的资源有限,常常面临着从众多项目中选择重点项目的决策问题,这就需要在选项前进行科学的预测和决策,对多个备选项目进行比较评价,选取最优的投资方案,作为科学决策的依据。非种子期(包括导入期、成长期和成熟期)的创业公司投资评价因素见图10-2。

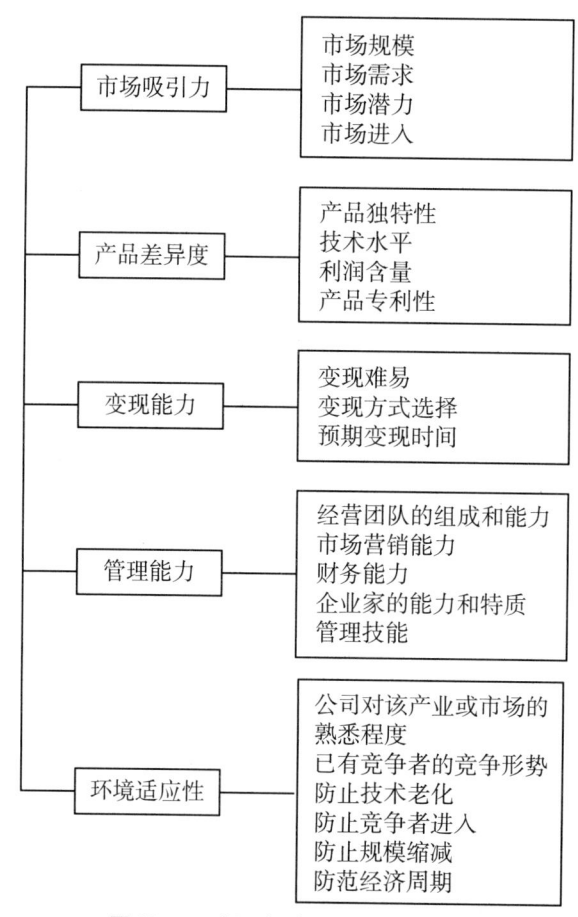

图 10-2　创业投资公司的评价指标

资料来源:米旭明. 创业投资生命周期决策方法及应用研究[D]. 重庆大学,2003:41。

---

①　王明晖. 创业投资退出回报的影响因素研究——基于中国创业板数据[D]. 江西财经大学,2014:17

10.2 创业投资实现投资收益的方式

（一）创业资本为什么要退出

创业资本的运作具有高风险性和高收益性，这是创业资本最核心的特创业投资的高风险性源于被投资对象的不确定性。由于被投资项目多为新技术、新概念，商业模式、技术发展、市场需求变化等方面存在高度不确定性。创业投资资金所肩负的若干项使命，其中就包括为企业提供法律、管理咨询和关系网络等服务，为此创业投资者应该得到与之匹配的报酬[1]。创业投资的基本过程，在形式上表现为以创业投资机构为核心的运作过程创业投资者向创业投资机构注入资金，创业投资机构经过项目选择，将资金投入到具有发展潜力的创业企业，通过创业企业自身的发展运行，使投入资金在一定年限后得到增值，并回流到创业投资机构，创业投资者继而从创业创业投资机构得到经济回报。创业资本退出是指在创业企业发展到一定阶段，创业资本为了收回投资和实现投资收益而转让或出售所持有的企业股权，将所投资金由股权形态转化为资金形态。可见，创业投资退出是衔接创业投资各个运行环节的必要程序，它的效率高低直接影响了创业投资机构以及创业投资者的回报率。与传统的产业投资相比，创业投资的目的不是为了从创业企业获取短期红利分配，而是选择在适当的时机进入企业，并在最适当的时机退出投资，以获取长期的资本增值，创业资本的投资具有长期性。这是由于创业资本投资的创业企业往往处在发展的早期阶段，创业资本需要通过股权投资的方式长期持有，待被投企业成长成一定规模后，收益才能显现出来。退出机制在创业投资运作过程中的作用有三个：第一，创投机构进行创业投资的目的是为了获得高额收益，但首先要高于进行创业投资活动所承担的风险；第二，盘活资金，促进经济市场上的资本流通，使资源能够充分利用；第三，进行创业投资，促进经济发展。在实际操作中，为避免信息不对称问题，创业资本往往按照被投资项目的发展情况分轮次投资，且特定的创业资本可能在不同轮次期间退出以获取收益或减少损失。创业资本的运作不仅限于资金层面，创业投资公司往往要进入被投公司的管理层，一般会占据董事会席位，参与被投公司的日常经营管理，通过投资人的经验和全面的业务能力帮助缺乏经验的被投企业发展。正因为高风险，创业投资机构在筛选项目阶段要求非常苛刻，要求的项目回报率非常高。

在美国，创业投资机构只关注极具市场潜力的独角兽（billion dollar business）[2]型项目，而一般的承诺回报率达到了10%~20%的项目并不会引起创业投资机构的兴趣。因此，合适的投资退出设计就很关键。创业资本的退出是创业投资运作流程中的最后一个环节，是创业投资者在所投的创业企业发展到一定程度时，通过创业企业上市、回购

---

[1] 沈沛. 创业投资事业的发展与现代投资银行的作用 [J]. 经济研究，2000（12）：20-25

[2] 一般认为是年收入达到10亿美元以上的企业，也有观点认为还包括销售净利率不能低于30%，每年的增长速度不能低于30%等标准，投资到独角兽企业是创投机构投资成功的重要标志之一。

股份、兼并收购以及破产清算等方式，在特定交易场所，以一定的价格将所投资本撤出，并实现资本的增值或止损的过程。汤普森（Thompson，1993）研究了创业投资对企业 IPO 时间及 IPO 后表现的影响。结果表明，创业投资支持公司的 IPO 相对于非创业投资支持公司的 IPO 时间要短得多，但用利润率、投资回报、平均收益来衡量企业 IPO 后的表现时，两者没有明显的差异。格姆普斯（Gompers，1996）对新建的创业投资公司与老牌的创业投资公司所投资的创业企业的 IPO 进行了研究。结果表明，新建的创业投资基金为了创立良好的声誉和下一轮基金的成功募集，他们投资的创业企业的 IPO 时间要提前。利姆（Lim，1998）的研究结果表明，创业投资支持的企业的 IPO 比非创业投资支持的企业的 IPO 被低估。创业投资家对全体雇员采用股权激励的方式对创业企业 IPO 后的表现有积极的作用。格林布赖特和黄（Grinblatt & Hwang）提出了创业投资首次公开发行的信号模型，他们认为在首次公开发行时向外部人员传递企业质量的信号涉及创业投资家和其他内部人员所保留的股份比例，及股票价格低估的程度①。比特（Bitter，1998）研究了 IPO 退出方式对促进创业资本发展的作用。他认为创业资本投资者对企业投资是因为美国市场 IPO 空间较大，创业资本培养创业企业后可通过 IPO 方式退出来获取高额回报，发现活跃的 IPO 市场对创业投资业的成长非常关键，IPO 为创业资本提供了一条高收益的退出渠道。其他研究则指出，创业企业成功实现 IPO 是对创业者本身能力的一种肯定，是反映创业者自身卓越能力的一种信号，这便形成了创业者和创业投资机构间的信号传递系统。投资推出的预期收益取决于企业类型、企业融资阶段、企业融资时的市场估值和当时的市场宏观环境②。

（二）创业资本退出的时点选择

创业投资机构退出作为创业投资的关键环节，以及实现较高投资收益的重要途径创业资本的退出时点，指的是创业机构选择在创业企业发展的哪个阶段将资本退出的问题。从投资项目角度来看，对于获得成功的投资项目，创业投资公司通常在成熟期的早期，通过创业企业公开上市转让手中的股票，及时退出并获取较高回报。这是因为创业企业在成长末期就已经达到基本规模，经过成熟期早期较为稳健的运行，可以达到公开上市的条件；进入成熟期以后，由于竞争对手进入市场，创业投资者将失去垄断利润所带来的高收益机会。所以，对于成功项目，应选择在成熟期的早期尽快上市。对于情况一般的投资项目，可以选择在成长中期开始转让产权，退出创业企业。而对于失败的投资项目，在成长前期就应该通过清算方式退出，以便将投资损失降到最低限度③。对创业投资退出的分析，还可以从创业资本运作的同参与主体来看。从创业企业本身来看，创业者创办企业一方面是为获取利润，另一方面是为了实现自身的创业目标。故企业持续健康成长以及对企业保持一定程度的控制权是其行为的出发点。创投机构的退出方式是由三个因素决定的：分别是创业企业的资产、年龄和品牌价值。创业投资的退出，获得最高收益的时候，应该是当边际成本等于边际价值的时候④。

---

① 米旭明. 创业投资生命周期决策方法及应用研究 [D]. 重庆大学，2003：14
② 窦佼. 我国创业资本退出机制研究 [D]. 上海社会科学院，2013：9
③ 陈家洪. 创业投资退出方式和退出时机的决策分析 [J]. 金融与经济，2006（11）：59-60
④ 周晓雷. 创投机构创业投资退出研究——从九鼎创投公司为例 [D]. 石河子大学，2016：2

创业资本作为投资方,其行为的出发点是控制投资风险,在可控的风险和尽可能高的收益率之间进行平衡(当然,其中也包括一些创业成功的企业家对创业者进行鼓励和资助)。因此,创业企业和创业资本二者基本的策略集并完全相同,在退出时点选择过程中会产生一定程度的利益冲突:创业资本本着控制风险的原则,会依据的风险偏好程度选择在创业企业成长的任何阶段退出,而其选定的时机又会影响其退出的方式(如选定在企业扩张期退出,创业资本会选用并购或股份回购方式;而选择在企业稳定成长期退出,则会选用方式),退出方式的选择又会引起创业者对企业控制权或对自身收益的诉求,从而引起创业企业和创业资本之间的利益冲突。在实际中,这一冲突的解决,要依靠双方事先签订的契约关系。对于中小规模的创业投资机构来说,他们多投资于创业企业前半段时期,即常常在种子期或成长期就介入其中,在创业投资过程中主要起引导作用,即引导或介绍大的创业投资机构涉足创业企业。中小规模的创业投资机构没有必要坚持到创业企业成熟期才退出:一是因为当大机构介入时,自己所占的股份会明显降低,规模收益减少;二是因为自己的管理水平不如大机构,难以获得服务上的增值服务。此外,中小创业投资机构资金规模小,在一个项目上资金沉淀时间过长,不利于人力、财力等资源的充分利用。由此可见,在创业企业的扩张期选择退出是明智的决策。而对于规模较大创业投资机构来说,一旦高新技术企业发展到成熟期,其收益回报就会由超额风险利润转变为常规利润,而常规利润又不是创业资本追逐的主要收益目标,所以这类创业投资机构此时便可以考虑退出,再将接力棒交给类似于投资银行和商业银行等战略投资者,甚至是社会投资人(主要指公开上市后的投资者)[1]。

企业快速成长为创业投资的退出创造了前提条件。创业投资之所以愿意投资于企业,说到底是源于对创业企业的信心,源于对企业最终达到其价值最大化的持续信心。创业资本家依据其在运营监控中所获取的创业企业成长信息,一旦企业走上稳健的发展道路,创业投资者的利益就已经实现,失去了继续投资的必要,这时撤出资金投入新的项目才是创业投资的本质要求,需要解决好如何对退出方式和退出时机进行选择退出决策中这两个最重要的问题。由于创业企业的不断成长创业资本也随之而获得了增值,但是这种增值只是账面上数值的增值,因为没有比较合适的退出渠道,要想把账面增值转换为实际收益的增长就需要使创业投资能够有效地退出。之后,创业投资家将获得的更多的资金投入到下一个项目,使创业投资获得的收益越来越大。创业投资家选择投资的最终目的是获取收益,而不是企业的长期控制权,不管创业企业是否能够成功的经营,创业投资家都要将投入创业资本从创业企业中退出,然后再通过不断的研究和考察,对下一个具有成长潜力的新兴企业进行管理和投资。如果创业投资机构在创业企业进入平稳发展阶段后仍然不能获得高额的收益,或投资的企业经营不利,不能获得预期的收益时,创业投资家会想办法退出项目,在一个合适的时机选择合适的方式退出,以获得预期比较理想的收益或者尽可能减少损失。因此创业投资退出既是上一个的创业投资活动的结束,又是新一轮创业投资行为的开始[2]。

---

[1] 陈家洪. 创业投资退出方式和退出时机的决策分析 [J]. 金融与经济, 2006 (11): 59-60
[2] 周晓雷. 创投机构创业投资退出研究——从九鼎创投公司为例 [D]. 石河子大学, 2016: 17

（三）影响创投机构退出选择的因素

1. 内部因素分析。

（1）创业投资机构类型。创业投资机构的组织形式可以分为三种：公司制、有限合伙制和信托制。我国创业投资机构中有部分股本主要来自于国有独资公司和国有控股的股份公司，创业投资中有这样的股东结构是基于中国特定的经济模式和社会发展水平。在政府积极倡导创业投资促进创业企业发展的号召下产生的创业投资企业目前仍然受到中国创业投资行情发展的影响。投资于熟悉的行业或地区，在该行业或地区投资所积累的知识深度有助于创业投资机构降低与潜在投资项目之间的信息不对称，使创业投资机构更有能力判断投资项目所在行业或地区的机会、更有效地评估投资项目的创新能力、发展前景等；基于以往丰富的投资经验，在投资之后，更好地监督投资项目的经营行为，更加有针对性地为投资对象提供增值服务，从而利于从创业企业的成功退出。

（2）创业投资公司经营状况和风险基金的生命周期。如果创业企业在公司的管理和经营上都比较顺畅，在资金的周转和营运上没有太大的压力、创业企业的经营状况比较好的时候，创业投资退出的压力就会小一些；如果创业企业由于资金紧张，现金流出现困难，此时创业投资机构的经营状况也不是怎么好，创业投资机构就可能打算提前从创业企业退出以收回现金，而在选择退出方式时也会比较被动，缺少充分的考虑；当基金存续期即将到期的时候，创业投资家迫于想要把自己的创业资本退出，本来想以 IPO 方式退出创业企业，可能会转变为企业并购或其他实现退出的方式。为降低高度不确定性带来的风险，创业投资机构首要考虑的是创业企业所处的发展阶段，进而做出是否投资的决策。投资于早期发展阶段的创业企业，有更多的不确定性来源，包括未知的新技术市场，技术本身还未完全证实，管理团队所需的具体技巧随着经营的发展也非常易变。专业知识能够提升创业投资机构判断创业企业经营水平的能力。拥有与创业企业经营情况相关专业知识的创业投资机构，有助于解决创业企业发展中碰到的偶然事件，有助于创业企业在其所在行业内继续发展。因此，预期高水平的专业化知识的价值在早期投资阶段更高。早期阶段投资也能增加知识多样化的价值。早期阶段，创业企业往往缺乏预设的发展轨道，创业投资机构引导创业企业到多样化轨道的能力更有价值。但在这种高度不确定的市场条件下，创业企业面临着开发已经发挥或尚未发挥作用的新市场，可能会碰到许多从未遇到过的新问题，使用已有的行业经验知识难以有效解决问题，获取自身所在行业外的经验知识有利于更好地解决复杂的问题，而不同的知识存量增加了创业投资机构寻找多样化知识的可能性。对于晚期阶段的投资，无论是新技术还是管理人才，其不确定性已大大降低，风险也相应显著下降。这个阶段的创业企业已经进入可预测的技术轨道和市场空间，随着不确定性程度的降低，创业企业需要的专业化辅导相应减少，创业投资机构已经不再高度依赖高层次专业化知识存量来评估和发展创业企业，而更倾向于为他们贡献更多的综合性技能[①]。

---

① 王育晓，党兴华，张晨，王曦. 风险投资机构知识多样化与退出绩效：投资阶段的调节作用 [J]. 财经论丛，2015（12）：32-40

（3）创业投资的投资期。创投机构在刚开始将资金投入到创业企业的时候，对于如何退出还缺少比较准确的判断，需要经过长时间的观察和管理，创投机构对创业投资退出的控制权也比较小，因为创业企业要证明创业投资机构的商业理念也需要一定的时间，这个时候的创业投资机构通常只是具有否决的权力。当创投机构与创业企业已足够了解，他们在企业发展上具有一致的方向，创投机构对于创业企业的发展比较熟悉，加上对周围市场状况的把握，这时创业投资机构在退出决策方面的控制权就比较高，在时机成熟的时候，创业投资机构就可以通过IPO或并购的方式退出；当然，若创业企业发展不是很好，创投机构也可以选择其他退出方式，比如通过回购或者破产清算。因为创业企业在早期的时候有较多的不确定因素，投资家对早期企业在管理和技术方面可能还不熟悉，为了避免这样的风险，投资机构更多地会选择成熟期或行业龙头企业进行投资，以减少风险，将投资的资本在更短的时间变现。

（4）创业投资机构的投资方向。创业投资机构具有自己的类型和特点，他们投资的方向一般也会选择符合自己发展类型的行业进行投资，在这些行业中，创业投资机构对创业企业就比较了解，在管理上也比较有经验。现在创业投资市场上，越来越多的创投机构会比较专注的投资于比较专一的行业，在退出时机和方式的把握也会更加准确，比如像软银这样的创业投资公司由于专门从事互联网行业投资，一般会选择通过公开上市发行的方式退出。而对于一个历史悠久，经验丰富的大型创投机构来说，可能涉及的领域也会更广一些，致力于发展为一个综合型创业投资机构，由于投资的行业比较大，行业与行业之间合作的机会也较大。

（5）有无制定详尽的退出规划。从创业投资的项目评估阶段就开始构思最初的退出思路；在签订协议时，要考虑保障退出及偿付的条款；在对创业企业跟踪管理阶段，要逐步理清退出路线；在最后退出阶段，选定方案并付诸实施，清晰完善的退出规划，有利于设计最佳退出路线，选择最佳退出时机，更好地实现创业投资资金的退出，提高创业投资的收益。

（6）退出阶段中的风险控制机制。创业投资虽然是顶着风险进行投资，但必须以规避风险、降低风险为己任。降低风险意味着减少损失，也意味着利润的增加。从创业投资机构运作的环境来看，完善的退出机制可以解决创业资本运作中面临的信息不对称问题，建立对创业企业和项目有效的信息筛选和评估机制，创业投资机构必须与创业企业签订严格的投资协议，有权在被投资企业违约时撤回资金，这样才能对创业企业运作保持有效监控，为创业投资的可持续发展提供微观基础。完善的退出机制可以为创业资本提供实现增值和提高回报的机会，从而为创业投资的进一步发展准备实现条件[①]。

2. 外部因素分析。

（1）市场环境因素。市场是创业投资机构得以变现的场所。除了清算的退出方式之外，创业投资退出的其他方式都是通过资本市场以转让股份或股权为主要手段才能够实现的。所以，对于创业投资的退出来说，构建一个非常完备的多层次宽领域的资本市场是非常重要的。宏观经济状况。创业投资家在选择退出方式时，也会受到宏观经济状

---

① 陈家洪. 创业投资退出方式和退出时机的决策分析 [J]. 金融与经济，2006（11）：59-60

况的影响。当经济发展比较旺盛的时候，投资者就会有比较强的信心，在选择退出方式时以 IPO 退出的比例也会相对较大；而如果经济发展状况比较萧条的时候，创业投资家就会更多地选择其他的退出方式。

（2）法律制度因素。创业投资退出还会受到法律制度的影响，比如：转让方面的规定。我国在经济领域颁布了许多法律政策，这些法律制度既有促进创业投资发展的方面，也有对创业投资的约束。比如《公司法》第 149 条规定："公司不得收购本公司股票，但为减少公司资本而注销股份或者与持有本公司股票的其他公司合并时除外。"这就限制了我国创投机构通过回购的方式退出。但是国外创业投资退出以股份回购为最主要的选择方式。在西方国家，通过并购方式退出的时间比较长，各方面制度体系比较健全，为企业进行公正、合法、有序的并购提供了法律保障。创业投资的退出方式不同，其发生交易的金额也会有较大的差距，再加上税率的不同，对于创投机构和创业企业的利益都会有直接的影响，不只是税率不同，在政策上也会不一样。比如，我国对高新技术企业的广告费明确规定：经主管税务机构审核自登记成立之日起 5 个纳税年度内，可据实扣除广告支出。时间超过 5 年以后的，规定按上述 8% 的比例予以扣除。这种规定适当调高了高新技术企业各种费用的扣除标准，创业投资机构的收益也直接或间接的获得增加。

（四）创业投资退出的主要方式

1. 首次公开上市方式（IPO）。

IPO 指创业企业经过培育，发展至符合一国某资本市场的上市标准后，经过必备程序，最终在证券市场上挂牌交易其股票的过程。实质是把创业企业由一个私人持股公司转变为一个公众持股公司的过程，它将创业企业的股份推向广阔的资本市场进行交易。因此，创业资本用实现退出的前提是要有一个主要为创业企业上市融资提供服务的资本市场。创业投资机构可在企业上市后出售手中持有的在早期用极低成本得来的创业企业股份获取巨额利润；也可保留部分股份获取资本增值或稳定的现金流。创投机构创业投资退出方式的选择与证券市场的发展情况是有一定关系的。在证券交易所没有成立之前，以出售股权为主要的退出方式，证券交易所成立之后，大量的创投机构选择 IPO 为主要退出方式，而当证券市场发展状况不好的时候，创投机构又更多的转向并购退出。

与其他退出方式相比，IPO 方式主要具有以下几个方面的优势：第一，在所有退出方式中，收益率最高。这是它最大的优势，也是它成为创业资本退出的最佳方式的根本原因所在。第二，该方式的市场接纳度高。创业企业的上市意味着企业已经成长到一定程度，具有一定的盈利能力且成长性良好，已经被市场接纳。故创业企业和背后的创业投资机构都可获得良好的市场信誉，两者相互促进都可谓是名利双收。对创业企业来讲，著名创业投资机构的投资不仅意味着资金，还意味着具有良好的"成长基因"，有助于将来提振资本市场的投资信心。而在创业投资机构方面，培育出可 IPO 的企业会提高其竞争力，逐渐形成品牌效应，使其在后续投资其他项目时更具优势，形成良性循环。第三，IPO 方式下创业企业和创业投资机构之间的利益冲突相对较小，此种方式下创业企业的独立性、管理层的稳定性能够较好地延续，有助于激励核心管理层从创业企业的长远发展出发来制定策略。第四，在企业价值确定方面，信息不对称问题最小。这是由于企业上市后，其价值是由广大资本市场投资者以"货币选票"共同决定的，要比其他方式下确定的企业价值更加公允。第五，企业上市之后，因为可以吸收公众投资，融资的渠道相应会宽广很多，企业通过融资，资金不断增加，可以继续增加股票和债券的发行数量，进一步扩大企业的发展；IPO 发行于一级市场，流通于二级股票市场，以全体社会公众作为发行的对象，树立了良好的企业形象，大大提高企业的知名度。第六，创投机构和创业企业通过发行上市，不仅可以获得较高的收益，提高了企业和创投机构的声誉，对于创投机构以后的投资活动也是非常有利的。第七，企业在选择通过公开发行上市之前，会在市场上进行宣传，就是希望能够得到更多投资者的支持，即便是没有通过 IPO，创业企业也会因为市场宣传扩大退出方式和退出渠道。

通过 IPO 方式退出既有好的一方面，当然也有不好的一方面，主要表现在以下几点：首先，在我国，企业要想通过主板市场公开上市发行的方式并不是那么容易的，因为我国证监会设定了很高的要求，对于企业营运与发展的各项指标都有比较严格的规定。这就使得创业企业要通过 IPO 方式退出显得异常困难，当然，创业板和新三板为创业企业提供了又一个新的退出渠道。其次，高昂的融资成本。公开上市发行的发行费用较高，审核程序复杂，由于市场上企业众多，企业要通过 IPO 需要等待的时间特别漫长。一般情况下，企业从开始准备到审核通过正式发行，正常的企业从准备到上市都需要 2~3 年的时间才能完成 IPO 资金退出。根据 IPO 规定，发行费用需要承担承销费用，比如法律、审计、评估、咨询等。这里列举成熟的美国证券市场，根据发行规模来收取发行费用。再者，监管比较严格。企业上市之后，证监会要求上市企业需定期公布自己的财务报告，以使社会公众能够及时准确了解上市企业的经营情况，投资者根据公司的财务数据报告来评价该企业的发展状况，进而做出有利于自己的投资决策，与此同时，企业里面比较重要的商业信息有可能会泄露，这可能会导致企业内部的商业机密外泄，给外界的竞争对手留下了了解自己的经营和财务状况的机会。然后，由于 IPO 退出会存在一定的时间限制，但是政府监管机构为了给中小投资者保护维护其存在的利益，一般会对原始股东设定相应的限售期限，以保护市场价格的稳定。最后，IPO 发行失败的风险比较高。因为企业 IPO 的过程已经耗费大量的人力、物力和财力，而真正开始营运时却没有多余精力和财力来管理经，过程曲折不平，一旦把握不好就会亏本。上市过程中，企业自身的营运和财务状况、组织机构、证券承销保荐组织机构的能力都是影响 IPO 能否成功的关键因素①。

2. 并购方式。

并购方式本质上是股权转让的一种具体形式。从总体来看，创业资本的股权转让可包括对内转让和对外转让两种。所谓对内转让，就是指被交易创业企业股份的流转过程是在该企业和创业投资机构内部进行的，不涉及外部投资者，创业企业直接从创业投资机构处购回企业股份，这即是创业资本退出的股份回购方式；所谓对外转让，就是指股份的流转过程中需要引入创业投资机构和创业企业之外的投资者（可以是作为战略投资

---

① 周晓雷. 创投机构创业投资退出研究——从九鼎创投公司为例 [D]. 石河子大学, 2016: 16

者的其他企业，也可以是其他创业投资机构），创业投资机构将该企业股份转卖给看好企业前景的外部投资者，这便是并购的退出方式。具体来讲，并购退出方式就是指持有创业企业股份的创业投资机构与其他企业或者其他创业投资机构达成协议，按照协定的价格和形式（可采取现金交易、股份交易或二者的结合）将所持创业企业的股份进行转让，从而收回投资、获取收益的过程。而传统意义上的并购是指收购和兼并统称，前者是指一家企业通过交易取得另一家企业的大部分股权从而控制该企业的行为，而后者是指两家或两家以上企业合并为同一家企业的行为。从出售对象来区分，并购退出方式可分为一般并购和第二期并购。其中一般并购（又称为公司并购）就是传统意义上的企业之间进行的兼并与收购行为，包括有同行业间的横向并购、垂直产业链整合的纵向并购，以及跨行业的混合并购等。在创业企业成长过程中，这种方式最普遍。尤其对于大量小规模但成长性好的高科技企业来讲，其技术和产品的专业性特点并足以支撑其达到上市的规模。它们最好的结果有二：一是被大型公司收购，成为大型公司的一个专业部门，创业者和创业投资机构均获取可观的收益；二是两家规模同的创业企业合并，达到规模扩张、共同开拓的目的，如我国两家著名网络视频公司优酷和土豆的合并案例等。第二期并购也称为转售或金融并购，即创业投资机构将手中股份卖给其他创业投资机构。在创业资本运作实际中，这种并购经常发生在上下游创业投资机构之间：专注投资企业早期的天使投资人或机构，待创业企业成长至一定规模后，为保持其投资目标或风格，将其股份转让给投资期靠后的创业投资机构，以收回投资，获取收益。

并购退出方式的优势在于：第一，退出门槛低、时间成本低，受众面最广。通过并购方式退出，也需要严格的审查过程，且需要企业成长至稳定成长期。理论上，只要找到买方，创业资本可以在创业企业的任何生长时期内将其卖掉获取收益。因此，这种方式适合大部分不满足上市条件的创业企业，不论该企业规模如何、所处的行业如何，创业资本均可这种方式缩短创业企业股份的持有期、及时退出获取溢价收益。因此，这种方式适合绝大多数的创业企业。第二，操作方式简单、交易方式灵活多样。在操作层面，创业投资机构的主要工作集中在对交易企业的价值评估、为交易企业寻找买家，以及和交易企业管理层进行谈判等方面。依靠创业投资机构广泛的社会关系网络，这些问题往往能顺利解决。第三，受资本市场行情的影响相对较小。通过并购之后，创业投资者能够快速的退出创业资本，更适合股市状况不好而投资者又想早点退出。

并购也会有很多不足之处。比如：第一，一般情况下，并购交易的价格与市场上的公允价值并不相符，因为交易不在公开市场中进行，还有就是并购的买方客户比较少，可能会存在低估企业的价值的情况。此时的并购退出的平均投资回报与通过 IPO 方式退出相比要低很多。第二，并购之后企业的控制权受到影响。并购通常会扰乱企业的原有管理层对企业本来的控制权，容易引起管理层的不支持，影响企业的独立性。创投机构创业投资并购退出的时机选择，并购的退出方式适合企业规模和盈利条件达不到上市的要求的企业，但企业本身具有很好的发展潜力，在未来时间具有一定的盈利能力，能够带来可预见的收益，同时并购有利于本身的发展。

虽然 IPO 方式相对于企业并购效率更高，但采用并购方式的退出可以使企业之间信息更加准确，可有效避免对企业的过高或过低的估计。IPO 退出要考虑资本市场状况的影响，如果状况不好，那么对于 IPO 退出的难度就会加大，这时选择其他方式比较好。创投机构创业投资的退出时机如何选择，要看创业企业的市场价值。若创业企业的所有者权益占资产的比重很高，并且持续增大，但是不能确定创业企业的市场价值，创投机构如果此时退出就可能面临较大风险，若创业企业的所有者权益所占比重较高，且持续增长，如果同一时期经济市场繁荣，此时创业企业上市之后其股价就更可能获得较高的增值，创投机构也会选择这个时候退出。创投机构创业投资退出方式的选择，要考虑创业企业自身的发展经营状况。创投机构创业投资退出方式的选择，会受到信息不对称的影响。创业企业不同的发展阶段对资金的需求程度也不同，创投机构应该选择合适的时间对创业企业进行投资，特别是当创业企业为了发展需要亟须资金支持的时候，创投机构这时可以签订有利于自己的约定，这样可以更好的规避风险，创投机构可以更加了解创业企业的信息，减少信息不对称带来的影响，有利于提高 IPO 成功的可能性。创投机构对企业的控制权越大，企业并购退出的可能性也越大，为创投机构在选择退出方式时提供了更多参考的因素①。

3. 股份回购方式。

如果被投资企业能挺过市场风险和技术水平的考验并成长为一个有发展潜力的企业之后，仍然没达到 IPO 要求，创投机构通常会通过股权回购的方式实现退出。一般而言，创业企业股权回购出现在如下两种情况：一种情况是创业企业的管理层或员工看好该企业，主动要求和创业投资机构达成协议，安排实施回购；另一种情况是创业企业经营不良时，创业投资机构以执行预订协议的方式将股票回卖给创业企业或管理者。创业投资机构通过股权回购退出创业企业时，主要有以下三种形式：①利用创业企业本身的闲散资金以及票据等进行股权回购；②利用创业企业管理层或者创业企业职工的资金或者其他股权进行回购；③运用买方期权或卖方期权完成创业企业股权回购。其中，上述方式中的前两种方式即为公司回购，公司回购的本质相当于并购，只是这时候的收购方是被投资企业的内部人员。被投资企业能够掌握更多的股份是回购最大的好处，这更有利于被投资企业内部集中掌控决策权和控制权，所以回购对于被投资企业是大有裨益②。

创投机构创业投资公司主要是在创投机构投资的企业运作较差的时候选择回购退出。公司回购又可分为意愿回购和协议回购两种类型。意愿回购是指被投资企业主动要求购回创投机构持有的企业股份，主要目的是为了掌握企业决策权或者避免股份被他人收购。协议回购是指创投机构和被投资企业签订协议，指明将来某一时间，如果创投机构提出要求，则被投资企业的创始人或者管理层需按照协议的方式和价格购买创投机构持有的企业股份。而被动回购则是指创投机构要求被投资的创业企业按照原来投资协议中的购回条款执行回购。即在将来的某一时间，以类似意愿回购的形式和价格，被投资企业的创立者购买创投机构创业投资家持有的股份。股份回购对于大部分创投机构的创业投资家来说仅仅是后备退出方式，当被投资的创业企业运转状况不好时，创投机构通

---

① 周晓雷. 创投机构创业投资退出研究——从九鼎创投公司为例 [D]. 石河子大学，2016：12
② 熊玮. 创业投资之股权回购退出机制研究 [D]. 华中师范大学，2009：7

常采用这种方式退出从而在最大程度上避免自身的损失。回购对于创投机构和被投资企业来说是双赢的,回购退出是一种常见的退出方式。

因此,股份回购本质上是对内股权转让,指的是创业企业的员工或管理层将创业投资机构所持企业股份赎回的交易行为。这种方式发生在两种情况下,一种是创业投资机构为保障能够及时收回投资,在投资创业企业之初就签订了协议回购条款,规定到投资期将结束时,如果创业资本还无法通过 IPO 或股权转让的方式退出,创业投资机构有权以事前确定的价格和方式要求创业企业赎回股份。另一种是当创业企业管理层与创业投资机构就企业的发展模式有歧义时,创业企业管理层为获取更大的管理权而回购股份。一般而言,这种方式用于创业投资机构在创业企业成长期的较早阶段的退出。待上一家创业投资机构股份被创业企业回购完成后,创业企业将重新寻找创业投资机构进行下一轮融资。具体到创业企业内部的收购者,股份回购有两种形式:一种是管理层回购即由创业企业管理层回购创业企业所持公司股份;另一种是企业员工持股计划,即由企业员工完成回购行为。其中,企业员工持股计划最早是由缺乏外部投资者的家族企业为获取流动资金而发明的,是企业除公开上市和被并购之外的一种获取流动性的方式。目前,它更多地作为一种员工激励机制,广泛地应用在高科技企业,尤其是那些处于生命周期早期、缺乏资金的企业。一般来讲,它的操作方式是公司先设立一支基金负责进行公司股票交易;公司与员工签订协议规定员工服务到一定年限后,可按照基期约定的价格购买公司股票。这种机制将公司经营业绩和员工表现相结合,能够激励员工士气、留住核心员工。

股份回购方式是创业资本很重要的一种早期退出方式,这种方式具有以下优势:第一,交易成本低,创业资本退出速度最快。由于股份回购是内部人之间的股权交易过程,作为股权买方的管理层或是员工对公司财务、管理等方面的信息是完全的,故交易双方不需要支付额外消除信息不对称的成本。只要双方商定价格和交易具体方式,即可进行。因此,这种方式是创业资本所有退出方式中最快的一种。第二,能够一定程度上保证创业投资机构的收益。创业投资机构在投资之初与创业企业签订的卖方期权形式的合约,对创业企业是一种鞭策,对创业投资机构是一种利益保障条款,故在企业经营不善或发展不顺时创业资本可实现退出。第三,对企业内部人是一种很好的激励机制,能满足管理层把握企业未来发展方向的需求,从而保持企业独立性;企业员工持股计划的广泛使用也证明能够有效激励员工士气。此外,创业投资机构的卖方期权会形成对企业管理层的经营压力,促使其有效利用创投资金、达到预期经营目标。第四,股权回购仅发生于创业企业或创立企业管理层级职工和创业投资机构之间,双方当事人简单清楚,有利于划分产权,操作起来也十分简便。第五,股权回购的相关法律限制较少,在不违反经济效益原则、不侵害相关权益人利益的情况下,一般都能够迅速退出,并获得较为可观的回报。第六,股权回购的过程实际就是股权内部转让的过程,不存在第三方干预的情况,非常有利于维持创业企业自身的独立性。股权回购正是凭借此特有优势,使其能够同时满足创业投资机构和创业企业的经济利益需求①。

---

① 熊玮. 创业投资之股权回购退出机制研究 [D]. 华中师范大学, 2009:3

4. 清算方式退出。

这是创业投资机构迫不得已选择的一种方式。当创业企业发展不顺利或者潜在市场前景黯淡时，创业投资机构就会选择果断停止投资；或者如果它占有足够的股份，就会选择马上关闭这家公司或将其贱卖以收回投资。清算退出的三个条件：企业发展状况与预计目标差距太大、无法偿还到期债务、企业股权无法正常出售或没有其他的退出渠道。清算方式包括破产清算和协商清算①。实际上，所有创业企业中失败的企业占很大比例。创投机构投资的成功率较低，大概为 30%。但是创投机构就是通过创业投资来获得收益，据美国创投基金研究结果发现，创投机构 75% 以上的收益来自不到 1/5 的投资。这可以说明创投基金的失败率很高，一般在 2/3 左右。创投机构面对投资失败时，为了减少损失，创投机构会选择及时清算退出的方法，实为无奈之举②。而越是投资于公司早期的创业资本，越是容易失败。为及时止损、降低投资其他项目的机会成本，创业投资机构在采取这种方式时需要有超前的预判能力和果断的决策力。通常，这种方式会引起创业投资机构和创业企业创办者之间的利益冲突：创业企业凝结了创业者的全部心血，清算的方式自然会受到创业者抵触。但在实际中，有影响力的创业投资机构会通过特殊的方式解决这一冲突——锁定与被关闭公司初创者的长期联系，适时将其委派到创业投资机构投资的其他公司。因此，对创业投资机构来讲，破产清算的退出方式并不仅仅意味着通过拍卖和清算等方式收回部分资本，往往还意味着人力资本的积累③。

10.3　与创业投资机构融资合作的注意事项

（一）融资造假与估值泡沫

这是互联网行业最好的时代，优秀投资者、创业者层出不穷，日新月异地改造着各行各业，但这些行业精英们，却在同一个简单的谎言面前无能为力。夸大虚报融资金额，正成为创投圈公开的潜规则，并在外界不痛不痒的批评声中愈演愈烈。80% 以上的创业公司都会虚报融资，人民币变美元，融资金额乘以 3 倍、5 倍太平常，甚至乘以 10 倍的都大有人在，而把根据业绩情况分阶段到位的投资变成一次性融资更是普遍做法。国内科技公司中实际融资额能达到 1 亿美元以上的少之又少，A 轮融资真正达到 1 亿元人民币的公司 2015 年也很难超过 15 家。业内讨论较多的争议案例，包括 C 轮融资 1 亿美元的某时尚妈妈社交平台的实际融资金额可能仅在 3 000 万美元左右；B 轮融资 2 500 万美元的某互联网招聘平台实际融资金额造假等。对于外界而言，要想掌握创业公司融资造假的证据困难重重。在当下的浮夸环境和风气中，所有创业者、投资人都已裹挟其中，创业者自身或多或少存在虚报金额的行为，但他们显然不会愿意提供详细数

---

① 郑君君. 风险投资中的道德风险与逆向选择 [M]. 武汉大学出版社，2006：285
② 周晓雷. 创投机构创业投资退出研究——从九鼎创投公司为例 [D]. 石河子大学，2016：26
③ 窦佼. 我国创业资本退出机制研究 [D]. 上海社会科学院，2013：32 – 35

据和证据,而相关投资方,也完全没有"大义灭亲"的动机。如果公司本身业务和产品不够过硬的话,恐怕很难再找到下一轮融资,那些估值虚高的创业公司很可能被打回原形。

真格基金创始人徐小平将融资造假描述为"行业内的一种新默契"。某智能理财平台曾在 2013 年 12 月对外宣称完成千万美元 A 轮融资,但实际情况是,该公司 A 轮融资额仅为 200 万美元,也就是说,其对外宣称的融资额是在真实融资额的基础上再乘以 5。三五倍已经是过去的事情了,现在很多公司会在真实融资额的基础上直接乘以 10。O2O 市场、智能硬件领域以及互联网金融领域,估值泡沫比较普遍。2015 年,有报道称 A 轮融资达到 1 亿元人民币或者 2 000 万美元及以上的公司,便超过 60 家,其中有多家甚至连投资方都没有公布。在创业阶段,由于融资协议的保密性,虚报融资的创业公司几乎不用担心谎言被赤裸裸地揭穿。但是发展到上市阶段,尤其是在美股和港股上市,IPO 招股书披露的真实融资数据,往往就是"国王的新衣"被揭开的时候。

互联网创业公司易被质疑数据造假,最主要的原因是做大估值,做大估值即出让股份比例不变,而这样做的直接结果是可以融到更多的资。于企业而言成本不变,且这个数据相对来说较难证伪,因为后台数据只有企业有。从投资的角度来说,无非是想交上漂亮答卷,让潜在投资者觉得这是一家可以值得投资的公司,可以产生更大的利润。互联网企业属于高成长企业,在它确定达到盈亏平衡点之前,是一直处于无法赢利的状态,所以对于它的估值就不能按照传统企业的估值方法。既然有了按照用户或者说是活跃用户数来进行估值的方法,且被大家所公认接受,那么所有的互联网公司运营目标都是为了获取活跃用户和活跃的一些用户指标为主,而从这个指标开始,所有的运营目标或者说所有的整体创业目标就是做大客户群,而 KPI 明显就是设立在这个指标之上。随之而来的是,投资人同样处于两难境地:要么信要么不信。一般偏早期的团队都没有什么流水,如偏早期的投资,数据只能是参考之一,最核心的价值还是看这个人怎么样。但像 B 轮、C 轮之后的项目已有流水,那么企业的财务数据至关重要,甚至还有可能会请专业的财务人员或是律师去尽调。越到后面的轮次估值越高,所以尽职调查的压力以及程度也就越严格。所以,创业若以融资为导向,那出现数据造假或是奇奇怪怪业务造假行为的可能性就很大了[①]。

投资人在融资这件事上,一方面是了解清楚企业;另一方面就是谈判价格的时候尽可能用少的钱占取过多的股份,而初创型企业如果项目优势不明显,或者说没有特别值得称道的经历时,就不会有议价权。融资构成很复杂,除了现金投资之外,还涉及资源作价、债转股、股权激励等不同的融资条约,而且投资到账形式也有很多种,外界很难确切地知道真实融资额。即便是财报披露,也只是披露了现金而已,资源作价等其他方面依旧是未知状态。而即便有些经过严格审计公布的财报提供了无可辩驳的资金数据,但对于那些已经上市公司而言,通过虚报融资已得到甜头,在这个阶段虚报融资被曝光,对公司发展已无大的影响。创业者虚报融资所得和所付出代价实在是不成比例,先行者尝到了甜头,却没有付出代价,自然跟随者众多,最后成为普遍现象。随着投资和

---

① 蒋佩芳. 部分创业公司涉嫌"数据造假"[N]. 每日经济新闻, 2016 - 09 - 13 (10)

创业热潮的兴起，在各方作用下，虚报融资已经成长为积重难返的"怪物"，挟持了整个行业，圈内大部分人或主动或被动地都成为"不穿衣服的国王"。80%以上的投资机构在投了新项目后，会希望存在部分融资水分，一方面有利公司加大知名度，另一方面有利于下一轮融资时获得更多利益，因此对创业公司融资虚报现象三缄其口。融资造假成为普遍现象的政策漏洞在于创业融资披露缺乏有效监管[①]。

（二）融资估值与公司控制权

初创企业估值与融资中应注意的问题之一，就是要制订好未来的融资计划。企业融资不是一步到位的，而是在发展的各个阶段根据资金的需求，出让股份，换取资金，进行多轮融资。因此，初创企业的创始人应有一个较好的融资计划，大致合理确定企业发展到什么阶段，需要出让多少股份，筹集多少资金。一般情况下，初创企业的第一轮融资出让的股份不可能超过50%，否则初创人会失去努力工作的动力；同样也不能超过40%，因为这样留给下几轮投资者的空间就很小了。合理的应是出让30%以内的股份。初创企业的创始人不要一味追求高估值。尽管初创企业高估值能够使企业的初创人使用较少股份来筹集较多资金，但如果企业这一轮获得一个高估值，下一轮就需要更高的估值，这样在两轮之间需要的增长会非常高。如果初创企业不能达到一个高增长，可能就没有投资者愿意投资初创企业，或者初创企业不得不接受一个不利的条款来进行一次低估值融资。特别是，初创企业的创始人不仅要关注估值，同时更要关注融资的条款。对于初创企业的创始人来说，估值固然重要，但融资条款更重要。融资条款规定了投融资双方的权利与义务，投资方为了规避投资风险常常在融资条款中附加很多条件，这些条件包括：优先清算权、参与决策权、棘轮条款等。投资初创企业的投资者往往是创业投资者，他们通过这些附加条件来确保初创企业走下坡路时依然能够最大限度地保护自身财产。但是，这些条件往往到最后使初创企业的创始人一无所获。股权融资时，创业企业家首先需要考虑某次筹资需要丧失的股权比例，其次才考虑融资成本，融资成本与丧失的股权比例成正比，因此考虑所有权丧失比例则兼顾了创业企业家控制权问题和企业融资成本问题。而股改之后，所有的股权都折算成股份，以所持有的股份数和公司发行在外的普通股股数的比值来计算持股比例，以每股价格的形式衡量企业的价值和融资成本。两次融资成本的不同：

A公司是一家快速成长的企业，由于投资需要，目前打算向外部投资者进行股权融资。去年已经向B投资公司进行第一轮融资，共筹集资金1 800万元，对应的持股比例为11%，A公司按照当时的估值约为1.7亿元。第一轮融资后购买了较多固定资产（厂房、生产线等），但仍未投产，未来收益不确定。今年向C投资公司进行第二轮融资，募集资金6 000万元，对应的持股比例为10%，此次估值为6亿元。同时股改顺利完成，总股本为1亿股。除这两次融资外，未进行其他股权融资。分析上述两次融资可知，第二轮融资A公司共出售股数为1 000万股（1亿股×10%），每股售价6元（6 000万元/1 000万股），持股比例为10%（股改后）；第一轮融资共出售股数为990万股[1亿股×(1-10%)×11%]，每股售价约1.82元（1 800万元/990万股），

[①] 创业公司融资造假调查：80%创业者都在说谎[J]. 知识文库，2015（9上）：43-44

占股改后的持股比例为9.9%。对于A公司和创始人来说,两次融资丧失的股权比例相当(1 000万股和990万股),筹集到的资金却相差2倍多。站在股改时点,B投资公司和C投资公司各持股约10%,创始人持股80%,创始人未来需要分配给B投资公司和C投资公司的收益大致相等,如果忽略第一次融资时资金的时间成本,对A公司和创始人来说,第一次只筹集了1 800万元,第二次能筹集6 000万元,很显然第一次融资成本非常大,简单的成本差距约是4 200万元。从上述例子受到的启发:在忽略资金时间成本的情况下(两次融资时点只相差一年,时间成本影响较小),由于企业上市前基本不承担支付红利要求,在前期估值较低时,融资成本非常高,此后随着公司估值逐渐提高,融资成本相应降低。在企业正常经营允许的情况下,应该减缓外部股权融资步伐,避免前期贱卖企业股权。因此,即在对外股权融资总量一定的情况下,如果创业企业家出售的股权比例最少,则此时的综合融资成本最低。多次股权融资恰好解决了前期融资成本高的困境,根据企业自身的发展需要每次让渡小部分股权筹集当期所需资金,不至于在企业被低估时丧失大部分股权。这样一方面可以满足创业企业的资金需求,使股东从企业价值增长的过程中获益,另一方面也相对降低了前期的股权融资成本,经过多次融资后,创业企业家仍然能够牢牢掌握控制权,实现融资与控制权之间的平衡。此外,多次股权融资方式给予企业融资回旋的余地大大增加,可以考虑在各阶段引入不同类型的投资者,分散其他创业投资者的股权,降低某些战略投资者谋求企业控制权的机会[①]。

(三)财务数据以外影响估值的因素

企业估值越高,融资成本越低,在融资额一定的情况下股权出售比例越少,因此,有必要对企业价值评估的影响因素进行分析,以达到合理安排融资时点和融资量的目的,避免在估值较低时过度融资。而影响企业内在价值的因素有很多,包括宏观经济因素和与企业相关的因素。宏观经济因素如资本市场资金供给情况、创业投资市场活跃程度等。与企业相关的因素如企业的行业情况、核心竞争力、财务状况、产品市场情况、盈利能力等。在企业建立初期,由于没有客观数据来对企业进行估值,因此就像有些人认为的那样,对初始企业的估值不是一门科学,而是一门艺术。那么,会影响企业估值的因素主要有:

1. 是否为众多投资人感兴趣投资的企业。

如果有众多的投资人想投资这家初创企业,说明市场一致看好它,因此其价值也就一定高。所以,对于初创企业来说,投资者的人数影响到其估值,投资人越多,估值越大,反之亦然。尤其是初创型高科技企业的价值评估不同于传统企业的估值,因为它们成立时间短,无论是盈利模式还是业务模式都不健全,缺少可供参考的历史经营数据作为估值参考。因此对这类企业进行估值更看重的是企业的管理团队、研发团队实力及创新能力和它们组合协同后在未来带来收益的潜在能力,那么就需要预测这类企业的未来发展情况,并评估未来的盈利能力。然而,在评估企业未来的盈利能力方面,其评估方法与传统企业评估方法不一样。这是因为这类型企业的发展经营道路与传统行业存在巨

---

① 钱峰国. 多次股权融资在创业融资中的应用研究[D]. 上海交通大学,2014:24

大的差异性。创业型高科技企业却不同,体现在未来发展的动态变化,会因为某种新技术或新产品的问世,带来翻倍甚至几百倍的收入增长,或因为某项专利技术专利期到期、某种新技术转化成产品失败,而导致企业收入和毛利率下降甚至亏损。所以,高科技企业的价值可能存在随时贬值的风险,然而一旦成功,其回报率远高于其他传统行业,也决定了这类企业价值的评估不同于传统企业的估值方法。

2. 是否有众多的用户。

一家企业有了用户才算真正走进市场,也才开始创造价值。企业的用户越多,说明企业的竞争力越强,运营模式越稳定,风险也越小,创造价值的可能性就越大,企业的估值也就越大。所以,初创企业的用户数决定了其估值。但是,创业高科技企业的产品生命周期短、技术更新换代速度快,体现在这类企业发展过程中会出现波动性。企业价值是建立在新技术或新产品地不断推陈出新上,这就要求企业具有持续的技术创新能力,然而这种创新能力具有非常大的不确定性。另外,即使企业的一项新科技成果转变成为一种新产品,中间需要经历工艺技术方面的研究、产品的试制和检验、扩大生产和市场销售等多个环节,每一个环节都存在失败的风险。一旦失败,企业的价值将受到极大的负面影响。因此考虑到这类企业未来经营状态的不确定性,在对创业高科技企业估值时,不能简单地按照一个固定的现金流或净利润来评估。在风险方面,投资创业高科技企业的成功概率要比其他类型的企业低得多,主要是因为初创型高科技企业都是处在发育成长期的新生企业,具有的信息透明度比较低,这种低的信息透明度将会给投资决策以及管理方面带来比较大的盲目性,加大了企业投资人的风险性。那么对于投资人来说,企业发展的不同阶段要求的报酬率也是不一样的。这类企业的核心价值在于企业的科技含量。然而高科技行业的技术、产品更新换代速度很快,如果企业没有较强的技术创新能力以及强有力的研发团队作为支撑,企业的科技含量随时会丧失,其价值随时面临贬值风险。

3. 行业及合作伙伴。

不同行业企业估值是不同的,因为不同行业企业创造的价值大小不同。一般来说,传统行业企业创造的价值要小于高新企业创造的价值,因此高新企业的估值要大于传统行业企业的估值。行业决定了企业市场的大小,也即企业发展的空间,这也是影响初创企业未来价值的因素之一。同时行业竞争情况也决定了初创企业竞争对手的多少和强弱,决定了初创企业成长的潜力,也会影响企业的价值。另外,行业进入的壁垒等因素也会影响初创企业的价值。行业因素主要包括是否受到政策扶持、行业竞争是否激烈、市场发展空间如何等。获得政策扶持的行业发展速度较快,吸引更多的投资,在行政审批方面更加容易,因此政府支持甚至影响着一个行业的兴起和衰亡。市场发展空间可以用市场容量来判定,一旦市场现有产量达到饱和,行业自身不能再扩大,只有企业之间发生此消彼长,行业"天花板"显现,激烈的竞争使得企业效益减少,导致企业估值下降。如果市场容量巨大,且尚未饱和,行业和企业都能获得较高的成长性,投资者倾向于成长性较好的公司,给予的估值水平都相当不错。大数据时代面临客户关联信息越来越丰富,客户关联的信息种类和信息量呈现爆发式增长,如何理清这些关联关系,将大数据得到的结论和行业的具体执行环节一一对应起来,给客户提供有针对应的销售和服务，对数据分析人员提出了更高的要求。作为双边市场的电子商务平台以及第三方网络平台拥有供需各方所有的互动数据，对降低市场中供需双方的信息不对称、解决市场失效、提高企业利润和消费者剩余有关键性的作用。如何从海量的双边市场数据中发掘出对供需双方有用的、传统市场研究无法提供的信息，以及理解和管理整个双边市场的演化，已是大数据时代了解合作伙伴的关键[①]。

4. 企业自身因素。

投资者对于目标企业的估值很大程度上取决于企业的财务情况，但是创业公司自身的公司治理、财务情况、核心竞争力、行业地位等因素也很重要。处于行业垄断地位和拥有核心竞争力的企业能够带来更大的成长性和盈利空间，这使得投资者不断提高企业估值。比如，是否有经验丰富的管理团队。经验丰富的管理团队会增强企业的盈利能力，减少企业的风险，从而增加企业的价值，因此如果企业具有一个经验丰富的管理团队估值自然会高。再比如，拥有多少知识产权。知识产权相当于企业的无形资产，它能在未来为企业创造价值。因此初创企业拥有越多的知识产权，也就意味着初创企业在未来能够创造出越多的价值，初创企业的估值自然也就越高[②]。

5. 资本市场的因素。

主要包括股票市场的估值水平、创业投资市场的活跃程度以及上市的便利程度。首先，创业投资市场的活跃程度越高，在资金充裕的情况下非上市公司越容易获得较高的估值。其次，上市的便利程度越高，创业投资退出机制越通畅，此时创业投资者较为乐观和冲动，对企业估值亦有利。最后，股票市场的估值水平一方面显示着宏观经济环境，另一方面也是创业投资者衡量投资收益的标准，估值水平越高，从非上市企业到上市企业之间的套利空间越大，相应也会提高对非上市企业的估值。

6. 与创业企业的合作条件。

创业企业必备的成功元素就是创业企业自身的特性，项目的创新性、商业模式的创新性都会带来可观的发展空间，一直保有这种特质，是创业投资能成功退出的一个重要原因。同时，值得注意的是，被创业投资家选中的创业企业并不是每个都能成功退出，初期的那些令人欣喜的新想法和新创造可能并没有获得预期的成功，这会影响创业投资家在退出、分阶段投资等方面的决策。因此，估值调整协议是创业投资中常用的金融工具，形式非常丰富，根据协议条款约定可以实现现金流权和控制权的调整。估值调整机制的应用不仅能够缓解创业投资机构和创业企业家之间的不对称信息问题，并且对创业企业家具有激励作用，不同难度目标下对企业家的激励效应是不同的，激励作用与目标难度负相关，综合考虑项目风险、项目质量以及企业家能力等项目内部环境对目标难度进行合理设置才能达到最大激励效果。并且，不同目标难度下合约社会效率也有差异。根据估值调整协议，当项目价值到达一个标准就执行一种权利，否则就执行另一种权利，这种投资方式能够降低未来风险。值得注意的是，尽管估值调整协议能够通过股权

---

① 冯芷艳，郭迅华，曾大军，陈煌波，陈国青. 大数据背景下商务管理研究若干前沿课题[J]. 管理科学学报，2013（1）：1-9
② 吴辉，魏月红. 初创企业的估值与融资问题探讨[J]. 财务与会计，2016（11）：53-55

调整的手段,控制创业投资机构的项目投资风险,但是不确定性风险变动时,估值调整协议带给投融资双方不同的估值影响①。

(四)估值中的若干财务难题②

1. 财务估值与"投人"偏好。

未来的不确定性决定了价值评估的高风险性。无论是现金流量折现法、经济利润估值法等价值评估方法,都是在对公司未来现金流量或是未来经济利润估计基础之上的,所有这些经济指标都是在假设公司一定经济运行基础之上的,而公司未来的经营活动存在着许许多多的不确定性,不仅面临着市场环境的不确定性而且还存在着公司自身各种因素变化的不确定性。由于这些不确定性的客观存在,使得对公司未来经济指标的估计,存在着极大的风险,据此,评估的公司价值也自然就存在极高的风险③。对于创业型企业来说,最为核心的资产是创业者本人,最大的风险也是创业者本人。因此,业内才有了"投资就是投人"这句话。同时,好的个人不等于好的团队,好的技术团队不等于好的经营团队。除了甄别创业者本人,评估创业团队也至关重要。对创业者的评估全靠投资人的经验,但仅仅依靠短时间的尽职调查很难保证不会"投错人",不会"投错团队"。所以在"投人"的同时,还要重视财务估值。财务估值是创业投资估值的基础,但财务估值又很难反映企业家才能这一最活跃的生产要素。显然,这是一个估值难题。

2. 好行业≠好公司。

行业分析是选择投资对象的基础。创业投资的行业偏好非常明显。从早些年追捧连锁酒店行业、太阳能光伏行业、网络游戏行业,到2009年追捧风力发电行业、教育培训行业,基本上是每两三年一个投资主题。这些行业都取得了快速发展,但未必行业中的每个企业都从中受益,缺乏核心竞争力的企业将会被淘汰,优势企业的市场份额会进一步提升,只有具备核心竞争力的企业才能真正成功。好行业不等于好公司,主题投资行业高估值水平的背后,也伴随着被投资企业的高风险。所有与预测公司未来自由现金流量或是经济利润有关的信息,这些信息的获取,无论是直接方式、还是间接方式,都需要支付一定得代价,也就是说,信息的获取是有信息成本的,而且有些信息获取方式复杂和多种信息相互交织在一起,使得获取完整信息的成本费时且成本高昂,包括时间成本和货币成本。那么,如何在选择行业的同时,对具体的目标企业进行准确估值? 这也是一个估值难题。

3. 市盈率估值法的天然缺陷。

目前业内普遍流行市盈率估值法,但这一方法存在着天然的缺陷。缺陷之一是市盈率法以净利润为计算基数。净利润一方面受行业周期影响,波动性很强,另一方面净利润这项财务指标很容易被操纵。缺陷之二是市盈率估值法的使用前提就是目标企业的利润稳态增长。对于除了Pre-IPO和并购以外的其他投资阶段,这一前提显然是不成立

---

① 晏文隽,郭菊娥. 不确定性条件下创业投资高收益的触发条件——以估值调整协议为视角[J]. 西安交通大学学报(社会科学版),2015(3):22-26
② 陈一博. 风险投资中的企业估值问题研究[J]. 金融理论与实践,2010(1):64-67
③ 戴书松. 公司价值评估[M]. 清华大学出版社,2009:31

的。缺陷之三是合理市盈率倍数的选取依据难以确定。实践中通常是在行业基准倍数基础上通过讨价还价来确定市盈率倍数，但行业基准倍数未必是目标企业的合理市盈率倍数。

4. 人的主观因素决定了公司价值评估的非绝对客观性。

关于公司价值评估的结论，应尽可能地反映公司当期所获得的全部有关信息，是一个比较客观的数值。但是，由于在公司价值评估活动中，存在较多的需要投融资双方的主观判断的因素和内容，因此，即便是针对相同的评估环境的客观信息，投融资双方也会得出不同的估值结论，这在公司估值行业并非奇异之事。所以人的主观因素的存在，会对公司估值的结果产生较为重要的影响。除了评估结果的价值数据外，一份高质量的评估报告叙述的评估过程也为客户提供了许多有价值的信息，这些信息可以帮助客户理解评估出来的价值内涵，并在利用评估报告时，做出正确的解释[①]。

---

① 戴书松主编. 公司价值评估 [M]. 清华大学出版社，2009：34

第 11 章　商业银行的创业贷款融资

11.1　创业企业获得传统银行融资的难点

银行贷款是一种较为常见的债务性融资形式，在企业发展过程中能提供常规的融资支持。由于创业活动充满诸多风险和不确定因素，如创业企业研发活动是否成功、创新活动的速度、未来市场对新产品的需求情况等，这些都使得创业企业很难获得银行贷款等传统融资途径的支持。创业阶段的公司会因为进入市场时间不长，由于委托代理问题在贷款方面受到限制，企业的盈利能力和资信也较难体现出来对商业银行的吸引力。创业企业间接融资难点之一就是间接融资渠道过于单一。世界银行一项针对100多个国家的7万多家企业的调研数据表明，初创企业对银行融资依赖较少，更多的是通过家庭和熟人获得资金。只有18%成立两年内的公司从银行获得贷款，而成立13年及以上的公司中却有39%能通过银行融资。相反，成立两年内的企业中有31%通过民间渠道获得资金，而成立13年以上的企业却仅有10%通过非正规途径融资。民间融资的潜在风险在于，资金来源可能会不可靠，或者须承担巨额融资成本[①]。信息不对称导致的逆向选择和道德风险是产生均衡信贷配给的基本原因，在信贷市场供小于求的情况下，银行为了规避信贷风险，一般不会采取提高利率的方式，而倾向于信贷配给。根据信贷配给的定义，它包括两种情况：一是信贷规模配给，是指所有申请贷款人都能获得贷款，但一个给定的贷款需求额只能部分地得到满足。另一种是信贷数量配给。在信贷数量配给情况下，贷款人对一部分贷款人给予其所需要的全部贷款，而拒绝另一部分贷款人的要求，即使后者愿意支付更高的利率也不能获得贷款。一般地说，信贷规模配给只有在特定的制度环境下产生的，而信贷数量配给则是资本市场上的一种较为普遍的现象[②]。

创业企业是新设立的，许多企业无厂房，有的甚至借用政府设立的孵化基地的厂房临时开展生产经营活动，其他有一定实力的企业对初创的创业企业怕承担风险不愿提供贷款担保；而银行对此类企业的信贷投放本来就犹豫不决，因此，许多银行对此类企业往往要求提供抵押物或有一定实力的企业提供担保才予以提供一定额度的信贷支持。创业企业无法满足银行贷款的抵押（或担保）的条件，从而无法从银行获得信贷资金。

---

① 张韶华，李潇潇. 初创企业的天使投资：国际经验与国内发展 [J]. 西部金融，2014（9）：13-15
② 晏文胜. 创业融资的机理研究 [D]. 武汉理工大学，2004：38

较低的信用等级以及银行苛刻的贷款条件等原因，使得创业企业通过信用获得的贷款比例一直很低。就我国创业企业的融资渠道来讲，有的企业的融资是从金融机构获得的，部分为则依靠权益资本投入，而从其他渠道获得资金则少之又少。而在金融在机构中，银行则成为中介间接融资的主体，其在贷款融资中所占比例高达。银行在发放贷款前会对创业企业的信用状况进行评级，然后根据评级结果对创业企业发放贷款。与被评为较低信用等级的创业企业相比，信用等级较高的创业企业更容易获得贷款，同时还能享受到其他优惠政策。而处于初创期的企业一般无法满足银行的信用标准，因此，其信用等级往往比较低。一方面，这一制度使得创业企业的融资需求无法得到满足；另一方面，由于初创期企业自身局限性，致使其不愿参与评级，进而弱化了信用评级应有的作用。由此导致银行最终把钱贷给有钱的企业而没钱的企业却贷不到款。担保是改善创业企业在金融市场弱势地位的一个重要的制度安排，但担保机构如何有效地获取被担保方的信息，并监督控制金融风险，成为影响其发展的关键因素。对于大量的创业企业，仅仅依靠正式制度的征信和市场记录，以及抵押等举措是难以获得成功的，这使得非正式制度的社会网络带来的信任、信息传递和监督控制功能成为其主要的补充性制度。创业企业融资困境的形成主要有两方面的原因：①银行与企业之间存在严重的信息不对称，逆向选择使得银行对创业企业信贷配给成为银行的理性选择；②在创业企业面临信息不对称和抵押品不足的情况下，采用第三方担保的方式就成为解决融资约束的主要途径①。

现行大部分银行对基层支行及信贷人员开展信贷业务，基本上既下达信贷业务指标，又下达存款业务指标，信贷业务开展得好，没有不良贷款发生，同时又有一定的存款业务联动，相关信贷人员除获得相应的营销费用还可获得可观的奖金，而且对行员级别的评定及职务晋升又有一定的作用。反之，则给予一定的惩罚。对创业企业的信贷业务而言，大部分银行内部考核中没有明显的区别考核办法，在考核办法及激励机制上没有明显的鼓励信贷人员积极主动拓展创业企业信贷业务的办法，不利于调动信贷人员开展创业企业信贷业务的积极性。另外，我国银行融资渠道还具有明显的地区差异性。间接融资的难易程度与该地区经济发展水平呈反向变动关系。即该地区经济越发达，间接融资相对较容易；该地区经济越落后，间接融资相对较难。在东部和南部沿海地区，由于早期实行改革开放政策，国家给予较多的政策倾斜，这些地区的经济得到了较好的发展，创业企业为这些地方的发展做出了巨大的贡献。相应的，这些地区形成了较好的融资环境和较为完善的信用评价体系，因此，这些地区的创业企业相对其他地区的企业更容易获得贷款。同时，与较高的经济发展水平相对应的是当地居民较高的收入水平，这为民间融资创造了条件，在一定程度上缓解了创业企业的资金需求。在中西部地区，较差的融资环境和不完善的信用评价体系，使得金融机构对创业企业融资采用较为谨慎的态度，由此加剧了创业企业融资的困难。此外，较低的经济发展水平以及当地人民较低的富裕程度，使得民间融资发展程度不如经济发达地区②。

创业企业债务融资中以短期流动负债为主的特点也是造成创业企业融资风险较大的

---

① 李新春，潮海晨，叶文平. 创业融资担保的社会支持机制 [J]. 管理学报，2017（1）：55 - 62
② 郭燕青. 天使投资基金对创业企业融资扶持问题与对策研究 [D]. 福建师范大学，2014：13

原因之一。对于创业企业而言，一旦发生资金流动困难，又难以及时从外部获得新的资金，则发生财务危机的可能性极大。一方面，由于创业企业资金来源以短期债务为主，而长期资金来源不足，因此经常会将短期资金运用长期化，如用于增加固定资产而不是用于生产经营，因而极易导致财务风险；另一方面，短期债务资本成本比长期债务低，但短期债务不能还本付息的风险却要比长期债务大。创业企业即使没有出现经营风险，而只是暂时性的资金周转困难也会导致短期债务清偿困难，从而形成流动性风险，并最终可能导致信用危机，给创业企业后续融资活动带来不利影响。另外，短期借款一般带有信用条件，如信用额、周转信用协定、补偿性余额条件以及抵押等，增加了创业企业短期借款的成本，使得借款实际利率大大高于名义利率，从而加大了创业企业融资风险。创业企业不仅筹资渠道狭窄，而且银行贷款成本往往较高，这主要体现在信贷额度、贷款利率及附加条件方面要求较高，如限制信贷额度、贷款利率上浮幅度较大、为寻求担保或抵押付出相关高额费用等，同时要附加诸如要求创业企业存入结算存款、存入一定额度的配套存款，创业企业取得配套存款往往要花较高的成本，从而使创业企业的融资成本拉高，有的甚至高达基准利率上浮 70% ~100% 的水平，使创业企业不堪重负，影响正常的生产经营。银行传统的信贷投放标准是企业产品有销路，产业已达到一定规模，且前景较好，一般的信贷工作人员往往思想上较保守，只想做现成的好的企业的信贷业务，对前景还不明朗的创业企业怕投放后产生还贷风险，怕承担责任。同时对一般银行信贷工作人员来说缺乏了解创业企业的专业知识，有的甚至不去深入创业企业进行调查研究，工作浮于表面，对创业企业要不要开展信贷业务有畏难情绪，缩手缩脚，多一事不如少一事，甚至干脆不去从事创业企业的信贷业务，使创业企业较难进入银行的融资渠道[①]。

11.2　商业银行的参与方式

（一）为创业企业提供创业贷款

商业银行根据贷款申请者从事行业或项目的特点、发展趋势和盈利前景，提供数额不等的贷款，满足创业者的资金需求，主要有抵押贷款、质押贷款、担保贷款和信用贷款。北京银行的"创融通"系列是面向创业初期中小企业发放的，提供贷款、保函、银行承兑汇票等多种融资产品，以绿色通道方式提高审批效率，以多种担保方式适应企业现状，引入政府政策支持，全力助推中小企业成长。以建行为例，其小微企业"创业贷"业务，是建设银行对"有业、有责、有信"的小微企业发放的用于短期生产经营周转的可循环的人民币信用贷款业务。适用对象是"有业、有责、有信"的小微企业客户，创业期的小微企业客户。贷款额度最高 100 万元，在贷款额度有效期内随借随还、循环使用。循环额度有效期最长 1 年（含），在核定的有效期内借款人可随时申请

---

① 潘天芹. 创业型企业银行贷款问题探析 [J]. 商业银行，2016（11）：42-45

支用。无须担保,纯信用贷款,助推创业企业成长[1]。华夏银行的创业贷产品是向进行创业和再就业的小企业提供的分为两个融资时段的流动资金贷款业务。第一融资时段,只需按月付息不需归还本金,第二融资时段按月付息并按计划偿还贷款本金。贷款期限最长可达3年,有助于减轻借款人创业初期还款压力。根据客户创业和再就业实际情况,在第一融资阶段内可以不归还本金,在第二融资阶段内按合同约定按计划偿还贷款本金。担保方式多样,可采取房产抵押、保证担保中的一种或多种组合。适用于成立半年以上但不足5年,或企业实际控制人从事该行业半年以上但不足5年的创业期小型企业、微型企业、个体经营户。房产抵押或担保公司提供担保的,小微企业原则上贷款金额不超过500万元,个体经营户原则上贷款金额不超过300万元。政府部门推荐的,小微企业原则上贷款金额不超过100万元,个体经营户原则上贷款金额不超过50万元。贷款期限最长不超过3年[2]。

(二) 通过附属机构参与创业投资基金的设立

这是我国商业银行规避管制、间接参与创业投资基金创设的一种组织机构上的创新。例如,中国建设银行就通过旗下的建银国际筹建了中国第一家医疗保健投资基金,从事医疗保健行业的股权投资。

(三) 托管创业投资基金

商业银行以独立的中介机构的身份参与创业投资基金的托管和监督,制约和审计资金的流向,保证创业投资基金的专款专用。在此过程中商业银行可以从中收取一定比例的托管费用。

(四) 提供创业投资相关的中介服务

目前各个商业银行密切关注创业投资带来的机遇,纷纷推出了对创业投资一站式的中介服务,通过提供中介服务提升商业银行中间业务的盈利水平。以兴业银行的"兴业芝麻开花"中小企业成长上市计划产品为例,该产品是以中小企业成长上市为主线,根据其在初创、成长、成熟三个阶段的不同需求,综合应用财务顾问、直接融资、间接融资等多种金融工具,为中小企业提供全面、多样、快捷、安全的金融服务,扶持其成长、壮大、上市,包括业务如下:

(1) 上市(IPO)服务业务,利用丰富的业内经验、与券商及其他相关部门良好的合作关系协助企业完成在境内外资本市场上市,主要包括提供上市前咨询、遴选并协调各中介机构关系、上市重组、协助上市等顾问服务。

(2) 引入资本业务,依托与股权投资机构(PE/创投机构)的良好合作关系及对企业融资需求的深入理解,搭建起中小企业和股权投资机构的桥梁,根据企业经营现状、行业发展情况、企业未来发展规划等,帮助企业选择合适的股权投资机构,并配套相应的金融服务支持,提高企业引入直接股权融资的成功率和运作效率。

(3) 新三板挂牌业务,联合有新三板主办券商资格的证券公司为具备进入全国中小企业股份转让系统进行报价转让的挂牌潜力的中小企业提供对接资本市场的整体解决

---

[1] http://scompany.ccb.com/cn/home/smallcompany/product/20160113_336143059.html
[2] http://www.hxb.com.cn/home/cn/SmallBusiness/O2O/cyd/list.shtml

方案及配套服务。

（4）"投联贷"业务，对于已纳入本行合作名单范围内的股权投资机构所投资的企业，在综合考虑股权投资机构的投资管理能力和企业未来发展前景等因素的基础上，灵活应用信用、股权质押、股权投资机构保证或股权投资机构回购股权等担保方式，向企业提供的融资服务。

（5）新三板挂牌融资业务，针对新三板拟挂牌或已挂牌的企业，提供以借款人或者第三人持有的企业法人股权作为质押担保的授信业务，授信业务品种包括流动资金贷款、票据贴现、银行承兑汇票、国内信用证等短期信用业务品种，不包括固定资产贷款、项目融资。该产品可以充分运用兴业银行的内外部资源，为客户提供涵盖企业融资、资本运作、发展规划、公司治理等方面的综合金融服务。与合作券商、合作股权投资机构关系密切，沟通成本低。对于客户的需求能迅速作出反应，量身订制上市计划，对接股权融资。债权融资产品可以在传统授信额度之外为企业增加额外的额度[①]。

从整体上来看，由于受监管体制的限制、金融市场的不完善以及商业银行自身等原因的影响，目前我国商业银行参与创业投资的广度和深度都比较低，参与方式相对单一，商业银行对创业投资的支持力度不够，也难以获得创业投资带来的大量利润。由以上分析可以看出，目前我国商业银行参与创业投资的主要方式是贷款，但这种方式并不能很好的推动商业银行和创业投资的共同发展。加之我国金融业走向混业经营的必然趋势，我国应当对当前的政策和制度进行创新，探索商业银行参与创业投资的新模式。虽然商业银行与创业投资的经营目标相矛盾，但两者之间的发展在一定程度上也存在着相互促进、互利共生的关系，作为长期资本之一的商业银行资金面临着保值和增值的压力，而创业投资又急于寻求新的创业资本来源。所以商业银行通过适当的方式参与创业投资在促进创业投资发展的同时也可以提高自身的竞争力[②]。

11.3 银行信贷+创投机构的联动模式

（一）投贷联动的含义与必要性

由于银行与创业企业信息不对称，风险与收益不对等，银行很难为早期创业企业提供融资服务。因此，初创期的创业企业获得资金的渠道多是天使投资等一些创投机构。但有些创业企业并不总是能够获得投资，有些创业企业还是希望得到银行的贷款。因此，在天使和创投机构"投资难投资贵"与银行贷款"融资难融资贵"并存的现状下，要探索一个新的融资模式支持创业企业发展。我国创业板的实证数据表明创业投资的筛选能力和增值服务并未能提升创业企业获得银行借款的能力，说明目前我国实践中创业投资机构与银行联动机制的缺失，反映出创业板公司面临一定的银行贷款困难[③]。

---

① http://www.cib.com.cn/cn/corporate/investment/finance.html
② 胡艳，刘霞. 我国商业银行参与创业投资风险管理分析 [J]. 现代商贸工业，2010（3）：152-154
③ 李远勤，张舒. 创业企业的创投融资与银行贷款联动效应分析 [J]. 上海金融，2014（6）：103-106

由于受到严格的分业经营的限制，我国商业银行只能通过债权的形式向企业提供资金支持，获得相对有限的债权收益。这就是说，商业银行向创业企业提供贷款后，承担了高风险，却不能获得与高风险相匹配的高收益，分享企业的成长增值，这就容易致使商业银行在贷款时保守处理，比如严重低估企业的质押品，仅提供小额贷款，配合收取高额利息等。通过这些方法，商业银行虽然可以使得自身的平均风险与平均收益相当，但是却大大提高了企业的贷款门槛，降低了贷款效率。为了破解这个难题，商业银行可以加大金融创新力度，全方位深化与创投机构的合作，提供从创投基金募集、投资项目筛选、投后管理，再到退出的全过程服务。例如，商业银行资金实力雄厚，但对于普遍"轻资产"的创业企业缺乏甄选的经验，而创投机构依赖职业金融家丰富的专业技能与网络，能够对创业项目的优劣进行筛选与估值，因此，双方的结合可以有效解决创业企业的融资问题，并为后续融资提供多种选择。目前我国业界开展的"投贷联动"可以视为一种有益的尝试。投贷联动是商业银行参与创业投资的重要形式，它是指商业银行在创业投资机构对创业企业评估、股权投资之后，以债权形式为企业提供融资支持，形成股权投资和债券投资之间的联动融资模式，实现商业银行、创业投资公司和创业企业之间的共赢[①]。

(二) 美国模式：硅谷银行

硅谷银行（Silicon Valley Bank，SVB）成立于1983年，1987年在美国纳斯达克市场上市。目前已经发展成为硅谷银行金融集团，其成员包括硅谷银行、硅银创投公司、硅银评估公司、硅银国际公司、硅银证券公司、硅银资产管理公司等。与花旗和美国银行不同，硅谷银行专门为科技创业企业、创业投资机构提供全面金融服务，目标市场和客户主要是新创立的、发展速度较快、有广阔发展前景，但是被其他银行认为风险太大而不愿提供服务的科技型中小企业。据统计，美国所有的创业企业中有75%被创业投资基金投资过，而这些被创业投资基金投资过的企业中过半数是硅谷银行的客户，因此，硅谷银行被认为是为科技创业企业提供金融服务的榜样。

1. 灵活采用多种担保、隔离措施，最大限度地控制、降低风险。

银行一旦给企业贷款就要承担相应的风险，为了降低贷款风险，银行一般在发放贷款时会要求客户作抵押担保，但处于早期的公司往往没有雄厚的固定资产和现金流，硅谷银行就采用灵活的担保方式，为早期公司量身定做贷款产品。比如当公司处于研发阶段，主要以专利或知识产权作为担保；在产品进入市场后，公司就有了应收账款和订单，应收账款和订单就可以替代知识产权作为抵押，同时银行规定允许的贷款最高限额为5 000万美元，给出了风险上限。除了灵活的担保制度，硅谷银行还采取风险隔离、联合投资等方式对风险实行联合控制。风险隔离是硅谷银行将银行的创业投资与一般业务分割开来，设置防火墙机制，使创业投资和一般业务的资金彼此独立，用于各自不同的业务。目前，硅谷银行金融集团管理着超过15亿美元的第三方基金，这些基金可用于对企业进行股权投资，而属于银行表内业务的资金则被严格监控起来，不得用于任何形式的股权投资。联合投资是指银行与多家创业投资公司保持的良好的合作关系，服务

---

① 王婵，田增瑞. 我国商业银行与创业投资的投贷联动模式研究 [J]. 企业活力，2012 (6)：5-10

的对象多是有创业资本支持的企业,借助创业投资公司专业的行业和企业知识,不仅可以降低信息不对称的风险,以较低的成本筛选出优质的公司,而且可以在贷款后,对所投资公司的风险进行实时监控,减少可能发生的贷款损失,提高贷款收益。

2. 债权投资与股权投资相结合,实现收益和风险的对称。

基于美国混业经营的模式,硅谷银行采用了债权投资与股权投资相结合的投资方式。债权投资方面,硅谷银行在向中早期科技型企业发放贷款时,根据具体的企业情况和当时的市场需求情况,向贷款企业收取一定利息。股权投资方面,硅谷银行与贷款企业达成协议,获得其部分认股权或期权,一般为企业总股本的1%~2%,这些股本不由硅谷银行直接持有,而是由硅谷银行金融集团持有,在企业公开上市或被并购时行使。同时,硅谷金融集团旗下有自己的创投公司,对于非常看好的创业企业,创投公司也会进行小规模的股权投资,一般每家企业的投资金额为100万~400万美元。一旦企业成功创业,实现公开上市或被并购,创投公司就能获取较高的资本增值,对高风险进行补偿。硅谷创投也会将自己看好的创业企业推荐给硅谷银行,由硅谷银行进行综合评估后,最终决定是否提供相应配套贷款。硅谷银行通过合理的机构设置、严谨的运行机制设计以及创新贷款产品开发对贷款企业实行了严格的投前筛选和全面的投后风险控制,成为全球范围内成功参与创业投资的银行典范[①]。

(三) 我国的投贷联动方式

2010年3月,上海农商银行与杨浦区政府、上海市创业投资公司、上海市再担保公司联合发起形成了杨浦投贷联动。上海农商银行的试水成功与其准确的市场定位、创新的赢利模式、严谨的风险控制和全面的增值服务密不可分。第一,从创投公司的视角去对企业进行评估。比如一个早期的企业在目前可能没有大量的资产和可观的现金流,但是如果银行认为其在未来有高成长性,就会为其提供贷款;如果一个企业没有先进的技术,但是经评估其未来很可能产业化、获得现金流,银行也会为其提供资金上的支持。第二,上海农商银行也注重贷款阶段的选择。一般银行倾向于处于成长期和Pre-IPO阶段的企业,特别好的早期项目也可以考虑。第三,在贷款区域的选择上,由于上海农商银行的投贷联动业务还处于早期发展阶段,且合作的多是上海的创投公司,所以银行目前是立足上海,所投的企业以张江、杨浦的中小科技型企业为主。在运作层面,上海农商银行主要的业务是为创业投资机构所投资的企业提供商业银行服务,即一个创业企业只有获得了创业投资的支持,才可能获得硅谷银行的资金支持;此外,银行也可以先对客户进行尽职调查,调查合格后对其贷款,同时将一些有潜力的贷款对象推荐给创投公司,形成与创投公司之间的资源共享,实现股权投资和债权投资之间的联动融资模式。与创投公司的紧密合作显然对双方有利,对于降低上海农商银行的风险具有重要作用。对创投公司来说,一方面可以从农商银行获得资金,另一方面其客户公司因为农商银行的资金支持得到更好的发展,创投公司可以得到更大的收益并降低投资风险。对农商银行来说,得到创投公司支持的创业企业具有较好的发展前景,风险较低,大大降低了农商银行的投资风险。因此,创业投资公司实际上起到了为农商银行进行风险评

---

① 王婵,田增瑞. 我国商业银行与创业投资的投贷联动模式研究 [J]. 企业活力, 2012 (6): 5-10

估、过滤风险的作用。上海农商银行通过对客户资源进行整合，可以担任中间人，使客户与客户之间、客户与相关服务机构之间建立关系。通过了解企业的行业背景，可以了解被投企业的上下游企业，为被投企业及其关联企业之间的交流合作建立一个良好的平台，减少信息成本。还为企业提供多元化服务、咨询服务等，为企业提供一些好的战略建议、行业分析和判断，帮助企业规范财务等公司治理活动[1]。

  北京市海淀区 2015 年尝试以投贷联动的模式，为创业企业解决融资难以及缺乏信用依据的问题。投贷联动主要是针对中小科技企业，在创业投资机构评估、股权投资的基础上，商业银行以债权形式为企业提供融资支持，形成股权投资和银行信贷之间的联动融资模式。对于轻资产的科技型企业来说，由于没有足够的信用作为担保，银行是很难对其发放贷款的。面对这些企业的资金需求，可以借助社会资本的慧眼，先行筛选投资，而后金融机构再给予信贷支持。这样有了前期社会资本的"信用背书"，就极大地降低了金融机构的风险。同样，由于有了金融机构对创业企业资金的监管，也大大降低了创业投资机构的资金风险。在投贷联动中，商业银行最重要的是要与创投公司建立战略合作关系，建立互荐机制，借助他们的投资理念和专业投资管理能力，有效地甄别和防范风险，增加优质客户来源，积极推动投贷联动。对于已经被创投公司投资和处于 Pre–IPO 阶段的创业企业，在风险可控的前提下，可以提高放贷效率，加大对创业企业的信贷支持力度。

  同时，利用创业投资公司专业的研究和投资团队，共同开展对主要贷款企业和行业的研究分析，减少信息不对称，降低贷款风险。以往，投资机构和银行各自为战，各自有各自的操作逻辑和行业规则。他们也知道一个基本原则：好企业，谁都想抓住。但是在操作层面，因为对于好企业的评价标准不一样，所以很难合作。投资机构比较关注企业的商业模式、团队构成等业务层面，银行则比较关注企业的财务状况。如果将他们的关注点形成互补，这样投资机构的调研结果，对银行贷款有参考价值；反过来，银行的企业财务报表对投资机构也有参考价值。最终，企业不但获得银行贷款，还能够尽早开启信用记录。这也能为企业今后获得更多的融资，打下基础，也符合商业银行、天使投资、PE 等投资机构的合作愿望。创新型企业获得或即将获得投贷联动的支持，2015 年仅北京银行已经为 19 家企业提供 308 万元贷款。可见，信息共享与互荐机制是关键一环，它有助于降低交易成本与信息不对称，并实现双方的互补。从商业银行视角来看，通过信息共享与互荐机制，可以有效利用创投机构的尽职调查能力，享受其专业的研究和投资团队服务，获得创投的背书，识别优质客户，从而有效管理风险。

  2015 年兴业银行对"创业贷"产品优化完善，正式推出"创业贷"升级版，并推广至全国。升级后的"创业贷"贷款门槛进一步降低，贷款审批流程进一步优化，产品运用更加灵活，充分考虑创业企业创业初期的实际情况，在贷款期限、资金用途、还款方式等方面都更加灵便合理。长期以来，缺乏抵押物一直是困扰创业型小企业融资的核心问题，针对"轻资产"创业者的融资特点，兴业银行"创业贷"创新引入"记分卡"作为标准化风险评判工具，打破传统信贷评审只注重抵押物的"唯物论"，围绕创

---

[1] 王婵，田增瑞. 我国商业银行与创业投资的投贷联动模式研究 [J]. 企业活力，2012 (6)：5–10

业计划可行性与创业团队可靠性，通过两轮"记分卡"打分确定授信评审结果。第一轮由客户经理和风险经理通过尽职调查结果打分，对企业实际控制人的资信、从业经验、创业团队、项目情况等进行评审。第二轮由分行小企业部负责人、小企业风险团队负责人和小企业专营团队负责人组成的三人审贷小组与企业负责人面谈，进一步评判企业发展潜力，以此作为发放贷款的依据。"创业贷"不仅仅解决了创业企业创业的融资难题，还大大增强了创业企业的发展信心。兴业银行"V创享"创业企业特别行动计划以高价值、高成长型创业企业客群为重点服务目标，依托该行小微专业化经营管理体系与创业指导金融专家团队，以"创业贷""易速贷""交易贷""连连贷"等小微专属融资产品为主打，借助该行"芝麻开花"创业企业成长上市计划业务的股权融资手段，配以便利优惠的创业企业专属结算支付和现金管理方案，紧紧围绕初创期和成长早、中期企业的经营特点和金融服务需求，通过"债权"与"股权"相结合、"融资"与"融智"相结合，为创业企业提供全面、专业而优质的金融服务。"V创享"是企业"长跑好帮手"，它不仅解决了公司资金流转的燃眉之急。同时，还提供配套专业金融服务，帮助创业企业走得更远更好。针对企业希望开拓直接融资路径的需求，行内的专家团队提供专业财务顾问服务，充分发挥该行资源服务优势积极为企业搭建项目对接平台，根据企业实际情况精选出合适的投资机构与创业团队对接，帮助企业进行融资规划并提供管理咨询。从初创期到成熟期，在企业不同的发展时期，始终能给予企业合适的融资支持，以财务顾问的角色为优质创业企业步入资本市场、突破发展瓶颈提供综合性、专业化的资本市场再融资服务，在增资扩股，定向增发、新三板挂牌、A股首次公开发行等方面提供一站式支持[①]。

11.4　银行信贷+孵化器的模式

孵化器是直接整合社会资源为创业企业提供创业孵化服务和培养创业企业、企业家的服务机构，是连接知识创新源头和高新技术产业的桥梁，是实现自主创新成果产业化的重要载体，是国家创新体系的重要组成部分。美国人曼库索（Mancuso）早在1956年在美国建立了世界上第一个孵化器，30年之后出版的《企业孵化器：基于全国的调查》一书对孵化器给出了定义，并对美国孵化器发展进行了详细介绍，孵化器引起了学术界和实践界的重视并形成共识：孵化器为创业企业提供运营环境和服务，是创业企业间提供创业精神的桥梁，孵化器自身及其形成的网络能给入驻企业带来增值效果。孵化器行业发展的初期主要是以政府、大学建立的为主，同时也有一些私营或政府、大学、私营混合的孵化器。早期的孵化器多以促进经济发展和创造就业为目的，表现出很强的公益性和非营利性。伴随着孵化器行业的发展，私营孵化器中有一部分孵化器以营利为目的，即通过向创业企业提供房租和服务获取收益。新型营利性孵化器不但与传统非营利性孵化器有着本质区别，即使与初期的营利性孵化器相比，其运营模式也不一样。营利

---

① 薛亮. 兴业银行轰响"大众创业、万众创新"新引擎［N］. 金融时报，2015-09-28（7）

性孵化器的收入来源有房租收入、咨询服务收入、投资创业企业出售股权、房租和咨询服务获取创业企业股权再通过股权出售获取收入等。新型营利性孵化器与传统孵化器的根本差别体现在于:传统孵化器以提供有形服务为主,而新型营利性孵化器以提供无形服务为主;新型营利性孵化器着重为企业提供高附加值的管理咨询和资本服务,解决创业企业在成长过程中遇到的资金和管理问题。

1987年6月7日,武汉东湖高新技术创业服务中心的建立标志着我国孵化器行业正式进入中国,并在这几十年的发展历程中,孵化器经营者不断探索创新,通过创新服务满足被孵化企业的服务需求。目前科技企业孵化器已经成为推动社会经济发展、高新技术创新产业的重要工具,不仅推动了技术创新,而且培养了众多创新企业,在数量、质量、服务、创新等方面都有所突破。孵化器经过商业性的演变不仅是政府职能所需,更促进了众多科技孵化的发展,伴随多层次资本市场与私募股权投资市场的规模化与多样化,中心企业亟须孵化器提供技术平台、资本市场平台、技术贸易平台等,促进了资本市场的多元化、创新化①。我国孵化器是适应复杂经济而诞生的新商业形态,重点体现在价值管理方面,即发现创业者的潜在价值,培育创业企业的市场价值,实现孵化器自身的增值。孵化器的收入来源可通过为创业企业提供增值服务获取收益。在我国典型的孵化器商业模式见图11-1②。

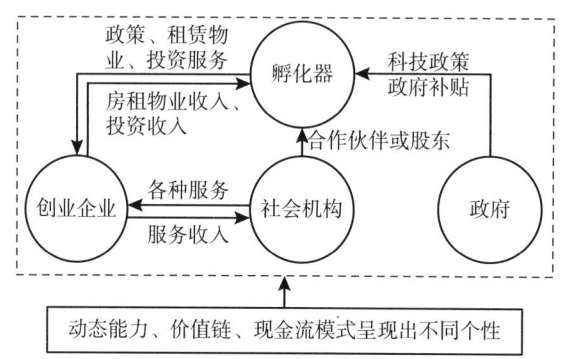

图11-1 孵化器的商业模式

(一)内部形成债权融资闭环链

孵化器所在的创投公司有小额贷款、担保、商业保理等小微金融机构,该金融平台以孵化器为项目来源形成内部债权融资闭环链,设计针对在孵创业企业的金融服务产品,解决在孵初创企业在特定时间内流动资金短缺的问题。孵化器收集和掌握在孵企业的金融服务需求,并进行信用审核和筛选,向金融机构推荐;金融机构为企业配备专职客户经理并开通绿色通道,简化金融服务产品审批流程;孵化器收集企业申请金融服务产品所需的材料,组织金融机构与入驻企业之间开展对接会议和咨询活动;在担保公司

---

① 张慧. 孵化器商业模式创新研究——基于专业孵化器参与创业投资的案例分析[J]. 商场现代化, 2015 (27): 18-19
② 梁云志, 司春林. 孵化器的商业模式研究:理论框架与实证分析[J]. 研究与发展管理, 2010 (2): 43-52

的担保下,小额贷款公司为在孵初创企业提供价值链融资、订单融资、保理贷款、季节性采购资金贷款和短期周转贷款等;商业保理公司为在孵初创企业提供贸易融资、销售分户账管理、应收账款管理与催收等服务。

(二) 与银行合作设计定制化信贷产品

孵化器与银行、担保公司等外部金融机构合作,设计面向在孵企业的定制化信贷产品,解决初创期创业企业的融资难问题。该类信贷产品通过担保公司保证和实际控制人个人连带保证的形式,向初创企业提供一定金额的流动资金贷款,用于上游采购、人员工资、研发等日常经营费用。孵化器成立专业的金融服务小组,以银行授信的标准对企业进行贷前审核,并提供债权融资和财务管理规范辅导,将信用优质企业推荐给银行获得授信资格;一旦企业成功获得银行授信,孵化器会继续跟踪负责贷后管理工作,降低信贷风险[①]。

---

① 李婧,余音. 创业孵化器的投融资模式浅析[J]. 财务与会计,2015(1):43-44

第 12 章　典当与融资租赁

12.1　典当融资

（一）典当融资的必要性和优越性

典当是以实物为抵押，以实物所有权转移的形式取得临时性贷款的一种融资方式。根据史料记载，我国的典当行可追溯至公元 4 世纪的南北朝，距今已有 1 600 余年的历史。"先有典当，后有票号，再有钱庄"，这是对中国旧时代金融业发展过程的清晰描述。典当行可以说是我国历史上最早的金融机构。到了唐代，典当业已普及民间，当铺亦称为"质库"。《唐六典》中已对典当利率作出了规定。宋代时期，典当已成为正式行业。京师汴梁的当铺已被列入"士农工商诸行百户"之内。南宋时，典当业更为发达，仅临安一地，"城内外质库不下数十处，收解以千万计"。而清代的典当业无论是资本额、当铺数，还是规模、类型、发展势头都为历代所难相比。据统计，清乾隆十八年，全国共有当铺 1 807 家；嘉庆十七年，全国共有当铺 23 139 家。至晚清光绪庚子以前，仅北京一地尚有当铺 210 余家，其兴盛由此可见一斑。乾隆皇帝曾给典当业题词："缓急相通、利国利民"，是对典当作出的最有概括性的评价了。典当行是货币流通的重要渠道；典当行在本质上是具有商业性的金融组织，是商业募资的有效途径；典当行是国家财政的补充来源；古代典当行是特殊形式的信用机构，国家有时还把它作为调节社会经济发展、推行某种经济政策的辅助部门加以利用，但是典当行并未彻底脱离传统意义的营运模式，发展缓慢[①]。而西方的典当业最初也是滥觞于宗教，经历的几乎是同样时间的发展。但西方典当业已成为创业企业融资的主要手段，且走入了百姓的生活，是抵押银行的前身，堪称现代金融业的鼻祖，在国外被称为"第二银行"。如今，典当作为贫穷的象征已经不复存在，典当业正作为一种新兴融资模式，为个人及创业企业的短期融资提供着极大的便利[②]。典当行，亦称当铺，是专门发放质押贷款的非正规边缘性金融机构，是以货币借贷为主和商品销售为辅的市场中介组织。改革开放以后，由于市场经济的发展，典当行又重新发展起来，规模日益扩大。自 2010 年以来，得到了相应的制度规范和政策支持，典当业发展蒸蒸日上。截止到 2013 年底，全国共有典当企

---

① 张国毅. 典当融资——适合我国中小企业的融资方式［J］. 财会研究，2009（2）：66-68
② 高梦沅，陈凌. 典当行作为中小企业融资方式的问题与对策［J］. 经济研究导刊，2010（32）：115-117

业 6 833 家，资产总额共计 1 196.1 亿元，从业人数 5.3 万人，全国典当行业运行保持平稳持续增长[①]。

典当融资指创业企业在短期资金需求中利用典当行救急的特点，以质押或抵押的方式，从典当行获得资金的一种快速、便捷的融资方式。典当行作为国家特许从事放款业务的特殊融资机构，与作为主流融资渠道的银行贷款相比，其市场定位在于：针对创业企业和个人，解决短期需要，发挥辅助作用。正因为典当行能在短时间内为融资者提供更多的资金，目前正获得越来越多创业者的青睐。典当融资作为一种新型的融资方式，为不少创业者圆了"老板梦"。"急事告贷，典当最快"，典当的主要作用就是救急。与作为主流融资渠道的银行贷款相比，典当融资虽只起着拾遗补阙、调余济需的作用，但由于能在短时间内为融资者争取到更多的资金，因而被形象地比喻为"速泡面"，正获得越来越多创业者的青睐。典当融资是一种新型的融资方式，更是一种特殊的融资方式，具体有以下几大明显特征：

1. 融资方式相当灵活。

相比银行贷款，典当融资更具灵活性。银行一般不开展动产抵押业务，不做小额贷款，对贷款人信用、贷款用途也有诸多限制。相比之下，典当行"认物不认人"，没有过多烦琐的程序和死板的条件，大到几百万元，小到几百元的业务都欢迎，一切只取决于典当物品的真假优劣、市场价格及来源是否合法、权属是否明确。典当行还可根据融资者的质（抵）押资产规模和资金途径，双方共同协商确定一个合理的贷款数量并可随时调整，以保证其资金运作既充裕又不必负担额外的利息和费用。

2. 对创业企业的信用要求几乎为零。

作为一种以实物所有权转移的形式取得临时性贷款的融资方式，典当融资有着独特的优势：对创业企业的信用要求几乎为零，只注重典当物品是否货真价实，而且不问贷款用途，融资者可自由使用资金，从而大大提高了资金的使用率。

3. 提供周全的配套服务。

其他融资方式往往只解决资金问题，相比之下，典当融资却是个"多面手"。以"创业融资宝"为例，针对不少创业人员缺乏市场经验和经营能力的实际困难，在提供融资服务的同时，帮助其分析创业市场的需求与供给状况，选择有前景的创业项目，量身定制创业方案，尽可能地规避投资风险，使其能够在创业路上走得顺当一些。

4. 融资手续简便，时效性强。

客户无须提供财务报表和贷款用途等相关资料，只要提供符合规定的抵、质押物即可。其价值的评估主要由双方协商或请有关评估部门认定。没有烦琐耗时的层层审批，能在较短的时间内为急需资金的企业提供融资服务。客户取得当金一般可即时办理，立等可取。最短的 10 分钟之内就可办完一笔贷款。如涉及房地产和原材料作为质押物，最多七天内就能评估完毕，办完手续，取得当金。

5. 典当融资抵押品种类较多。

一般商业银行只做不动产抵押，而典当行则动产与不动产抵押两者均可，只要是有

---

① 姚洋. 典当行是缓解中小企业融资困境的有效途径［J］. 商场现代化，2015（21）：192-193

价值的实物，如黄金饰品、古董、艺术品、硬木家具、房产、汽车、证券、机器设备、各种生产资料等物品都可以进行典当。人们可以把上述物资搭配成任意组合，典当行将根据它们总的抵押值，为客户提供贷款。由于它可以将客户的财产进行统一划价，因此相比银行只对同一类物品进行抵押的做法更加灵活方便。

6. 平抑市场利率。

按国家有关规定，典当行当金利率按人民银行规定的银行同期法定贷款利率最高上浮 50% 掌握，一般月息可在 0.8% 左右。同时又规定质押典当的月综合费率不得超过 4.7%（房地产抵押费率月息不超过 3%）。两项相加典当融资的月息费率约在 5% 左右。它与银行同期贷款相比显然偏高。但是作为解决当户短期临时周转资金急需，在向银行贷款无门、企业资金链又将断裂的情况下，与民间高利贷和地下非法钱庄融资成本相比，采用典当方式融资创业企业还是可以接受的。据了解目前某些担保公司和资金管理公司私下做融资业务的，月息费率一般在 10% ~ 15%，而地下钱庄非法融资月利率往往高达 20%。因此，典当融资费率水平虽然偏高，但对打击地下非法金融和高利贷融资活动，维护创业企业的利益仍能起到有效的抑制和保护作用。同时，典当行发展到一定数量后，在同业竞争条件下，其息费率还会进一步自动调低。这对大力发展典当业、对平抑市场利率、维护创业企业利益、促进非公经济发展具有积极意义。由此可见，典当行业自身的特点使其可以为银行贷款及其他融资方式拾遗补阙。尽管我国银行金融体制不断改革创新，资本市场不断发展完善，但仍有许多业务空白和不足。特别是广大创业企业短期应急性融资往往难以解决。而相对灵活、快捷的典当融资就可以在一定程度上弥补这些不足，发挥有益的补充作用，从而为创业企业雪中送炭。典当融资不但满足现阶段我国创业企业在发展中融资的需要，而且为构建现代服务业体系增添新项目，反映了我国经济体制改革过程中金融体制改革的重要成果[①]。在金融领域里，典当作为一种特殊的融资渠道和方式，其作用最为突出，这也是典当最为本质、最主要的作用。在目前间接融资领域，与作为主流融资渠道的银行信用贷款相比，典当贷款起到了拾遗补阙、调余济需的作用。即实行拓宽融资渠道和多元化融资方式，从而形成自己的金融产业架构并促进金融产业发展。尤其在与创业企业的关系上，典当行将为创业企业、民营企业提供有利支持，保证其生产、流通实现良性循环，从而促进社会经济的发展。具体特点的差异性见表 12 – 1。

表 12 – 1　　　　　　　　　典当融资与银行融资的比较

内容	典当行	商业银行
贷款对象	中小企业、个人	大中型企业、中小企业、个人
贷款规模	额度较低	一般较大
资金来源	股东的资本金、银行贷款	吸收公众存款、股东资本金、发行债券等
贷款利息	较高	较低

---

① 张国毅. 典当融资——适合我国中小企业的融资方式 [J]. 财会研究，2009（2）：66 – 68

续表

内容	典当行	商业银行
贷款期限	短息,一般不超过6个月	以中长期为主
贷款种类	(房地产)抵押、(动产及各种权利)质押	信用、抵押、质押
贷款用途	无使用限制	规定并监督贷款的用途和流向
贷款流程	手续简单,审批周期短	手续复杂,审批周期长

资料来源:陈岩,郭佳.典当融资与银行融资的比较研究[J].北京联合大学学报(人文社会科学版),2011(8):102-105。

(二)典当融资的规则

所谓典当融资是指用户将相关资产或财产权利作为当物质押给典当行,并交付一定比例费用,取得当金并在约定期限内支付当金利息、偿还本金并赎回典当物的行为。随着2005年4月1日起《典当管理办法》的执行,典当行的经营范围有了明确的规定:动产质押典当业务;财产权利质押典当业务;房地产(外省、自治区、直辖市的房地产或者未取得商品房预售许可证的在建工程除外)抵押典当业务;限额内绝当物品的变卖;鉴定评估及咨询服务;商务部依法批准的其他典当业务[①]。

1. 事项约定规则。

主要表现在当物估价高低、当金数额大小、当期长短和息费多少方面。对于其中的任何一个方面,当户(借款方)都有权依法并合理地提出自己的意见,而不是典当行一方说了算。如对于当物的估价,典当行通常按其再次流通可销售的价格进行评估,估价时考虑物品的新旧程度和市场行情等。

2. 费用预扣规则。

依商务部《典当管理办法》的规定,我国当户获得当金应当支付的资金成本包括典当利息和典当综合费用。典当综合费用包括各种服务及管理费用。该办法第37条第二款规定:"典当当金利息不得预扣"。但第3条规定当户应当"交付一定比例费用,取得当金"。即实际上是典当综合费用可以预扣。另在商务部批准实行的全国统一当票的《典当须知》中载明:"综合费用包括服务、保管等费用,典当时可以预扣。"典当手续对于当户来说,由于当物不同即典当品种不同,当户应当向典当行办理的各种手续也不同。

(1)普通动产典当。普通动产典当指贵金属首饰、珠宝钻石、家用电器等民用生活物品典当。典当时,当户应当交验本人居民身份证,某些当物还需附带购物发票等。

(2)汽车质押典当。典当时,当户应当交验车主身份证、发票、机动车登记本、车辆购买附加费凭证、车辆有效期内保单、养路费、交税凭证、车辆交税证等;如果是进口车辆,应当提供车辆商检单、海关关税单、进口汽车准运证等。最后还应当到车辆管理部门办理机动车质押登记手续。

[①] 马喜秋.典当融资的策略[J].广东经济,2016(8):78-84

(3) 房地产抵押。抵押时，客户应当交验身份证、户口簿、房屋所有权证、土地使用权证、购房合同、购房发票、契税完税凭证等。还应当到有关部门先行办理抵押登记手续，然后再办理抵押贷款手续。

(三) 典当融资与其他融资方式的比较

1. 典当融资相对于银行融资的优势。

(1) 典当融资满足创业企业小额短期的资金需求，而银行偏向于大企业大额长期贷款由于创业企业规模小，资金不足，因此也就会时常有临时性的资金需求，一般具有额度小、频率高的特点。创业企业的贷款额度一般仅仅是大型企业的千分之几，而贷款的频率却是大企业的好几倍。当同时向银行融资的时候，大额贷款的利润要远远高于小额贷款，同时期限长也有利于银行的管理。因此银行更愿意满足大企业的资金需求。而典当行恰恰可以帮创业企业走出困境，因为典当行一般以提供小额度、期限短的资金为主，少至几千或几万，多至几十万，而且期限最长为6个月，这样的融资特点正好可以满足创业企业"急、频、少、繁"的特点。

(2) 典当融资手续简单，灵活快捷；而银行融资手续繁杂，固定死板因为客户典当融资的时候不需要像银行那样，提供各种公司资料，也不需要第三方担保，只要具备符合要求的抵押物，在经过相关部分的估价鉴定之后，客户就可以当即获得当金。业务办理时间一般以当物的不同而决定，最短的不过10分钟左右，最长的也不会超过一周，快捷方便，为创业企业节省了时间，满足了其应急需求。

(3) 典当行的融资门槛低，认物不认人；而银行重视信誉，根据信誉来控制贷款银行在发放贷款之前，要对企业的信用情况进行调查，而创业企业内部管理不规范，资信状况一般都比较差，银行不愿意放款给他们，更偏向于信用状况好的国有大中型企业。而典当行在这方面有很大优势，典当行以质押的形式融资，认物不认人，也不需要担保。只要当物货真价实，不考虑企业本身的资信状况。而且，典当行不过问客户获得的资金用途，而银行却严格控制贷款资金的使用用途，因此对于创业企业来讲，典当融资更加自由，受到的干预更少。

2. 典当融资相对于股票融资的优势。

(1) 典当行的融资成本低于股票融资。首先，股票的融资成本要高于典当行的成本。因为股票融资是具有高风险的，股东会要求更高的报酬率，同时发行股票的费用也很高。而创业企业通过典当行融资，仅仅是利用当物来换取当金，到期可赎回，筹资成本很低。其次，股票融资时，股利要从税后利润中支付，不具有抵税作用，而典当融资的债务利息在税前扣除，可抵税。因此典当融资可以节省税收。再者，股票融资时，信息披露成本很高，而典当行没有这些成本，只要有合法并有价值的当物足矣。

(2) 典当行对抵押物没有要求，而股票对发起数额有要求。首先，我国《公司法》规定只有股份有限公司才能发行股票，而有限责任公司是不能发行股票的。因此只有是股份有限公司的创业企业才能通过发行股票融资。而所有的创业企业，只要具备符合要求当物都可以进行典当融资。其次，股份有限公司发行股票融资需要符合限定的条件，经过必要的程序。同时，在股票发行前，还要确定股票的发行价格，选择一定的发行方式。一般情况下，发起人认购的股本数额不少于公司拟发行的股本总额的35%。而典当行融资程序简单,对抵押物的种类样式没有要求。

(3) 典当融资不涉及公司控制权。公司发行股票,就会有新的股东加入,公司股东的增加,就相当于控制权被分散到各个股东手里,这样多股东并存的局面不利于公司的管理。而且新股东也会使公司的累积盈余减少,降低股票的净收益。而典当融资不涉及公司的控制权,创业企业只是当物收款,公司内部控制和管理不受影响。

3. 典当融资相对于债券融资的优势。

(1) 典当融资的时效性强,成本低;而债券融资的时效性弱,成本高典当融资时,手续简单灵活,只要具备符合要求的当物,短则十几分钟,长也超不过一周,就可以获取当金,时效性强,成本低,满足创业企业的应急需求。而债券融资速度慢,准备工作繁杂,比银行融资更费时。因为创业企业在发放债券前,要有很多前期的准备工作。对于创业企业来讲,债券融资的时效性弱,成本高,难以满足临时性的需求。而且发行债券融资也有很多限制性条件,例如"股份有限公司的净资产不低于 3 000 万元人民币,有限责任公司和其他类型企业的净资产不低于 6 000 万元人民币"等,这些问题会阻碍很多创业企业的债券融资计划。

(2) 典当融资的期限短而灵活,而债券融资的期限长而固定典当融资一般都是短期的,期限少至 5 天,多至半年。客户可以根据自己的实际情况进行选择。而且还款灵活,在未到期前,可以在任何时候还款,典当行可以退还当息。客户也可以还款后再续借,不需要任何额外费用。而债券融资的期限一般都是中长期,期限固定,在发行债券前就已明确规定。没有特殊情况不能改变,更不能随意退还。

(四) 典当融资借款的策略①

1. 如何选择典当机构。

(1) 熟悉分布区域。目前我国共有 8 000 多家典当行,然而,典当行的分布并不平衡,故作为典当融资者尚需尽量熟悉其状况。典当融资者要想随时享受典当服务,必须认准门户。一般来说,大家可以通过报刊、网站发布的典当广告或新闻报道获得本地或外地的典当行地址,这样便能够对不同的典当行进行比较,作出正确的选择。

(2) 核实典当行的资质。从事典当交易必须与合法典当行进行,合法典当行是由各级政府依法批准设立的。因此,典当融资者应当注意核实拟与其进行交易的典当行的法定资质,具体而言就是核实典当行的"三证":国家商务部颁发的"典当经营许可证"、地方公安机关颁发的"特种行业许可证"和地方工商行政管理机关颁发的"企业法人营业执照"。"三证"缺一不可,否则便有非法典当行的嫌疑。

(3) 选择信誉好的典当企业。从事典当交易必须考虑典当行的企业信誉,要与那些信誉度好、知名度高的典当行打交道。因为典当是以物换钱,当户要把当物的占有权转移至典当行才能获得当金,故选择讲诚信的典当行,更有利于当物的妥善保管,且即使当物出现毁损,也更有利于向典当行索赔。另一方面,讲诚信的典当行往往能够自觉做到与当户公平交易,不欺不诈,在典当实践中遵守平等、自愿、诚信、互利的原则,遵守典当从业人员的职业道德。这些都是从事任何一笔正常的典当交易所不可缺少的,

---

① 马喜秋. 典当融资的策略 [J]. 广东经济, 2016 (8): 78-84

故典当融资者应当谨记。

（4）了解典当行自身业务性质。典当行有规模大小、资质高低之分，对此，每个典当融资者都必须尽可能地知晓，从而了解拟与其进行交易的典当行的法定经营范围。商务部《典当管理办法》明确规定：从事动产典当业务的，典当行注册资本最低限额为 300 万元；从事房地产抵押业务的，注册资本最低限额为 500 万元；从事财产权利典当业务的，注册资本最低限额为 1 000 万元。这表明，有些典当行只能做一般的动产典当业务，而不能做房地产抵押业务或财产权利典当业务，故典当融资者要防止进错门，与那些不具备相应业务能力的典当行往来。与此同时，即使是典当行有权经营某些典当或抵押业务，典当融资者也还要看其是否精通这些业务。如：有些典当行只会经营房地产抵押业务，而根本不擅长任何动产典当业务；另有些典当行只会经营汽车等动产典当业务，而通常不擅长贵金属首饰、珠宝钻石、名表等动产典当业务。这就要求典当融资者必须找专业对门的典当行从事典当交易，特别是动产典当交易，否则难以保证典当交易的质量。

2. 选择好典当融资的品种。

（1）贵金属首饰典当适应性强。在全国 8 000 多家典当行中，60% 以上的典当行能够受理和胜任贵金属首饰典当，因此，普通公众持有贵金属首饰典当融资一般能够达到目的。

（2）珠宝钻石典当适应性差。目前我国公众的珠宝钻石持有量远远低于贵金属首饰的持有量，这就从一个方面决定了国内绝大多数典当行缺乏从事珠宝钻石典当业务的能力和经验，故普通公众的这类典当交易往往不被典当行受理。

（3）汽车典当性价比强。因为汽车价值高，典当融资存在优势。随着轿车普及，致使汽车典当特别是其中的轿车典当品种有较强的性价比，故其典当的长期优势不会发生动摇，也可以是典当领域内的支柱性品种。

（4）名表典当地域性较强。名表典当在我国具有较强的地域性，即沿海发达地区如上海、广州、深圳等地名表典当业务比较活跃，典当行能够受理和胜任这类典当业务，而内地和边远地区如西北、东北等地名表典当业务则比较滞后甚至是空白，故普通公众很难利用名表典当融资。

（5）房地产抵押日益升温。我国利用房地产抵押方式向典当行融资的风潮十分流行，其中无论是商铺还是住宅，都有很大的市场容量，国内凡是具备法定资质的典当行也都最看好各地的房地产抵押业务。因此，广大的老百姓与典当行从事房地产抵押交易堪称是典当行的高端业务，极受欢迎，亦是其具有可持续发展潜力的经济利益增长点。

（6）库存物资典当逐渐扩大。利用闲置商品进行典当历来是一些个体工商户的惯常做法。然而，近年来这类典当的市场规模更加扩大。如：一些用批量的服装鞋帽典当；一些用冰箱、彩电典当；还有一些用钢材、名酒、鱼缸、灭火器等典当。总之，一切暂时不用的物资都被尝试去典当融资了。这使库存物资典当的范围不断变宽，无论是自然人还是个体工商户，物资典当已被广泛利用。生产资料典当依然存在。尽管目前利用生产资料典当的状况逐渐减少，然而并未消失。如：一些企业用原煤、焦炭典当；一些企业用大豆、蚕茧典当；还有一些企业用棉花、生丝、瓷土等典当。这些生产资料相继发挥了融资的功能，为这些企业的生产经营增砖添瓦。

3. 典当融资借款中的谈判协商。

（1）动产典当。当物的估价金额及当金数额应由典当双方协商确定。即当户用于典当的物品估价多少、估价之后经打折当户能获得多少当金，均由当户与典当行自主协商确定，任何一方都不能将自己的意志强加给另一方。如：典当行不得采用暴力、威胁手段强迫他人典当，或者以其他不正当手段侵犯当户的合法权益；同样，当户也不得强迫典当行收当或者发放未经典当双方协商同意的当金。

（2）房地产抵押。房地产的估价金额及贷款数额也应当由客户与典当行双方协商确定。然而双方不能达成一致的，双方可以委托有资质的房地产价格评估机构进行评估，估价金额可以作为确定贷款数额的参考。即房地产抵押时，抵押标的由作为第三方的专业评估机构进行价格评估，典当行再根据抵押标的的评估价格确定其贷款抵押率，向客户发放一定数额的贷款。

12.2 融资租赁

（一）租赁与风险租赁

经营租赁（operating leasing）：也称为直接租赁，指由出租人购买设备，并向承租人出租的一种交易行为。出租人可摊销折旧，而承租人不用摊销折旧（意味着租金不足以弥补出租人全部成本；要求出租人维护设备；出租人重复出租设备；出租人收回残值；承租人有在到期日前撤销的权利）。

融资租赁（financial leasing）：出租人根据承租人的要求购入指定设备，并出租给承租人使用，承租人则分期向出租人支付租金，在租赁期内租赁物件的所有权属于出租人所有，承租人拥有租赁物件的使用权，租赁期满时承租人有权续租或者以象征性的价款购买租入设备的一种交易行为。租金足够弥补购买成本；承租人要摊销折旧，出租人不提供维修、维护服务；不可撤销；承租人收回残值。融资租赁是一种实质上转移与资产所有权有关的全部或绝大部分风险和报酬的租赁。资产的所有权最终可以转移，也可以不转移[1]。据中国社科院金融研究所发布的《融资租赁蓝皮书：中国融资租赁业发展报告（2015~2016）》显示，截至2015年年底，中国融资租赁企业总数约为4 508家，融资租赁合同余额约4.44万亿元，已成为全球第二大租赁业务国。融资租赁业在产业结构调整优化、制造业转型升级、发掘社会闲置资源、释放有效需求和促进金融市场完善等方面发挥着重要作用，也为企业创新创业提供了新蓝海。融资租赁的程序见图12-1。

---

[1] 段建伟. 融资理论与实务 [M]. 河南人民出版社，2011：84

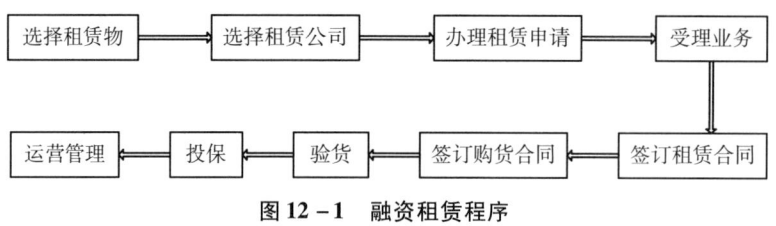

图 12-1 融资租赁程序

创业租赁，简单地说就是一种以创业企业为对象的融资租赁形式，实质上是融资租赁与创业投资的有机组合，即在一项租赁交易中，出租人以租赁债权加股权投资的方式将设备出租给特定的承租人，出租人通过分别获得租金和股东权益收益作为租赁投资回报的一种租赁交易。融资租赁与创业投资联动模式，即"风险租赁"是融资租赁和创业投资联动的创新产物。何为风险租赁？简单地说就是一种以创业企业为对象的融资租赁形式。风险租赁是风险投资与租赁业融合发展的产物，是风险租赁公司向已经获得或者即将获得创业资本的高风险创业公司租赁设备，收取较高的租金或者还同时获取承租人认股权证的租赁方式。风险租赁的最大特点是它的租赁对象是创业资本支持的创业公司或者种子公司（即新设的创业公司）。风险租赁的本质是传统租赁的灵活性和创业资本的风险收益性的有机结合体。传统的创业资本家通过在创业公司中获取股权得到投资回报，风险租赁主要通过租金和创业公司的认股权证获得投资回报。与风险投资相比，它在创业公司的存续期中能得到租金的收入。与传统的融资租赁相比，它在租赁协议中往往还获得部分的认股权证。

风险租赁在起源于20世纪60年代末的美国，当时美国的传统的创业投资由于各种原因开始进入低谷期，未能起到对创业企业的支撑作用，许多创新公司难以获取创业资本投资，而经营活动、设备的购买急需资金供给，银行和传统租赁公司顾忌风险，都不愿意向其发放贷款，即使有些机构最终同意，也往往提出非常苛刻的条件，如借款公司要先支付设备款的30%~70%，这些条件对本身就缺乏资金的借款公司而言大多数是不能做到的。在这一情况下，一些租赁机构和投资机构发现了商机，联手创作新的高技术投资——"风险租赁"应运而生。70年代早期的美国，风险租赁业务一度兴盛。进入80年代，风险租赁业务更是生机勃勃。1982年底，一家西海岸风险基金提供半导体集成块生产设备出租业务，并成立了爱贵特租赁公司，1984~1987年，爱贵特公司通过有限合伙形式向多家高创业企业提供了总值约3亿多美元的租赁业务。爱贵特公司风险租赁业务的巨大成功导致了大量其他公司介入此业务领域，包括众多的房地产辛迪加，投资银行等，从而促进了风险租赁业务的繁荣[①]。在90年代，风险租赁由相对较小、微不足道的行业和风险投资一起迅速发展，对于许多租赁公司来说，这是一个值得开拓的领域。风险租赁以有无附加认股权证区分，可以分为两类。第一类是不附加认股权证的风险租赁，这种租赁方式更像融资租赁，这种风险租赁的租金率高于对传统企业的租金率。较高的租金率可以理解成"风险溢价"。这种风险租赁的对象往往是已有一

---

① 王蒙，张目．融资租赁与创业投资联动模式研究[C]．新常态下西部金融创新与风险控制论坛暨第四届中国西部风险分析与风险管理学术研讨会，中国·成都，2015年11月

定规模的创业公司,而不是处于"种子"期的"种子公司"。第二类是附加认股权证的风险租赁,这种租赁方式更像风险投资。在这种租赁中,租金率不是非常高,甚至低于平均租金率,这对创业公司很有利。如果公司能成功上市的话,认股权证能给租赁公司较高的收益。但是,这种租赁方式要求租赁公司更像一个风险投资公司,要进行分散化风险租赁,以分散风险。

以租赁的资产移动方向分类(与融资租赁相似)可以分为普通租赁和转回租赁。普通租赁就是创业公司从风险租赁公司获得所需的机器设备。这种租赁方式对于"种子公司"和"成长期创业公司"都适用。还有一种称为"转回租赁",这种方式比较适用于"成长期创业公司","成长期创业公司"可能由于种种原因缺乏资金,创业公司可以将设备出售给风险租赁公司,获得急需的资金,再从风险租赁公司将设备租回来。利用风险租赁而不是利用创业资本的优势如下:

(1)高风险创业公司是倒闭率很高的企业。他们的设备的清算变现往往会给股东带来较大的损失。但是,对于风险租赁公司来说,他们的融资有设备为抵押,所有权属于风险租赁公司,风险较小。而且,作为专业的租赁公司,设备处理途径较多。

(2)风险租赁的租赁期限一般比创业资本的投资期短。

(3)创业公司为风险租赁付出认股权证的代价和为风险融资付出股权的代价是有很大区别的。

风险租赁有一些特点与融资租赁很相似:融资规模较大。与经营性租赁相比,融资租赁和风险租赁一般是金额较大的机器设备,对有关的技术知识和金融知识要求较高。机器设备一般由租赁人选购,出租人一般不提供保养维修等服务。租赁对象大多是折旧较快或者容易过时的机器设备。

风险租赁与一般融资租赁的不同点:最大的不同点是投资对象的不同。风险租赁的投资对象是尚未获利的创业公司,而传统融资租赁的对象是获利稳定的成熟公司。回报方式不一样。传统融资租赁,租金应该是唯一的成本回收和获利方式。而风险租赁的出租人往往有承租人的认股权证。介入程度不一样。传统融资租赁中出租人对租赁人的经营发展几乎毫无介入。但是风险租赁中,出租人在接到租赁人的租赁申请时,应该很注意该租赁人商业计划的可行性和发展前景。租赁人不对创业公司的经营管理过多介入,但是为了自己认股权证的升值,出租人往往会对承租人提供其他帮助。有的风险租赁公司将之称为"消极投资(租赁是一种债权融资方式,而不是股权投资方式),积极介入。"风险租赁的范围广阔,风险租赁公司通常为电脑、通信系统、检测设备、实验室设备和办公设备等机器设备提供融资租赁。

(4)风险租赁对租赁公司的利弊分析。

①出租方可以得到高于银行贷款利率的较理想的报酬率;

②出租方一般还可从承租方那里获得认股权,一旦承租方经营成功并上市,出租方将获得一笔额外的收入;

③即使承租方破产,出租方也可以从出租设备的处置中获得一定的补偿。况且,一般风险租赁的租赁对象不止一个,某一承租方的破产不会给出租方带来十分巨大的、难以承受的损失。

（5）风险租赁对创业公司的利弊分析。

①租赁减少了股权投资的需求。

②公司推迟了部分的现金流出，那时公司可能有了收益或者能以更高的价值进行下轮风险融资。

③通过风险租赁和风险投资的合适搭配或者利用转回租赁（创业公司将设备出售给租赁公司再租赁回来）能增加创业公司稀缺的营运资金。

④风险租赁是资产负债表的表外融资项目，不影响该表的健康。风险租赁对创业公司的风险投资者的利弊分析，简单说来就是引入风险租赁可以减轻风险投资者的资金压力，也转移了部分的投资风险，而且一般不会损害风险投资人的股权份额和对公司的控制能力。但其成本就是较高的租金支出和出让部分认股权证。需要强调的是，一般说来，创业资本是创业公司的融资主体，对创业公司和管理团队的考察、鉴别主要是他的工作。但是，风险租赁出租人也要对租赁人进行适当的考察，不能掉以轻心，这样才能减少风险，增加收益①。

（二）融资租赁＋创业投资联动模式②

事实上，金融租赁选择创业企业作为重点客户，既能缓解创业企业融资难，又能发挥金融租赁优势的直接体现。银行发放贷款以"企业信用"为基础，而租赁公司则是基于"资产信用"，看重的是企业未来的现金流。因此，在支持创业企业发展方面，金融租赁与银行信用相比具有明显的优势，金融租赁以物质形态出现的，其独特性的专业化运作管理和选择的严控性，对租金及期限的约定而形成的信息反馈机制。既企业可利用金融租赁的特点进行销售，又可提高企业销售量进而加速资金流动。在发达国家，采用金融租赁方式促销工业设备，其业务已占全部设备销售额的20%～30%左右；且在风险的物权处理上，金融租赁的回笼率在97%以上，大大高于银行流动资金贷款的回收率③。在支持创业企业的过程中，风险租赁的承租方是创业企业，因为创建时间短，信用不可评定，银行一般不愿意向其贷款，这样最便捷的融资渠道无法使用，而一般渠道的融资成本较高，创业企业的资金需求量往往又很大，在这种情况下，融资租赁和创业投资联动模式可以成为融资的重要途径，并且减少了股权融资的需要。将股东权益的部分风险转移给风险租赁公司，即使出租人（风险租赁公司）的股东权益不能获得收益，出租人也无权要求其他的补偿。如果采用抵押贷款，银行往往要求以公司全部资产做抵押，一旦公司无力按期偿还贷款，公司的生存将难以保证。风险租赁中的租金支付义务，也只是以所租设备做"担保"，承租方面临的风险相对较小。公司拥有足够的资金进行本轮产品生产或销售，并且，剩余现金流可以投入下一轮的项目建设中，资金使用率提高，从而加快企业的成长速度。风险租赁和一般的融资租赁类似，分为四种基本模式：直接风险租赁、风险转租赁、风险杠杆租赁和风险反租赁，具体内容的比较见表12-2。

---

① 杨凯. 风险租赁——创业公司的催化剂 [N]. 中国乡镇企业报，2001-04-24（2）

② 王蒙，张目. 融资租赁与创业投资联动模式研究 [C]. 新常态下西部金融创新与风险控制论坛暨第四届中国西部风险分析与风险管理学术研讨会，中国·成都，2015年11月

③ 谢清河. 金融租赁与中小企业融资：基于金融功能理论分析 [J]. 金融理论与实践，2011（3）：59-63

表 12-2　　　　　　　　　　　　　风险租赁的四种形式

类型名称	基本含义
直接风险租赁	风险租赁公司根据创业企业的要求，并按创业企业选定的租赁对象先购买其所需的设备，再租给创业企业使用的租赁形式，这是最基本的风险租赁形式
风险转租赁	风险租赁公司根据创业企业的要求，先从其他租赁公司（这类租赁公司一般不愿向创业企业提供租赁服务）租入设备，然后再转租给创业企业使用
风险杠杆租赁	风险租赁公司提供购买设备所需资金的一定百分比，通常为20%～40%，其余资金由金融机构贷款提供，设备的所有权属于风险租赁公司，风险租赁公司将设备提供给创业企业使用
风险返租赁	创业企业将本属于自己的资产（主要是知识产权等无形资产）先卖给风险租赁公司换取资金，然后再租回来使用，定期支付租金的租赁形式

（三）互联网金融 + 融资租赁[①]

随着经济的发展，日益增长的新需求要与新供给匹配，需要大众创业、万众创新时从非常小的切入口发现这些需求，增加新的生产和服务。在这种创新、创业的过程当中，互联网金融在供给侧改革增加新供给的产品和服务上提供了新的金融支持手段，尤其是以互联网融资租赁为代表的 A2P 模式能够实现互联网金融和创业企业需求之间的优质精准匹配，在满足创业者资金需求上具有巨大的优势。"互联网金融 + 融资租赁"的 A2P 模式是基于真实的交易需求，融资租赁公司对标的物拥有所有权，是投资人的实物保障，实现融资和融物双重功能的同时做到对债权和物权的双重保障，若承租企业不能支付到期租金，则融资租赁公司可采取收回租赁设备、变现处置物权来弥补投资者债权受让损失，降低投资风险。扩大资金来源渠道，实现资源优化配置，A2P 模式的资金来源不再局限于银行等传统金融机构提供的贷款，资金来源渠道更加广泛化、多元化，更多地转向市场和社会公众，最大化地利用小额社会闲散资金，实现了资金与市场的无缝对接。对于融资租赁公司来说，不需要经过商业银行的复杂手续或获得发行股票、债券的苛刻资质就可以筹到生产经营所需资金。A2P 模式投融资门槛相对较低，投资者可以直接在 P2P 网络平台上查询有关融资租赁项目的具体信息，自主选择合适的投资项目进行投资，扩充了参与融资的目标人群，提高了A2P 模式的市场认可度。

1. A2P（asset to peer）模式。

A2P 是"互联网金融 + 融资租赁"的一种创新模式，融资租赁公司作为借款人，将借款资金投资于融资租赁项目，并为了增强资金的流动性、提高资金管理效率、缩短投资周期、扩大投资范围，将所投资项目形成的债权打包分割成标准的固定收益类产品，一次性或分期在网络平台上转让给投资者，提前变现应收账款。A2P 模式的最大特点是以资产交易为核心、以盘活存量资产为基础，将应收债权合法转让给投资者并提前

[①] 陈晓芳，邓银花."互联网金融融资租赁" A2P 模式的 SWOT 分析 [J]. 财会月刊，2017（2）：119-123

收回投资资金。融资租赁公司为承租企业配置设备，设备所有权属于租赁公司，承租企业通过定期支付租金获得设备的使用权。

A2P 模式即债权转让模式，是指在不改变融资租赁公司与承租企业原签订的融资租赁合同内容的条件下，作为债权人的融资租赁公司在 P2P 网络平台上通过与投资人订立合同将债权的全部或部分转让给投资人，投资人取代作为原债权人的融资租赁公司成为原合同关系新的债权人，融资租赁公司因债权转让而丧失合同债权人权利。A2P 模式如图 12 - 2 所示。

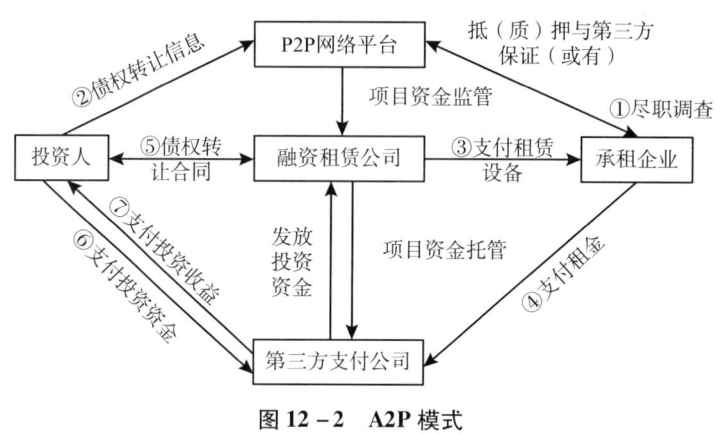

图 12 - 2　A2P 模式

在 A2P 模式下，融资租赁公司在 P2P 网络平台上发起债权转让项目，平台对承租企业的资质进行核查，对项目的收益和风险进行评估，并向投资人披露相关信息；投资者按照自己的风险偏好，选择合适的项目进行投资，与融资租赁公司签订债权转让合同，成为新的债权人，并向第三方支付公司支付投资资金；第三方支付公司将收到的投资资金发放给融资租赁公司，融资租赁公司获得债权转让资金；承租企业取得租赁设备使用权，并向第三方支付公司支付租金，同时第三方支付公司向投资者支付投资收益。租金支付完毕、项目到期后，承租企业获得租赁设备的所有权。A2P 模式中由 P2P 网络平台对承租企业的承租合同、盈利能力、风险状况和租赁物做尽职调查，以评估项目的风险与收益配比情况。而在收益权转让模式中，由融资租赁公司对承租企业资质进行尽责调查，P2P 网络平台只负责审核融资租赁公司是否符合规定的资质以及投资项目收益风险是否均衡，并在平台上予以披露，融资租赁公司只赚取投资人收益和承租企业租金的差价。

2. P2L（peer to leasing）模式。

P2L 模式是从 P2P 模式发展而来，个人在 P2P 网络平台上注册成为投资者，通过借贷合同关系将资金借贷给融资租赁公司，收益由投资者和融资租赁公司共享，即投资个人对接融资租赁公司。2014 年 11 月上线的融租 E 投采取的就是 P2L 模式，P2L 模式如图 12 - 3 所示。

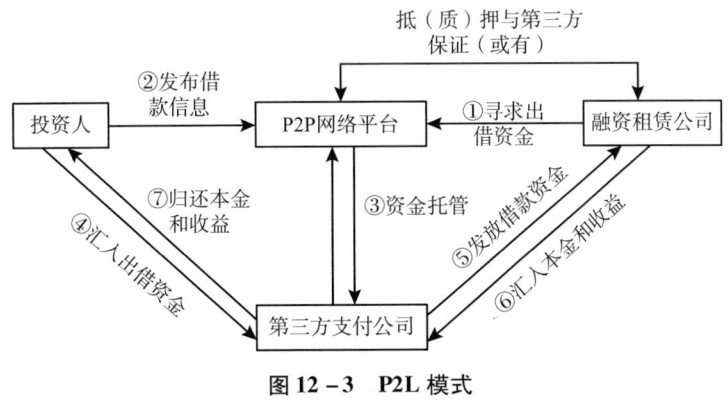

图 12-3　P2L 模式

在 P2L 模式下，首先，融资租赁公司为获得借贷资金，在 P2P 网络平台上向投资者展示租赁项目借款信息；其次，投资者对融资租赁公司借款标的进行投标，中标后将出借资金汇入第三方支付公司；再次，方支付公司向融资租赁公司发放贷款资金，融资租赁公司将租赁项目的部分收益和贷款本金汇入第三方支付公司；最后，第三方支付公司将收到的收益和贷款本金支付给投资者。在整个过程中，第三方支付公司承担着租赁项目所有的资金托管和收付责任，P2P 平台不接触投资者和借款人资金。

3. 收益权转让模式。

收益权转让模式是指融资租赁公司将承租人的租金收益在 P2P 网络平台上以一定价格转让给投资人，投资人支付相应对价给融资租赁公司并受让租金收益。收益权转让模式如图 12-4 所示。

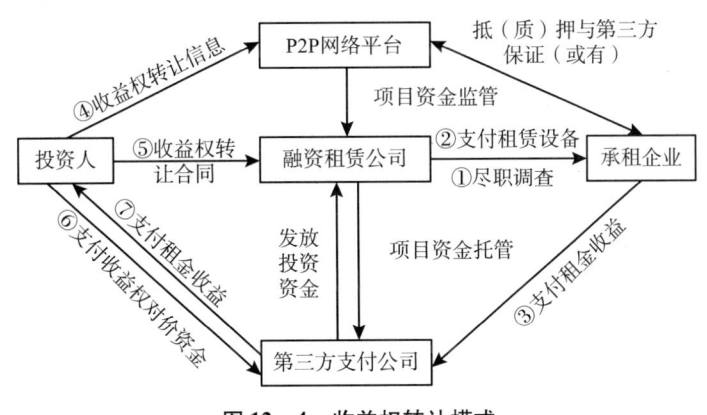

图 12-4　收益权转让模式

在收益权转让模式下，融资租赁公司负责调查承租企业的合法、合规及可靠性，然后签订合同并交付租赁设备；P2P 网络平台负责评估融资租赁公司的资质和投资项目的收益与风险，向投资者展示租赁资产收益权转让信息；投资人选择投资项目后向第三方支付公司支付收益权对价资金；第三方支付公司向融资租赁公司发放资金；承租企业获得设备并向第三方支付公司支付租金收益；第三方支付公司向投资人支付租金收益。

参考文献

[1] [美] 克莱顿·克里斯坦森, [加] 迈克尔·雷纳. 创新者的解答（全新修订版）[M]. 李瑜偲, 林伟, 郑欢, 译. 中信出版社, 2013

[2] [美] 乔治·阿克洛夫, 罗伯特·席勒. 动物精神[M]. 黄志强, 徐卫宇, 金岚, 译. 中信出版社, 2016

[3] [美] 威廉·伊斯特利. 经济增长的迷雾[M]. 姜世明, 译. 中信出版社, 2016

[4] [美] 吉姆·斯坦塞. 创业融资[M]. 邹琪, 译. 复旦大学出版社, 2008

[5] [美] 威廉·A. 萨尔曼等. 创业企业融资[M]. 李凤云, 等译. 中国人民大学出版社, 2003

[6] [美] 唐·佩珀斯, 玛莎·罗杰斯. 共享经济[M]. 钱峰, 译. 浙江大学出版社, 2014

[7] [美] 克里斯·安德森. 免费：商业的未来[M]. 蒋旭峰, 等译. 中信出版社, 2016

[8] [美] 杰弗里·齐格蒙特. 风险投资家的成功故事. 王飞, 译. 中信出版社, 2003

[9] [美] 克莱顿·克里斯坦森. 创新者的窘境（全新修订版）[M]. 胡建桥, 译. 中信出版社, 2014

[10] [澳] 克里斯托弗·格利斯. 企业与风险投资[M]. 郑立群, 译. 天津大学出版社, 2004

[11] [美] 约瑟夫·科万罗. 创业融资商业计划[M]. 卢才和, 译. 经济日报出版社, 2003

[12] [日] 长谷川正人. 为什么苹果的市值是索尼的8倍[M]. 李颖秋, 译. 广东经济出版社, 2014

[13] [美] 玛莎·阿姆拉齐. 如何评估企业增长机会[M]. 王朝阳, 等译. 机械工业出版社, 2004

[14] [美] 戴夫·格雷等. 互联网思维的企业[M]. 张玳, 译. 人民邮电出版社, 2015

[15] [美] 埃里克·莱斯. 精益创业：创新企业的成长思维[M]. 吴彤, 译. 中信出版社, 2014

[16] [英] 尼古拉斯·斯密德琳. 估值的艺术[M]. 李必龙, 等译. 机械工业出版社, 2015

[17] [美] 埃斯瓦斯·达莫达兰. 估值：难点、解决方案及相关案例[M]. 李必

龙，等译．机械工业出版社，2015

[18] [美] 洛伦佐·卡弗．风险投资估值方法与案例 [M]．陈溪，译．机械工业出版社，2015

[19] 坚鹏．走出融资的误区 [M]．中国财富出版社，2013

[20] 刘亚娟，孙静，徐弥榆．创业融资 [M]．中国劳动社会保障出版社，2011

[21] 桂曙光．创业之初你不可不知的融资知识 [M]．机械工业出版社，2013

[22] 国家科技风险开发事业中心/长春市科技局编．商业计划书编写指南（修订版）[M]．电子工业出版社，2009

[23] 王玉春．高新技术产业的资本保障战略研究 [M]．合肥工业大学出版社，2005

[24] 徐绪松，郑海滨，熊保平．投资项目的评审 [M]．民主与建设出版社，2002

[25] 陆少萍．创业巧融资 [M]．中国经济出版社，2012

[26] 赵淑敏．创业融资 [M]．清华大学出版社，2009

[27] 相子国．创业融资 [M]．西南财经大学出版社，2014

[28] 蔡莉，杨如冰．创业资本市场的生成与演进研究 [M]．中国社会科学出版社，2003

[29] 郑君君．风险投资中的道德风险与逆向选择 [M]．武汉大学出版社，2006

[30] 陈晓红．中小企业融资 [M]．经济科学出版社，2002

[31] 俞建国．中国中小企业融资 [M]．中国计划出版社，2002

[32] 刘曼红．风险投资：创新与金融 [M]．中国人民大学出版社，1998

[33] 俞自由，李松涛，赵荣信．风险投资理论与实践 [M]．上海财经大学出版社，2001

[34] 王巍．第二板市场——新兴企业创业良机 [M]．中华工商联合出版社，1999

[35] 唐翰岫．风险投资决策 [M]．山东人民出版社，2002

[36] 黄宝印，吕克敏，王称意．风险投资——理论、政策、实务 [M]．经济科学出版社，1999

[37] 武岩，慕丽杰．中小企业融资指南 [M]．金盾出版社，2009

[38] 陈文，王飞．网络借贷与中小企业融资 [M]．经济管理出版社，2014

[39] 周倩．颠覆——商业模式的危机与新生 [M]．华中科技大学出版社，2012

[40] 李振勇．商业模式——企业竞争的最高形态 [M]．新华出版社，2011

[41] 洪峥．创业融资最佳模式 [M]．广东经济出版社，2014

[42] 吴贵生．技术创新管理 [M]．清华大学出版社，2006

[43] 张蔚红．技术创业：创新企业融资与理财 [M]．西安电子科技大学出版社，2009

[44] 朱顺泉．创业投融资主体的机制设计、控制权分配与应用研究 [M]．科学出版社，2012

[45] 张文彬．小微企业信贷融资问题研究：以浙江省台州市为例 [M]．经济科学出版社，2012

［46］陈逢文．创业融资——基于努力互补效应的视角［M］．经济管理出版社，2013

［47］刘伟毅．互联网金融——大数据时代的金融革命［M］．中国经济出版社，2014

［48］陈青松．创新路径：技术创新战略、流程与案例［M］．天津大学出版社，2007

［49］罗国锋．风险投资策略［M］．中国财政经济出版社，2013

［50］杨晔．融资学［M］．上海财经大学出版社，2013

［51］段建伟．融资理论与实务［M］．河南人民出版社，2011

［52］戴书松．公司价值评估［M］．清华大学出版社，2009

［53］戴天婧，张茹，汤谷良．财务战略驱动企业盈利模式——美国苹果公司轻资产模式案例研究［J］．会计研究，2012（11）：23－33

［54］李集城．构建大学生创业融资体系的思考［J］．创新与创业教育，2012（4）：11－13

［55］飞扬．2015中国天使投资机构TOP40［J］．互联网周刊，2015（11）：51－52

［56］毛雅娟，林腾，余庆．澳洲天使投资对我国创新企业融资的启示［J］．开发研究，2012（2）：104－107

［57］张韶华，李潇潇．初创企业的天使投资：国际经验与国内发展［J］．西部金融，2014（9）：13－15

［58］王德禄，徐苏涛．创业视角下的天使投资［J］．科技创新与生产力，2013（2）：16－19

［59］倪宁，魏峰．创业项目阐释与天使投资意向研究［J］．中国软科学，2015（12）：164－175

［60］买忆媛，李江涛，熊婵．风险投资与天使投资对创业企业创新活动的影响［J］．研究与发展管理，2012（4）：79－84

［61］李向辉，李艳茹．国外天使投资发展经验及对江苏省的启示［J］．江苏科技信息，2014（2）：7－9

［62］刘洋，肖阳．论我国天使投资风险预警之尽职调查［J］．湖北工业大学学报，2013（6）：37－40

［63］李昆．论小微企业初创发展中天使投资的法律保障［J］．北方经济，2016（8）：79－80

［64］刘昱洋．提高天使投资成功率的措施研究［J］．金融理论与实践，2012（9）：105－111

［65］周运兰，郑军．天使投资、风险投资与自主创新企业融资探讨［J］．科技创业，2010（12）：42－43

［66］王佳妮，刘曼红．天使投资的行为、组织与政策研究综述［J］．经济问题探索，2014（11）：168－117

［67］刘督，万迪昉，庄梦周，吴祖光，许昊，于玲．天使投资改善了中小企业创

新活动吗？[J]. 科学学与科学技术管理，2016（5）：96-104

[68] 宋书彬，战宇. 天使投资市场中异化行为及对策——基于科技创新创业角度的研究 [J]. 石家庄经济学院学报，2010（4）：20-23

[69] 王举颖，赵全超. 大数据环境下商业生态系统协同演化研究 [J]. 山东大学学报（哲学社会科学版），2014（5）：132-138

[70] 史建梁. 天使投资人的投资行为研究：一个理论综述 [J]. 经济与管理研究，2011（8）：50-55

[71] 徐苏涛，胡朋. 硅谷天使投资案例研究 [J]. 科技创新与生产力，2013（4）：22-24

[72] 苏考辉. "互联网+创新创业实训"平台与天使投资的融合探索 [J]. 河北企业，2016（7）：98-100

[73] 李朝晖. 我国众筹平台上的天使投资实践：现状与问题 [J]. 金陵科技学院学报（社会科学版），2016（6）：23-28

[74] 陈强，鲍竹. 中国天使投资发展现状与政策建议 [J]. 科技管理研究，2016（8）：21-25

[75] 彭文静. 产业聚落生态下创业型小微企业筹融资策略及风险控制 [J]. 商业评论，2016（4）：10-12

[76] 何军. 大数据对企业管理决策影响分析 [J]. 科技进步与对策，2014（2）：65-68

[77] 李婧，余音. 创业孵化器的投融资模式浅析 [J]. 财务与会计，2015（1）：43-44

[78] 创业公司融资造假调查：80%创业者都在说谎 [J]. 知识文库，2015（9上）：43-44

[79] 李远勤，张舒. 创业企业的风投融资与银行贷款联动效应分析 [J]. 上海金融，2014（6）：103-106

[80] 曾玲芳. 基于最优控制模型的创业企业融资决策研究 [J]. 商业经济研究，2015（36）：87-88

[81] 刘琼，方锦. 信任对创业融资的影响——基于我国转型经济的证据 [J]. 征信，2014（12）：35-38

[82] 俞雪松，李姚矿，赵惠芳. 创业融资多元化支持体系研究 [J]. 合肥工业大学学报（社会科学版），2005（8）：43-46

[83] 罗梦琳，胡皎，王建宏. 创业融资刚性约束及化解对策 [J]. 商业经济研究，2011（16）：57-58

[84] 曾照英，王重鸣. 创业融资决策过程中的感知风险分析——展望理论在创业融资决策领域的应用 [J]. 科技进步与对策，2009（9）：22-24

[85] 薛永基，夏恩君. 创业融资控制权安排研究——创业者激励与约束视角 [J]. 经济与管理研究，2008（9）：51-55

[86] 王春博，杜栋. 创业导向、商业模式与企业绩效研究框架设计 [J]. 经济研

究导刊，2015（20）：18-22

[87] 姚梅芳，徐烨. 创业融资理论研究评述 [J]. 管理现代化，2009（6）：31-33

[88] 廖继胜. 创业融资选择的影响因素分析及其策略探讨 [J]. 金融与经济，2007（5）：36-38

[89] 晏文胜，陈述. 创业融资与决策行为分析 [J]. 科技与管理，2004（5）：75-78

[90] 杨蒙莺，陈德棉. 风险投资介入的最优创业融资探讨 [J]. 科学管理研究，2005（2）：111-114

[91] 周艳春. 关于创业与创新关系的研究综述 [J]. 生产力研究，2009（22）：255-256

[92] 苗淑娟，李北伟，刘鑫. 基于信息不对称的创业融资信息传递机制研究 [J]. 情报科学，2006（9）：1307-1311

[93] 梅芳，李宏霖，任惠萍. 面向生存型创业融资的金融体系创新 [J]. 管理现代化，2005（5）：7-9

[94] 周劲波，龙懂，古翠凤. 影响创业融资因素的实证分析 [J]. 工业技术经济，2006（11）：154-157

[95] 樊琪. 从创业动机看创业成功 [J]. 中国就业，2012（8）：51-52

[96] 姚洋. 典当行是缓解中小企业融资困境的有效途径 [J]. 商场现代化，2015（21）：192-193

[97] 高梦沉，陈凌. 典当行作为中小企业融资方式的问题与对策 [J]. 经济研究导刊，2010（32）：115-117

[98] 侯锡林，李天柱，马佳，刘小琴. 基于大数据的企业创新机会分析研究 [J]. 科技进步与对策，2014（7）：1-5

[99] 李冰. 互联网创业六大失败陷阱 [J]. 经理人，（268）：63-66

[100] 洛夏. 互联网创业失败启示录和成功一样有意义 [J]. 互联网周刊，2016（12）：22

[101] 晏文隽，郭菊娥. 基于估值调整协议的风险投资权益分配 [J]. 管理工程学报，2015（4）：186-193

[102] 尹志超，宋全云，吴雨，彭嫦燕. 金融知识、创业决策和创业动机 [J]. 管理世界，2015（1）：87-98

[103] 谢清河. 金融租赁与中小企业融资：基于金融功能理论分析 [J]. 金融理论与实践，2011（3）：59-63

[104] 刘洋，肖阳. 论我国天使投资风险预警之尽职调查 [J]. 湖北工业大学学报，2013（6）：37-40

[105] 胡艳，刘霞. 我国商业银行参与创业投资风险管理分析 [J]. 现代商贸工业，2010（3）：152-154

[106] 王婵，田增瑞. 我国商业银行与创业投资的投贷联动模式研究 [J]. 企业活力，2012（6）：5-10

[107] 沈沛. 创业投资事业的发展与现代投资银行的作用 [J]. 经济研究, 2000 (12): 20-25

[108] 贺小刚, 沈瑜. 创业型企业的成长: 基于企业家团队资本的实证研究 [J]. 管理世界, 2008 (1): 82-96

[109] 潘天芹. 创业型企业银行贷款问题探析 [J]. 商业银行, 2016 (11): 42-45

[110] 夏妍艳. 创业资本的悖论: 积累的作用 [J]. 福建论坛·人文社会科学版, 2015 (7): 68-74

[111] 张国毅. 典当融资——适合我国中小企业的融资方式 [J]. 财会研究, 2009 (2): 66-68

[112] 陈岩, 郭佳. 典当融资与银行融资的比较研究 [J]. 北京联合大学学报（人文社会科学版）, 2011 (8): 102-105

[113] 刘正林. 创业投资决策分析系统研究 [J]. 山东财政学院学报, 2004 (5): 64-68

[114] 詹梦琳. 创业团队人力资本结构对创业企业绩效的影响——基于"新三板"创业企业的实证研究 [J]. 经济与管理, 2016 (11): 136-138

[115] 严子淳, 彭华伟, 刘鑫. "互联网+"创业模式转型与商业模式创新 [J]. 商业经济研究, 2016 (20): 122-124

[116] 范家琛. 众筹商业模式研究 [J]. 企业经济, 2013 (12): 72-75

[117] 孟韬, 张黎明, 董大海. 众筹的发展及其商业模式研究 [J]. 管理现代化, 2014 (2): 50-53

[118] 武文韬. "互联网+"环境下大学生创新创业的商业模式分析 [J]. 创新科技, 2016 (1): 49-53

[119] 卢益清, 李忱. O2O商业模式及发展前景研究 [J]. 企业经济, 2013 (11): 98-111

[120] 姜奇平. O2O商业模式剖析 [J]. 互联网周刊, 2011 (10): 20-23

[121] 钱志新. 创新商业模式探析 [J]. 现代管理科学, 2007 (8): 3-5

[122] 宋梦岚, 程学华, 费锐. 创业导向、商业模式创新与企业绩效的关系研究 [J]. 高教学刊, 2015 (9): 13-15

[123] 王佳, 吴满琳. 创业机会对商业模式的作用机理研究 [J]. 科学技术与产业, 2014 (5): 46-52

[124] 夏清华, 贾康田, 冯颐. 创业机会如何影响企业绩效——基于商业模式创新和环境不确定性的中介与调节作用 [J]. 学习与实践, 2016 (11): 39-50

[125] 马喜秋. 典当融资的策略 [J]. 广东经济, 2016 (8): 78-84

[126] 陈文梅. 对商业计划书的认识 [J]. 企业经济, 2003 (5): 62-63

[127] 王育晓, 党兴华, 张晨, 王曦. 风险投资机构知识多样化与退出绩效: 投资阶段的调节作用 [J]. 财经论丛, 2015 (12): 32-40

[128] 陈一博. 风险投资中的企业估值问题研究 [J]. 金融理论与实践, 2010 (1): 64-67

[129] 黄福广，彭涛，田利辉．创业资本对创业企业投资行为的影响 [J]．金融研究，2013（8）：180－192

[130] 张慧．孵化器商业模式创新研究——基于专业孵化器参与创业投资的案例分析 [J]．商场现代化，2015（27）：18－19

[131] 云乐鑫，薛红志，杨俊．创业企业商业模式调整研究述评与展望 [J]．外国经济与管理，2013（11）：21－28

[132] 王伟毅，李乾文．创业视角下的商业模式研究 [J]．外国经济与管理，2005（11）：32－41

[133] 刘亚军，陈进．创业者网络能力、商业模式创新与创业绩效关系的实证研究 [J]．科技管理研究，2016（8）：224－231

[134] 文亮，何继善．创业资源、商业模式与创业绩效关系的实证研究 [J]．东南学术，2012（5）：116－128

[135] 梁云志，司春林．孵化器的商业模式研究：理论框架与实证分析 [J]．研究与发展管理，2010（2）：43－52

[136] 张慧．孵化器商业模式创新研究——基于专业孵化器参与创业投资的案例分析 [J]．商场现代化，2015（27）：18－19

[137] 李文莲，夏健明．基于"大数据"的商业模式创新 [J]．中国工业经济，2013（5）：83－95

[138] 宋璐，王东升．商业模式中的财务要素——基于商业模式表达方式的文献回顾 [J]．会计之友，2017（1）：14－19

[139] 李新春，潮海晨，叶文平．创业融资担保的社会支持机制 [J]．管理学报，2017（1）：55－62

[140] 杨艳．中小企业创新、文化环境、创业资本与价值创造关系研究 [J]．企业经济，2015（3）：36－40

[141] 潘清泉，韦慧民．不同发展阶段新创企业创业者胜任力与创业团队成员信任关系研究 [J]．科技进步与对策，2016（1）：114－121

[142] 杨其静．财富、企业家才能与最优融资契约安排 [J]．经济研究，2003（4）：41－50

[143] 孙利英，洪晟．成功创业与关键资源的整合运用——沪、浙创业管理最佳实践调查与研究 [J]．上海经济，2012（9）：24－27

[144] 庄子银．创新、企业家活动配置与长期经济增长 [J]．经济研究，2007（8）：82－94

[145] 杨俊，田莉，张玉利，王伟毅．创新还是模仿：创业团队经验异质性与冲突特征的角色 [J]．管理世界，2010（3）：84－96

[146] 孙连才．创业管理：企业动态能力新思维 [J]．中国工业评论，2016（5）：86－92

[147] 许益锋，胡炎艳．创业企业家视角下的创业者素质及培养策略 [J]．经济与管理，2014（5）：131－134

[148] 李芳勇. 创业企业战略对其盈利能力的影响分析 [J]. 研究与发展, 2002 (12): 1-5

[149] 林嵩, 姜彦福. 创业型企业战略规划研究 [J]. 管理现代化, 2008 (10): 133-135

[150] 宋克勤. 关于创业团队问题的思考 [J]. 经济与管理研究, 2004 (2): 54-56

[151] 陈晓芳, 邓银花. "互联网金融融资租赁" A2P模式的SWOT分析 [J]. 财会月刊, 2017 (2): 119-123

[152] 谌永平. 编好商业计划书提高中小企业融资能力 [J]. 企业科技与发展, 2009 (16): 264-267

[153] 晏文隽, 郭菊娥. 不确定性条件下风险投资高收益的触发条件——以估值调整协议为视角 [J]. 西安交通大学学报（社会科学版）, 2015 (3): 22-26

[154] 白洁. 财务计划与商业计划书 [J]. 理论学习, 2004 (3): 36-37

[155] 嵇晨嘉, 房静. 财务尽职调查在企业并购中的应用探讨——以J公司并购H公司为例 [J]. 现代商贸工业, 2016 (2): 137-139

[156] 吴辉, 魏月红. 初创企业的估值与融资问题探讨 [J]. 财务与会计, 2016 (11): 53-55

[157] 汤伶俐. 初创型科技企业估值方法研究——基于风险投资法视角 [J]. 财会通讯, 2016 (32): 7-11

[158] 沈博文, 朱云娟. 初始创业项目选择与实施案例研究：以合肥"美客美食"公司为例 [J]. 财贸研究, 2014 (1): 132-135

[159] 陈玉婕, 倪宁曦, 苟小菊. 创新创业环境下众筹项目成功与否的影响因素研究 [J]. 上海经济研究, 2015 (11): 12-19

[160] 吴霁虹. 创业七年获132亿美元估值 [J]. 中国机电工业, 2015 (11): 74-82

[161] 黄靖嫦. 创业成功的六个要素 [J]. 科技资讯, 2016 (22): 71-72

[162] 陈建安, 陈瑞, 陶雅. 创业成功界定与测量前沿探析及未来展望 [J]. 外国经济与管理, 2014 (8): 3-13

[163] 崔萌劲. 创业公司估值方法研究 [J]. 当代经济, 2014 (4): 124-125

[164] 吴少新, 王国红. 创业企业的资本结构理论与融资策略研究 [J]. 经济评论, 2007 (6): 113-118

[165] 周淼枝, 刘云昊, 黄洁珊, 刘春梅. 创业企业估值方法及其估值过程分析 [J]. 技术与市场, 2014 (11): 161-162

[166] 韩瑾, 党兴华, 石琳. 创业企业控制权配置对创业投资机构退出方式影响研究——来自中国创业投资业的经验证据 [J]. 科技进步与对策, 2016 (7): 90-97

[167] 杨林. 创业企业如何成功获得风险投资 [J]. 合作经济与科技, 2008 (11下): 58-59

[168] 于晓宇, 李厚, 杨隽萍. 创业失败归因、创业失败学习与随后创业意向 [J]. 管理学报, 2013 (8): 1179-1185

[169] 赵荔. 创业失败学习的实证研究 [J]. 企业经济, 2012 (11): 25-28

[170] 于晓宇. 创业失败研究评介与未来展望 [J]. 外国经济与管理, 2011 (9): 19-26

[171] 黎赔肆, 李富. 创业失败研究述评及展望 [J]. 当代经济, 2014 (4): 30-31

[172] 孙晶. 创业投资对企业价值和运营的影响研究——基于2004~2015年中小板企业数据 [J]. 技术经济与管理研究, 2016 (8): 31-39

[173] 张卓昱. 创业投资法在初创期企业价值评估与风险投资决策中的应用 [J]. 现代商贸工业, 2011 (24): 343-344

[174] 叶瑛, 姜彦福. 创业投资机构的信任影响新创企业绩效的跨案例研究 [J]. 管理世界, 2009 (10): 152-163

[175] 陈家洪. 创业投资退出方式和退出时机的决策分析 [J]. 金融与经济, 2006 (11): 59-60

[176] 王蒙, 张目. 融资租赁与创业投资联动模式研究 [P]. 新常态下西部金融创新与风险控制论坛暨第四届中国西部风险分析与风险管理学术研讨会, 中国·成都, 2015年11月

[177] 郝旭东. 创业投资决策中的实物期权理论方法研究 [D]. 上海交通大学, 2007

[178] 陈越. 创业投资决策评价方法的研究 [D]. 辽宁工程技术大学, 2006

[179] 周晓雷. 创投机构风险投资退出研究——从九鼎创投公司为例 [D]. 石河子大学, 2016

[180] 初钊. JH创业投资公司尽职调查研究 [D]. 安徽大学, 2014

[181] 曲延军. 创业企业战略选择及成长模式研究 [D]. 清华大学, 2005

[182] 窦佼. 我国创业资本退出机制研究 [D]. 上海社会科学院, 2013

[183] 晏文胜. 创业融资的机理研究 [D]. 武汉理工大学, 2004

[184] 马碧珠. 创业企业商业模式的构建过程研究——基于创业过程视角 [D]. 暨南大学, 2013

[185] 陈澍. O2O模式下互联网创业公司的融资能力研究 [D]. 山东财经大学, 2016

[186] 李媛. 中国天使投资发展进程初探 [D]. 中国社科院研究生院, 2012

[187] 柏思. 大学生创业融资政策研究——以天津市为例 [D]. 天津大学, 2010

[188] 赵凤鸣. 创业阶段企业融资模式分析——以X公司为例 [D]. 南昌大学, 2015

[189] 李茜. 中国天使投资组织的运作模式分析 [D]. 上海交通大学, 2013

[190] 刘艳. 创业期互联网企业关系资本融资与成长绩效之间的关系演变研究 [D]. 首都经贸大学, 2016

[191] 吴尚. 创业企业的培育和融资——瑞(士)中实践的比较性研究 [D]. 闽江学院, 2016

[192] 郭伟威. 大学生创业融资模式研究 [D]. 山西财经大学, 2010

[193] 陈逢文. 创业融资基于努力互补效应的视角 [D]. 重庆大学, 2012

[194] 江勇. 初创期科技型企业融资与天使投资 [D]. 安徽大学, 2011

[195] 骆金成. 创业企业股权众筹融资研究 [D]. 安徽大学, 2016

[196] 李涛. 孵化器与天使投资融合发展中的政府对策研究 [D]. 北京理工大学, 2015

[197] 蔡李峰. 国外天使投资的发展及借鉴 [D]. 吉林大学, 2010

[198] 钱峰国. 多次股权融资在创业融资中的应用研究 [D]. 上海交通大学, 2014

[199] 曹颖. 机构创业投资与天使投资对创业板企业 IPO 的影响研究 [D]. 合肥工业大学, 2015

[200] 江硕远. 基于制度理论的中国天使投资人评价标准研究 [D]. 合肥工业大学, 2013

[201] 吴迪柯. 天使投资的估值方法研究 [D]. 西南财经大学, 2013

[202] 郭燕青. 天使投资对创业企业融资扶持问题与对策研究 [D]. 福建师范大学, 2014

[203] 徐达. 天使投资模式研究——以活跃网络为例 [D]. 陕西师范大学, 2013

[204] 王刚. 天使投资人的参与对风险投资的影响分析 [D]. 南京财经大学, 2012

[205] 魏继承. 我国天使投资业发展障碍及对策研究 [D]. 西南财经大学, 2011

[206] 云乐鑫. 创业网络对商业模式内容创新影响及作用机制的实证研究 [D]. 南开大学, 2014

[207] 魏涛. 创业型企业商业模式创新路径研究 [D]. 西南政法大学, 2011

[208] 米旭明. 创业投资生命周期决策方法及应用研究 [D]. 重庆大学, 2003

[209] 王明晖. 创业投资退出回报的影响因素研究——基于中国创业板数据 [D]. 江西财经大学, 2014

[210] 周楠. 创业投资项目综合评价与决策方法研究 [D]. 天津商业大学, 2007

[211] 熊玮. 创业投资之股权回购退出机制研究 [D]. 华中师范大学, 2009

[212] 刘珊. 我国中小企业典当融资研究 [D]. 对外经济贸易大学, 2014

[213] 刘雪. 火爆天使投资难掩估值泡沫化 [N]. 国际商报. 2016-01-27 (A07)

[214] 周文静. 天使投资 4.0 将到来 [N]. 中国证券报. 2015-04-23 (A05)

[215] 欧志葵. 创业导师传授生存和融资之道：八成企业失败在初创期 [N]. 南方日报. 2016-06-06 (A22)

[216] 任丽梅. 北京海淀试点投贷联动 [N]. 中国改革报. 2016-03-30 (006)

[217] 张晔. "天使"呀，你大胆地把钱投 [N]. 科技日报. 2013-05-20 (006)

[218] 薛亮. 兴业银行轰响"大众创业、万众创新"新引擎 [N]. 金融时报. 2015-09-28 (007)

[219] 蒋佩芳. 部分创业公司涉嫌"数据造假" [N]. 每日经济新闻. 2016-09-

13（010）

[220] 南苏. 创业潮助推天使投资一路狂飙——"天使"落入凡间 [N]. 人民政协报. 2015-04-24（006）

[221] 韩义雷."天使"飞起来还缺什么？[N]. 科技日报. 2015-12-07（005）

[222] 殷鹏：徐小平的天使投资法则：救急不救穷 [N]. 中国证券报. 2014-05-24（009）

[223] 刘东."兜底"天使投资背后：上海意在争夺创投 [N]. 21世纪经济报道. 2016-01-27（007）

[224] 肖和保. 风险投资尽职调查四原则 [N]. 21世纪经济报道. 2007-11-23（027）

[225] 杨凯. 风险租赁——创业公司的催化剂 [N]. 中国乡镇企业报. 2001-04-24（002）